_NOVAS TECNOLOGIAS APLICADAS À MODA

DESIGN, PRODUÇÃO, MARKETING E COMUNICAÇÃO

Senac

Presidente do Conselho Regional
Luiz Gastão Bittencourt da Silva

Diretora do Departamento Regional
Ana Cláudia Martins Maia Alencar

Diretor de Educação Profissional
Rodrigo Leite Rebouças

Diretor Administrativo-Financeiro
Sylvio Britto dos Santos

Conselho Editorial
Ana Cláudia Martins Maia Alencar
Rodrigo Leite Rebouças
Sylvio Britto dos Santos
Lane Primo
Dorinha Madeira
Denise de Castro

Editora
Denise de Castro

Capa e diagramação
Sergio Melo

Ilustração da capa
Mark Greiner © Mark Greiner

Projeto gráfico original
Pilar Cano

Texto adaptado
José Antonio Guerrero e Gabriel Martín Roig

Tradução
Carmen Ferrer Briones

Revisão
Cariny Cardoso de Sousa

Dados Internacionais de Catalogação na Publicação (CIP)

Guerrero, José Antonio.
Novas tecnologias aplicadas à moda: desenho, produção, marketing e comunicação. / José Antonio Guerrero, Gabriel Martín Roig ; Tradução de Carmen Ferrer Briones. – Fortaleza: Editora Senac Ceará, 2015.
192p.

Título original: Nuevas tecnologias aplicadas a la moda: diseño, producción, marketing y comunicación.
ISBN 978-85-99723-28-9

1. Moda – Inovações tecnológicas 2. Moda – Processo criativo 3. Moda – Marketing e comunicação. I. Título

CDD 391

Título original em espanhol: Nuevas Tecnologías Aplicadas a la Moda (Fashion & Design New Technologies)

Publicado por Parramon Paidotribo, SL, Badalona, Espanha
Primera edición: abril de 2009

Produção: Sagrafic, S.L.

Impresso na China

Editora Senac Ceará
Av. Tristão Gonçalves, 1245 – Centro
Fortaleza – CE – CEP 60015-000
editora@ce.senac.br
www.ce.senac.br

_NOVAS TECNOLOGIAS APLICADAS À MODA

DESIGN, PRODUÇÃO, MARKETING E COMUNICAÇÃO

Senac

José Antonio Guerrero
é licenciado em Belas Artes e graduado em Imagem Digital pelo Bournemouth and Poole College of Art and Design, em Dorset.

Atualmente é consultor de imagem e comunicação de várias empresas da indústria da moda e comunicação, como a Levi's e a Women'secret.

É professor de Comunicação e Marketing de Moda no Istituto Europeo di Design, na Escuela BAU e no IDEP (Escuela Superior de Imagen y Diseño).

Nota da Editora: O crescente avanço das tecnologias, entre elas os softwares, faz com que os programas gráficos precisem ser atualizados constantemente. É provável que desde o lançamento da edição espanhola deste livro já estejam disponíveis novas atualizações.

Escrever um livro sobre a aplicação das novas tecnologias no design de moda é agora, mais do que nunca, uma necessidade e, ao mesmo tempo, um desafio. Uma necessidade, porque a indústria criativa demonstrou que é capaz de manter suas melhores cotas de desenvolvimento em todos os processos de design, produção e comunicação ao incorporar ferramentas que dinamizam e ampliam suas possibilidades. Por outro lado, representa um desafio, porque a inovação em matéria de novas ferramentas e aplicações é tão rápida e diversa que nos obriga a estarmos sempre atentos às novidades de um mercado em alta.

Para aqueles que nasceram sem escâner nem impressora, nem software de desenho ou fotografia, as mudanças das últimas décadas significaram uma verdadeira revolução em nosso sistema de trabalho, e ainda estamos expectantes diante dos novos avanços que, dia a dia, podem aparecer. O uso generalizado do *notebook* converteu-se em uma ferramenta fundamental de nossa geração, independentemente do trabalho que realizemos. Mas esse uso se torna mais necessário no campo do design, onde o desenvolvimento dos processos globais de comunicação digital é fundamental.

Desde a última década do século XX, as tecnologias avançadas, especialmente as digitais de informação e comunicação, têm ganhado terreno entre os profissionais de criação do design publicitário, da moda e industrial. Atualmente, converteram-se em ferramentas essenciais que dão maior agilidade ao processo de criação, desenvolvimento e gestão de qualquer desenho. Diversos fatores impeliram essa rápida expansão das novas tecnologias e sua incorporação no mundo empresarial. Um deles é o fenômeno de subcontratação ou terceirização, conhecido pelo termo inglês *outsourcing*, que consiste em que uma empresa ceda certas funções ou tarefas, sejam internas ou externas, a uma empresa de serviços. Isto obriga a melhorar os sistemas e canais de comunicação entre as diferentes equipes criativas. Outro fator se encontra na consolidação de diferentes softwares para tratamento da imagem, ilustrações, vídeo e comunicação, que oferecem ao profissional de criação atual um extenso leque de possibilidades de trabalho, inimagináveis há tão somente algumas décadas. A esses fatores soma-se uma melhor comunicação entre o usuário e o computador e um maior número de ferramentas a sua disposição, o que significa um sistema mais acessível, compreensível e fácil de manejar.

Dessa forma, os aspectos técnicos dos programas deixaram de ser considerados uma barreira insuperável para muitos jovens criadores.

Ao longo do livro, trataremos de explicar quais são essas ferramentas e como utilizar os novos sistemas, com o intuito de agilizar e otimizar resultados. A melhor maneira de compreender essas aplicações é estudando o processo de trabalho durante todas as fases da criação, desde a ideia inicial até o estágio de promoção final. O livro contém projetos de grande interesse, que ilustram todos os momentos da concepção de um produto. Em cada fase, analisamos como as diferentes marcas ou os profissionais se enfrentam ao desafio de aplicar suas ideias no âmbito da moda. Para poder dar uma visão mais ampla do processo integral de criação, produção e comunicação de um produto de moda, contamos com a colaboração de profissionais do todo o mundo que, através de seus trabalhos, nos ajudaram a ilustrar cada uma das etapas de interesse relacionadas com o projeto total. Todos eles nos cederam amavelmente seus trabalhos e compartilharam conosco suas experiências.

Não se trata, aqui, de julgar os projetos apresentados, mas sim de analisar suas experiências dentro da indústria da moda contemporânea, partindo do processo criativo e finalizando na comunicação.

Centrando-nos no conteúdo do livro, e para ajudar a completar a informação do leitor, incluímos breves anotações de caráter mais técnico que acompanham o texto geral e a análise dos sistemas de trabalho de profissionais e empresas do setor. Pretendemos que este livro seja uma soma de conteúdos didático e técnico e o reflexo da experiência aplicada graças aos exemplos e à prática de profissionais destacados.

Portanto, nosso agradecimento a todos aqueles que colaboraram, através da cessão de seus trabalhos, eixo do desenvolvimento desta obra. Nosso objetivo é conseguir que após a leitura deste livro o leitor encontre as soluções, as ferramentas e os métodos necessários para poder ampliar seu interesse, desenvolver e otimizar seu trabalho na área do design de moda.

DESIGN

Início da coleção

O período mais fascinante para o profissional de criação é precisamente o início do projeto, que compreende a fase de conceituação do mesmo: lançar as primeiras ideias e imagens que devem servir como inspiração e como ponto de partida da proposta que determinará a evolução posterior do trabalho. É possível buscar a ideia primordial na inspiração suscitada por um romance, um período histórico, uma peça musical, um estilo pictórico ou a própria natureza. Cada designer procura suas musas onde quer ou onde pode.

COMITÉ

Seleção de imagens

As imagens são a fonte de inspiração para o criador de moda, por sua estética, pelas formas que sugerem, por seu colorido, oferecendo possíveis combinações e harmonias cromáticas. Qualquer imagem é válida, se puder conferir algum elemento estético sugestivo. O designer começa a dar forma a seu projeto compilando imagens e entrelaçando-as, de tal forma que consiga plasmar com elas seu pensamento criativo.

Nas primeiras fases, a equipe de design (ou o criador independente) deve sistematizar sua estrutura de trabalho. Para isso, vêm sendo desenvolvidos os painéis inspiracionais, ou *moodboards*. Esse período de conceituação marcará o início da etapa de implementação de um desenho ou de uma coleção. É importante destacar o impacto causado pela incorporação quase unânime de técnicas de escâner, de retoque fotográfico e de montagem de colagens, por parte dos profissionais do setor, com o objetivo de representar suas primeiras ideias de uma forma clara e definitiva, que sirva de verdadeiro ponto de partida para que todos os membros da equipe de desenvolvimento e produto possam entender o trabalho e colaborar para a execução final dessas primeiras ideias. Tradicionalmente, esses ambientes de coleção eram confeccionados com recortes de material diverso (fotografias, imagens de revistas, pedaços de tecidos e acessórios, esboços iniciais...) que eram fixados sobre um suporte (com alfinetes ou cola), para ter uma visão de conjunto da coleção. Com o aparecimento de novos softwares e, especialmente, com as modificações dos hábitos e dos instrumentos de trabalho (equipamentos de maior potência, localizações geográficas diversas e menos tempo para realizar as tarefas) estendeu-se o uso de painéis digitais. Desse modo, é possível compartilhar o trabalho, através das redes de comunicação, com todos os membros da equipe (onde quer que eles estejam) de uma maneira rápida e prática.

Embora não exista um esquema homogêneo estabelecido pela indústria para desenvolver esses painéis, já podemos destacar algumas áreas principais que devem ser levadas em conta na hora de montar esses quadros. É possível desenvolver painéis de conceito, de inspiração etc, sempre pensando que trabalhamos com temporadas futuras e que, portanto, é preciso oferecer novas ideias, novos desafios, capazes de surpreender e de provocar uma reação que estimule a criatividade. Para completar a informação, são essenciais e muito habituais os painéis de tendências, quanto ao colorido e ambiente cromático da coleção (harmonia de cores, combinações e contrastes etc.). Tampouco podemos esquecer um bom painel de ambiente de coleção, que deve responder a todos os indicadores culturais de cada conceito (para cada coleção específica). Desde criações artísticas ou arquitetônicas até livros, quadrinhos, imagens de filmes ou propostas vinculadas às tendências mais emergentes que possam influir em nossa futura coleção.
Uma vez definido o ambiente conceitual da coleção, é importante começar a realizar os primeiros esboços (esse tipo de trabalho inicial é normalmente chamado de *sketchbook* ou livro de esboços) para nossas criações. Em muitos casos, os criadores recorrem à realização de colagens, interpretações ou variações de formas, desenvolvidas anteriormente em seus *moodboards*. A utilização de imagens escaneadas nos possibilita trabalhar com ampla liberdade de recriação de formas complexas e simplifica enormemente a tarefa de selecionar e simular aspectos criativos em esboços rápidos, com uma grande carga de representação formal.

Moodboard da tendência Connect,
primavera/verão 09.

Aqui mostramos todos os elementos que foram incorporados à colagem que representa a tendência Connect primavera/verão 09. Esses elementos foram combinados utilizando as camadas e as máscaras de Photoshop para gerar uma imagem global com elementos de todas as anteriores.

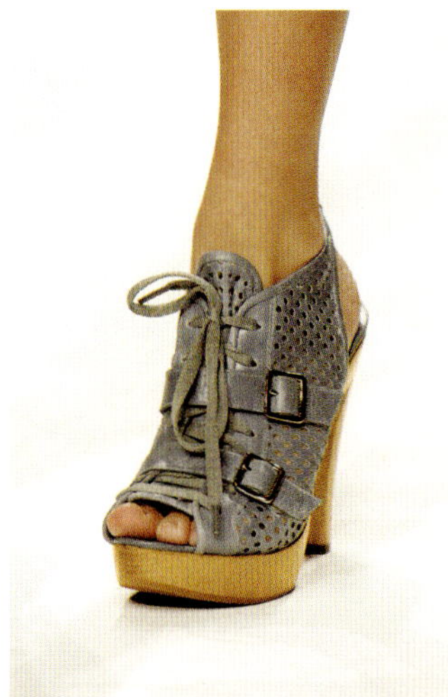

RECORTAR E ENDIREITAR FOTOGRAFIAS AO ESCANEAR

Com as novas ferramentas que oferece o Adobe Photoshop para otimizar a importação de imagens, podemos colocar várias fotografias no escâner e digitalizá-las ao mesmo tempo, criando um único arquivo de imagem.
O comando "recortar e endireitar fotografias" é uma função automática que pode criar arquivos de imagem individuais a partir de um escaneamento de várias imagens.

Para obter os melhores resultados, deve-se observar a área de sangria, é melhor deixar uns milímetros de margem entre as imagens escaneadas. Quando o fundo é a própria tampa do escâner, certifique-se de que esta seja de uma cor uniforme, com pouco ruído; caso contrário, cubra o fundo com uma cartolina colorida. Isso é necessário, pois o comando "recortar e endireitar fotografias" funciona melhor em imagens com contornos delineados.

Quando nos encontramos mais perto do produto final, podemos realizar painéis que mostrem materiais (tecidos, malhas, acabamentos etc.) e detalhes das peças, assim como ideias iniciais de silhuetas acentuadas, volumes, propostas de estilismo e combinações de peças. Para coleções com um forte conteúdo de estampados e gráficos é fundamental representar painéis que mostrem o ambiente geral da coleção, para valorizar o equilíbrio e a coerência das propostas no conceito global. Algumas empresas profissionais (como WGSN) distribuem a seus clientes painéis de tendências em seus serviços online. Sem dúvida, o trabalho realizado por essas empresas marcou uma tendência, um caminho a ser seguido pela indústria da moda.

OS BUSCADORES DE INFORMAÇÃO NA INTERNET
Os grandes buscadores, como Google, Yahoo!, Altavista, Windows Live ou Ask, e as infinitas variantes desenvolvidas a partir de seus motores de busca, são aplicações que rastreiam a rede indexando informações em suas enormes bases de dados. O sucesso da busca e sua rapidez dependem de um software específico conhecido como robô ou *spider*. São programas cujo objetivo é reunir informação sobre os conteúdos, a estrutura e as palavras-chave das webs que encontram em seu caminho.
de busca contam com robôs próprios (como *Googlebot* e *Msnbot*) que rastreiam a informação segundo diferentes critérios. Embora possam atrair visitas a um site, também apresentam o inconveniente de colapsá-lo, através de sua busca insistente de dados.
Atualmente, a liderança dos grandes buscadores, como Google ou Yahoo, parece indiscutível, embora haja novas plataformas que, em um futuro não muito distante, poderiam chegar a ser competitivas, como *MySpace* ou *Baidu*. Porém, por enquanto, uma agressiva e hiperativa política de aquisições situa Google e Yahoo à frente de tudo o que acontece na Internet.

O próprio autor comenta sobre seu trabalho: "Procuro a informação na Internet, em livros, artigos de revistas, etc. Quando tenho material suficiente, começo a relacionar as imagens, já que a maioria delas está em formato digital (se não, passo-as pelo escâner), e utilizo o Adobe Photoshop para justapô-las. Colo as imagens sobre um documento em branco e brinco com elas. Usando o computador, temos liberdade total e, à medida que trabalhamos com essas colagens, os conceitos e os ambientes melhoram e evoluem, dando lugar a ideias diferentes que ajudam a enriquecer o trabalho. Essas composições com Photoshop, além de serem o começo, são também uma apresentação e uma forma de comunicação gráfica do projeto".

Composición. Projeto Spring in Mesopotamia.
© Ícaro Néstor Ibáñez Arricivita, 2008.

ÍCARO NÉSTOR IBÁÑEZ ARRICIVITA

Depois de ver Lauren Bacall desenhando vestidos no filme *Designing Woman*, de Vincente Minnelli (1957), decidiu que dedicaria sua vida a desenhar vestidos originais e criativos. A partir daí, formou-se em Design Têxtil e Moda, pela escola ESDI (Barcelona). Hoje, está completando seus estudos na Royal Academy of Fine Arts, em Antuérpia (Bélgica). Colaborou com criadores como Lutz Huelle e Bernhard Willhelm, aos que agradece, entre outros, uma parte importante de seu crescimento pessoal e artístico. Atualmente, Ícaro Néstor continua desenhando e realizando colaborações artísticas em Antuérpia, onde reside habitualmente.

www.myspace.com/icaroh

OS BUSCADORES VERTICAIS

Para otimizar melhor a informação que nos proporcionam os robôs, surgem os buscadores verticais ou temáticos especializados em setores específicos, portanto, oferecem menos resultados, embora mais precisos, úteis e proveitosos. Os robôs dos buscadores verticais rastreiam exclusivamente sites com conteúdos relacionados com um tema específico, o que permite favorecer buscas mais eficazes, rastreamentos mais frequentes e, portanto, dados mais atualizados.

Os buscadores verticais podem incluir em sua interface recursos e ferramentas adaptados às necessidades específicas do usuário, o que, por vezes, pode ser de grande utilidade: como no caso dos buscadores de imagens ou de vídeos, como o popular YouTube. Outros exemplos desse tipo de aplicação são os buscadores de blogs, como o aclamado Technorati, que permite orientar nossa busca no mundo crescente da blogosfera, ou seu rival Google Blog Search. Temos ainda Icerocket, o espanhol Agregax, ou outros buscadores de imagens como Picsearch, Pikeo, ou ainda o imprescindível Flickr, para citar apenas alguns dos mais conhecidos. Nos buscadores verticais, a lista dos links aparece organizada de acordo com o nível de relevância que vem determinado pelos algoritmos próprios de cada buscador. Estes valorizam aspectos como o tráfego, a quantidade e a qualidade dos links dirigidos ao site e até 200 variáveis mais. Então, podemos dizer que os algoritmos constituem a alma do buscador e deles depende o sucesso de cada busca. É por essa razão que as companhias guardam com tanto sigilo os algoritmos de cada buscador e investem em sua investigação e desenvolvimento, pois estão submetidos a contínuas mudanças para melhorar a qualidade de seus critérios de relevância e para incrementar sua segurança com a finalidade de evitar que sejam decifrados e copiados. De sua fiabilidade e independência depende o prestígio do buscador.

Na Internet, cada vez existem mais buscadores verticais e isso provoca que, ao mesmo tempo, comecem a proliferar os "buscadores de buscadores", como o espanhol Buscopio, que tratam de pôr ordem entre tanta variedade. O próprio Google parece ter tomado consciência da necessidade de oferecer buscas mais especializadas e lançou Google Custom Search Engine e Google Co-op, aplicações que permitem integrar e construir buscadores personalizados a partir do motor de Google. No caso de Google Co-op, além de escolher os sites nos quais se deseja buscar a informação, incluem-se ferramentas colaborativas, que permitem ajustar os critérios de seleção através da "inteligência coletiva" dos usuários, como na Web 2.0.

1

2

1: Detalhe do estúdio de design do jovem criador Domingo Ayala. Fotografia © Mari Luz Vidal.
2: Exposição de fotografias do projeto fotográfico desenvolvido por www. hel-looks.com, na galeria Bingshop, Barcelona. Fotografia © Mari Luz Vidal.

TECHNORATI

É muito mais que um buscador, é praticamente um portal dedicado aos blogs e aos conteúdos que neles podemos encontrar. Technorati converteu-se no buscador mais popular orientado ao mundo blog. A principal diferença entre um buscador geral como Google e Technorati é o aspecto temporal. Google organiza os resultados por relevância, enquanto Technorati também dá importância aos sites que foram atualizados recentemente. É provável que a busca básica em Technorati consista em usar palavras-chave na barra de busca de sua página principal. No entanto, a opção etiquetas (*tags*) apresenta-se como um método mais cômodo de busca. Pode ser usado de duas maneiras: visitando a página oficial de Technorati etiquetas ou usando o menu suspenso. A página de etiquetas é de grande utilidade para ver quais são os temas candentes na blogosfera em tempo real, já que mostra essas palavras em caracteres maiores que as outras. Como já comentamos, os resultados de uma busca em Technorati mudam a cada minuto, aparecendo em primeiro lugar os últimos blogs atualizados.

Detalhe do estúdio de design da marca Pink Olive. Daqui, saem desenhos atraentes e coleções de moda que partem da ilustração. Fotografia © Mari Luz Vidal.

COMO FUNCIONAM OS ROBÔS?

Ao fazer uma consulta em um desses buscadores, o programa revisa as bases de dados criadas com a informação selecionada pelos robôs e, em função dessa revisão, gera automaticamente uma lista de resultados. O resultado desse processo é uma enorme quantidade de informação. O problema radica em que qualquer busca gera centenas de milhares de resultados inúteis, já que a estatística nos demonstra que o usuário consulta no máximo os 10 ou 20 primeiros links.

Chegados a este ponto, os buscadores foram convertidos em ferramentas valiosas demais, para deixá-las nas mãos de robôs e algoritmos. É evidente que, até hoje, nenhum buscador pode competir com a capacidade de seleção e análise semântica de um especialista "humano". Tudo leva a crer que o futuro dos buscadores passará por combinar a busca automática com a que se baseia em critérios humanos. Nos buscadores verticais, quando se tratam temáticas muito especializadas, somente a seleção humana pode dar sentido à informação. As tecnologias de busca automatizada costumam ser complementadas com o critério dos usuários que classificam a informação através de etiquetas. A informação é armazenada segundo uma ordem eleita pelo próprio usuário, permitindo uma busca mais organizada e controlada.

TAGS OU ETIQUETAS

Quando se fala de uma etiqueta, nos referimos a uma palavra-chave, a um dado. Essa "chave" pode ser comparada a uma imagem ou arquivo informático que pode ser recuperado navegando ou pesquisando na rede. A característica principal das etiquetas é que podem ser escolhidas de maneira informal e pessoal, pelo autor ou o usuário. A ação de etiquetar arquivos está muito ligada às páginas Web 2.0, pioneiras no uso de etiquetas. Graças a seu uso, as bases de dados em webs podem estender-se de uma forma descentralizada.

Imagens que servem de referência para desenvolver as estampas de muitas marcas de moda casual.

Álbum The Record Room, com 1.854 capas de discos, criado por Bradley Loos.

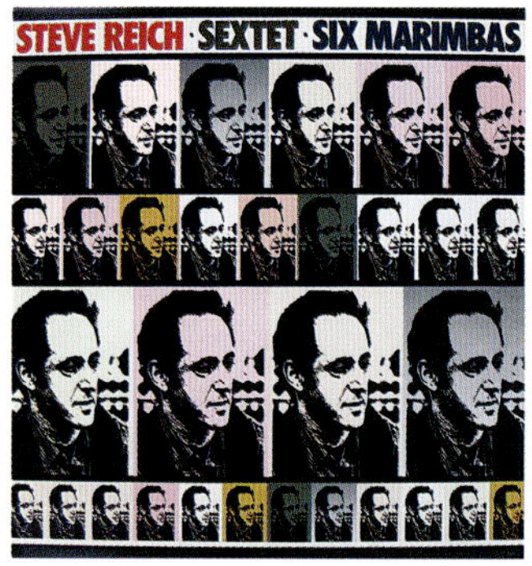

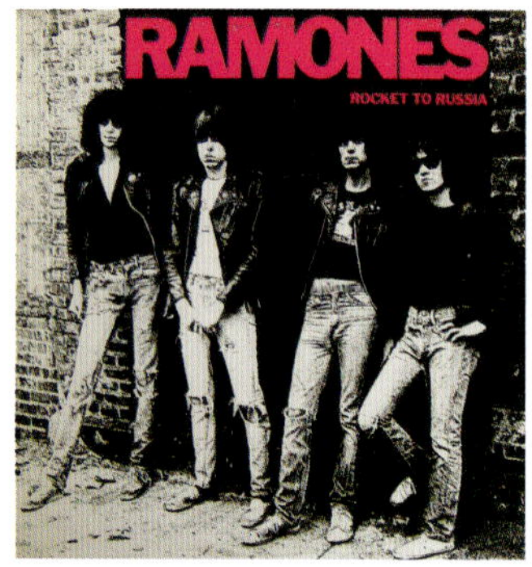

ADMINISTRADORES DE ARQUIVOS DE FOTOGRAFIA E VÍDEO

Atualmente, foram desenvolvidas diferentes soluções para organizar e compartilhar as imagens gratuitamente com poderosas ferramentas de gestão. A função principal desses serviços é compartilhar imagens com todo o mundo. O usuário pode escolher quais são as condições para fazê-lo (Copyright, as licenças abertas ou os diferentes tipos de Copyleft que Creative Commons nos proporciona). Esses serviços oferecem melhores formas de classificar as imagens com etiquetas, que simplesmente são palavras que associam a imagem a uma definição, tema ou conceito. Assim é mais fácil encontrar as fotografias próprias e as de outros usuários, e selecionar imagens baseando-nos em nossos interesses. Muitos desses serviços permitem, também, visualizar as fotografias postadas em forma de apresentação. Entre os administradores mais conhecidos destaca-se Flickr (com mais de dois milhões de imagens), Favshare, Pikeo, Zooomr, Photobucket ou Myalbum.

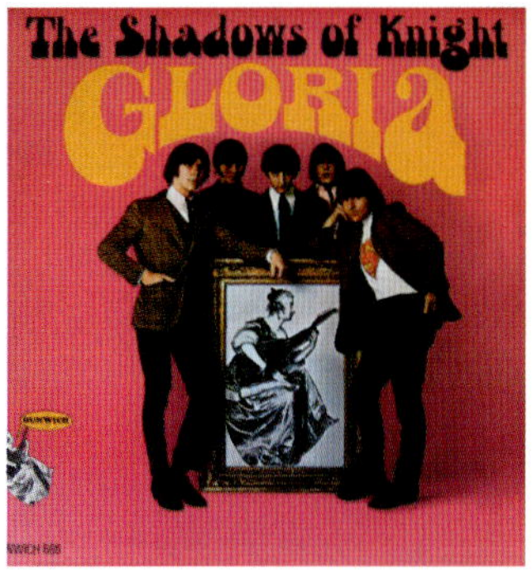

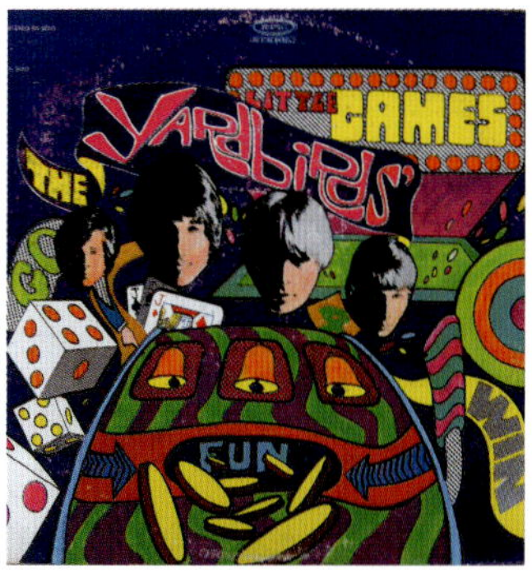

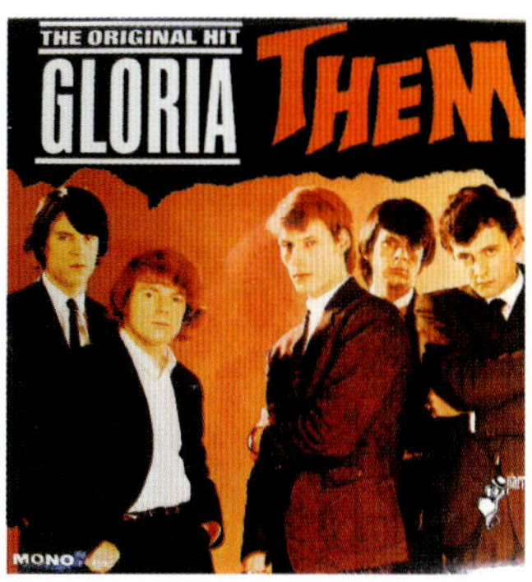

CREATIVE COMMONS

Define-se como um organismo não governamental sem ânimo de lucro que trabalha para levar a cabo planos que reduzam as barreiras legais da criatividade. Trabalham com o propósito de conseguir um modelo legal que se sirva de ferramentas informáticas que facilitem o uso e a distribuição de conteúdo para o domínio público. As licenças Creative Commons ou CC se inspiram na licença GPL (General Public License) da Free Software Foundation. As licenças tiveram que ser adaptadas a várias legislações ao redor do mundo, pois originalmente só apareceram em inglês.

As diferentes licenças Creative Commons baseiam seus princípios de autoria em:

- **ATTRIBUTION (RECONHECIMENTO):** que obriga a citar a fonte de procedência do conteúdo. É necessário que o autor apareça nos créditos.
- **NON-COMMERCIAL (NÃO COMERCIAL):** os conteúdos que estão à disposição dos usuários não podem ter um uso comercial ou bonificação econômica alguma para quem faça uso dessa licença.
- **NO DERIVATE WORKS (SEM OBRA DERIVADA):** impede que a obra seja distribuída com modificações, deve permanecer inalterada, sem modificações.
- **SHARE ALIKE (COMPARTIR A MESMA LICENÇA):** todas as obras derivadas devem ser distribuídas sempre sob a mesma licença do trabalho original.

Álbum Advertising, com mais de 640 imagens sobre o mundo da publicidade e o packaging, criado por Roadside Pictures.

Imagens disponíveis em www.ickr.com

FLICKR (WWW.FLICKR.COM)

Talvez seja uma das ferramentas mais úteis para o trabalho de busca de imagens. Trata-se de um site para administrar e compartilhar fotografias, ilustrações e outro tipo de criação através da Internet. Flickr é uma assombrosa comunidade para compartilhar imagens, que conta com milhões de usuários e centenas de milhões de fotografias e vídeos disponíveis. Essa aplicação tem dois objetivos principais: o primeiro, ajudar o usuário a colocar um conteúdo à disposição de outros usuários interessados nessa informação, pois permite postar fotografias e vídeos, tanto dentro quanto fora do sistema, isto é, a partir da web, de dispositivos móveis, de computadores pessoais, em resumo, de qualquer software que esteja capacitado para administrar seu conteúdo. Em segundo lugar, todos podem aceder a esses conteúdos utilizando várias vias, acedendo da web de Flickr, por correio eletrônico, publicando-os em blogs externos etc. Por isso podemos dizer que Flickr é o site que oferece uma melhor prestação na organização de arquivos de fotografia e vídeo e isso o converte em um sistema cooperativo e muito interativo.

Essa popular página web funciona como um servidor pessoal para compartilhar fotografias pessoais, e o serviço é mundialmente usado por bloggers como um depósito fotográfico. Em parte, a popularidade se deve à grande comunidade online que acede ao serviço, assim como às ferramentas que permitem ao autor etiquetar suas fotos, e a um explorador das melhores fotos da semana. Atualmente, Flickr alberga mais de dois bilhões de imagens. O serviço é utilizado extensamente por bloggers como depósito de fotografias e de vídeos. O sistema de Flickr permite realizar buscas de imagens e vídeos por etiquetas, data e licenças de Creative Commons.

As contas Flickr estão destinadas ao uso pessoal, para que seus membros compartilhem as fotos e os vídeos que eles próprios criaram. Nelas também se oferecem os grupos de "membros Flickr", que são uma fórmula para que alguns coletivos de usuários se reúnam em torno a um interesse comum.

Os grupos são públicos, e nesse caso basta um convite, ou totalmente privados. Cada grupo tem um mural para compartilhar fotografias e vídeos e uma imagem de debates para discutir. Se alguém não encontra o grupo Flickr que responda a seus interesses, existe a possibilidade de criar um novo grupo.

Flickr também é utilizado como meio de redes sociais, ou seja, se oferece a possibilidade de contatar diretamente com o usuário, assim como de adicionar informação pessoal dentro de cada perfil individual. Flickr pode ser um motor de busca fundamental para contatar com possíveis colaboradores (outros designers, artistas gráficos, fornecedores etc.).

UMA APLICAÇÃO UNIVERSAL

Foi desenvolvido por Ludicorp, uma companhia canadense da cidade de Vancouver que iniciou sua trajetória em 2002. Foi lançado no mês de fevereiro de 2004, inicialmente como um jogo no qual podiam participar vários jogadores online. As primeiras versões de Flickr chegaram a incluir a função FlickLive, um chat que possibilitava o intercâmbio de fotografias em tempo real. O sucesso dessa função fez com que, pouco a pouco, se centrassem mais no intercâmbio de fotografias e na implementação de novas utilidades para usuários individuais. Com o tempo, a troca de imagens se consolidou, enquanto o chat foi definitivamente suprimido. Em março de 2005, Flickr e Ludicorp foram adquiridas pelo gigante Yahoo.

A superioridade das prestações oferecidas por Flickr levou Yahoo a abandonar seu sistema Yahoo Fotos, que havia ficado algo antiquado, para potencializar os recursos de um site tão popular como Flickr. Em 11 de julho de 2007, Flickr foi traduzido a sete línguas mais, o que lhe proporcionou maior popularidade e acessibilidade.

Cold Cream
Food Club
COFFEE
LIFE SAVERS
WILD CHERRY
LIFE SAVERS
TROPICAL FRUITS
Lucerne
INSTANT CHOCOLATE FLAVORED MIX
twist
imitation GRAPEADE
Dr Pepper
Fritos
CLOROX
Hi Ho
Quik
CHOCOLATE FLAVOR
NOW! FOR COLD WATER TOO
25¢
SU-PURB
SAFE SUDSING
SAVE 7¢
WITH THIS COUPON
Chef BOY-AR-DEE
COMPLETE Pizza
Bel-air LEMONADE
Tide
XK
Vaseline
BRAND
7up
Lilt
DELUXE STYLE KIT
Smith's FOOD KING
The Friendly Folks!
Sprite
It's a natural!
Dr Pepper
CLAPP'S
HEINZ
PEARS AND PINEAPPLE
Gerber
Custard Pudding
Comet
5 day ROLL-ON DEODORANT
Vaseline
Comet
NEW Charmin
So good, it brought Mr. Whipple out of retirement.
SKIPPY
PEANUT BUTTER
IMPROVED BY HYDROGENATION
Pepsi-Cola
Lunch Box
SANDWICH SPREAD
7up
REG. U.S. PAT. OFF.
NEW! COOKS IN 1 MINUTE

Os grupos de comunicação de moda online

Para completar este tópico, referente à busca de imagens, não podemos esquecer o tremendo impacto causado pelas edições online dos grandes grupos de comunicação de moda. Meios de comunicação e firmas de moda dispõe de seus próprios portais como suportes interativos com seu público-alvo.

Esse tipo de portal inclui a possibilidade de ver vídeos, tanto de desfiles quanto de sessões fotográficas, ou momentos do *backstage* dos desfiles das marcas de moda mais importantes do setor. Também aparecem projetos de televisão em Internet que se converteram em uma área especializada em imagem e vídeo e um espaço de participação social.

Em setembro de 2000, o grupo Condé Nast (proprietário de publicações tão consolidadas como *Vogue, Vanity Fair, The New Yorker, Allure ou Glamour*) em sua seção CondéNet (serviços online) apresenta os portais: style.com e men.com, que incluem mais de cinquenta mil fotografias com cobertura de desfiles, vídeos, tendências, fóruns, newsletters, bem como informação social e cultural. A informação se atualiza diariamente e inclui espaços de opinião e de participação. Outros grupos, como *Elle, Nylon, I+D magazine, Wallpaper etc.*, também desenvolveram projetos digitais similares: www.elle.es, www.nylonmag.com, www.i-dmagazine.com, www.wallpaper.com.

De fato, podemos afirmar que todas as publicações atuais especializadas em moda e tendências contam com seu próprio portal. A tendência, no entanto, se dirige às denominadas páginas interativas. Embora, em princípio, as páginas web de qualquer publicação fossem espaços de apresentação de temas, atualmente as grandes editoras estão trabalhando em um tipo de suporte em que o leitor participa de forma ativa no conteúdo. Uma das referências é o do grupo francês Hachette Filipacchi, que representou uma autêntica revolução na França: www.veryelle.elle.fr.

Trata-se de uma versão modernizada da web de seu carro-chefe, *Elle*, na qual todas as páginas oferecem ao visitante possibilidades de participação: desde descobrir as mil e uma combinações propostas pela seleção de tendências da equipe de moda da revista até desfrutar das canções que marcam a atualidade musical, ou ainda, ouvir entrevistas de personagens de relevância social e cultural. A velocidade e a universalidade (junto ao fácil acesso à informação) foram as grandes contribuições desse tipo de portal especializado na moda.

Do que se trata, em todo caso, é de devolver a moda ao mundo real: rastreiam as ruas das principais capitais do "planeta moda" (Londres, Nova York, Paris, Milão ou Tóquio) em busca de gente que representa o modelo atual de tendência. Inclusive, por vezes, não se trata de fotografar e observar gente interessante pela rua, mas sim de que essas mesmas pessoas se fotografem a si mesmas e se submetam ao julgamento de visitantes que encontrarão, além da descrição das roupas, as claves para compreender a intenção estilística do autor. Além do mais, em menos de 24 horas após a apresentação de qualquer produto, evento ou desfile já é possível dispor de informação sobre as apresentações das coleções internacionais, bem como de qualquer aspecto vinculante (lançamentos, publicidade, campanhas, colaborações etc.) com grandes marcas do setor, que são as encarregadas de marcar as tendências do mercado.

1

2

3

1 Imagem desfile
Dolce & Gabanna, outono/inverno 08. © WGSN.

2 Imagem desfile
Emma Cook, outono/inverno 08. © WGSN.

3 Imagem desfile
Nathan Jenden, outono/inverno 08. © WGSN

A transcendência midiática de muitas modelos de prestígio reconhecido extrapola as passarelas e as feiras de moda. Elas são – literalmente – perseguidas nas situações mais cotidianas e se convertem, assim, em um dos marcadores das tendências e das combinações de roupa que a rua vai assimilar melhor.

ESPAÇOS INTERATIVOS

A informação encontrada nos serviços online dos grandes meios de comunicação de moda costuma diferir daquela que aparece na imprensa escrita tradicional. Os portais online pretendem dar uma informação mais direta, próxima e interativa ao usuário. Esses portais incorporam, também, pequenas aplicações para manter a fidelidade de sua audiência (descargas de vídeos, música, foros, espaços de opinião e colaboração etc.).

Tendências, mercados e cultura *street*

O aparecimento e a expansão das novas mídias foi, sem sombra de dúvida, um dos fatos mais relevantes que permitem a democratização da moda e o acesso a milhares de imagens de designs e coleções que agora estão ao alcance de qualquer pessoa. De fato, "não é possível entender o universo da moda sem devorar blogs e páginas webs", segundo o comentário da estilista Cristina M. Faber.

Esse acesso ilimitado a imagens online provoca um efeito curioso de retroalimentação, de tal forma que não sabemos se as fotografias que estão na rede refletem o estilo ditado previamente pelos designers, ou se, na verdade, são as coleções que se inspiram nas novidades estrambóticas que circulam pelo ciberespaço. Provavelmente, essa seja uma pergunta de difícil resposta, no entanto, o que não podemos obviar é o impacto tremendo que possuem determinados blogs e páginas web no mundo do estilismo, dos tecidos, das estampas e dos complementos. Esse fato, unido à influência cada vez maior desses blogs, nos obriga a redefinir sua importância e, muito especialmente, sua relação com os meios de comunicação tradicionais.

A rua e os jovens são o melhor reflexo do rumo que indicam as tendências.
©icanteachyouhowtodoit.
www.inanteachyouhowtodoit.com

O IMPACTO DOS BLOGS

Os blogs têm um lugar protagonista na cultura da Internet. O mundo da moda ocupa aproximadamente 10% de todas as webs do sistema global (segundo Technorati, buscador exclusivo de blogs, que já mencionamos no capítulo anterior). Nelas, o figurino cuidado de Madonna convive com a última coleção de acessórios de Marc Jacobs, uma mistura em que a qualidade não é sempre homogênea. Entretanto, desse enxame de propostas se destacam algumas como relevantes e definitivas na moda atual: *Vogue*, *Elle* ou *Nylon mag* foram precursoras no emprego de blogs para personalizar seus conteúdos e adaptá-los ao perfil, cada vez mais específico, de seus leitores.

Página 25
As webs de moda nos mostram como se vestem as pessoas nas grandes cidades. Neste caso, Helsinque.
© Hel-looks.
www.hel-looks.com

NOVOS CANAIS DE COMUNICAÇÃO

Estudos recentes demonstram que as jovens gerações sentem um profundo desapego pela televisão e pelos canais tradicionais de comunicação. Mostram maior interesse por Internet, que se converteu na principal ferramenta de informação e ócio.

A rede passa a ser o novo campo onde contatos, famosos e conselhos convivem com passarelas, *celebrities* e tendências. A influência que exercem sobre os jovens é inquestionável; eles residem, agora, no ciberespaço. Seus comportamentos, suas preferências e influências estéticas são copiadas até o limite.

Todas as imagens © Verena Grotto.
appealtotheeye.blogspot.com

APPEALTOTHEEYE.BLOGSPOT.COM
Trata-se de um projeto de Verena Grotto, italiana de 21 anos, que inclui, além de fotografias de rua, artigos ou informações sobre grupos musicais e concertos.

Segundo palavras da própria criadora: "Appeal to the eye começou sem nenhuma pretensão. Em junho de 2006, Stefano Rosso, da DIESEL Italy, me convidou para almoçar. Como era um grande amigo, me perguntou se eu podia fazer coolhunting, isto é, pesquisar tendências em Barcelona e enviar-lhe, a cada mês, um documento com fotos feitas pelas ruas da 'Cidade Condal'. Ele confiava em meu gosto para a moda, em meu conhecimento da cidade e, particularmente, sobre tendências. Portanto, mais que um simples hobby, comecei a levar tudo mais a sério, personalizando o que ele me pedia, sentindo-me cada dia mais confiante e levando sempre minha câmera na bolsa".

VERENA GROTTO iniciou sua atividade por encomenda com a revista *H magazine*, edição de dezembro 2007. O tema era "Que planos você tem para o réveillon?": "Foram minhas primeiras fotos publicadas em um meio de comunicação para o grande público. Somente após alguns meses as coisas começaram a funcionar. Tive minha primeira entrevista publicada na web www.setyourstyle.com, com a qual colaboro agora, fazendo entrevistas e artigos sobre novidades de moda, tendências, música etc.". Também realizou numerosos trabalhos para a revista búlgara *Indie*, colaborou com a revista *Vice Spain*, em um trabalho de *coolhunting* interno, com a revista coreana *Cracker your wardrobe*, e com a revista italiana *A*. Verena explica que "os contatos normalmente são realizados através do meu blog, que passou a ser meu melhor cartão de visitas."

"Cada vez que viajo, gosto de levar uma parte da alma moderna da cidade onde estou indo. Estive em Milão, Bassano del Grappa, Londres, Munique e Berlim. Por enquanto só essas cidades, já que meus planos preveem muitas mais. O pouco tempo de que disponho não me permite fazer tudo o que eu gostaria. Mas a verdade é que, cada vez que tenho uma oportunidade, meu dedo procura o disparador da câmera."

Agyness Deyn, imagen backstage. © WGSN.

As modelos são ícones do estilo que muita gente quer imitar. Na Internet encontramos muita informação que nos ajuda a conhecê-las melhor. Por exemplo, Agyness Deyn, tida pela mídia britânica como a "sucessora de Kate Moss" aparece em vários blogs e webs que nos dão detalhes sobre seu trabalho, seu estilo e sua vida. www.nymag.com

O fenômeno blog não deixou de crescer, estamos assistindo ao nascimento do quinto poder. Se o século XX foi o século da imprensa, do quarto poder, como contraponto aos tradicionais poderes públicos, atualmente são os blogs que começam a se situar como vigilantes da independência dos meios de comunicação. Essa reflexão gira em torno à debilidade da imprensa como quarto poder, após o aparecimento dos grandes grupos midiáticos e a crescente capacidade dos blogs para preencher, com sua independência, o conseguinte vazio. Os blogs trazem agilidade e intuição à musculatura potente da mídia tradicional. De fato, uma boa parte da mídia digital conta com blogs próprios ou os promove de diversas maneiras. Cada vez são mais numerosos os profissionais do jornalismo que utilizam os blogs como meio de expressão pessoal. Os exemplos mais destacados podem ser encontrados em sites como o americano *The Sartorialist*, que reúne as fotografias publicadas por Scott Shuman, na tribuna da revista *GQ*. Segundo suas próprias palavras: "Comecei a fazer fotos por curiosidade e abri uma web para compartilhá-las em setembro de 2005. Estou muito orgulhoso de ter propiciado um diálogo construtivo entre os apaixonados pela moda". Em sua página, encontram-se numerosas imagens que documentam exaustivamente as tendências da streetwear, a moda urbana dos nova-iorquinos, dos milaneses ou dos parisienses. Assim como *The Sartorialist*, existem outros sites como o japonês *Tokio Street Style* ou a inglesa *London Street Fashion*, que também se caracterizam por oferecer um diário de instantâneas urbanas. Esses sites se convertem em uma fonte de imagens fundamental para estudar e analisar as tendências urbanas atuais de diversas cidades do mundo. Também devemos mencionar o trabalho dos finlandeses Hel looks, que recentemente expuseram sua obra em Barcelona, ou projetos como Icaneachyouhowtodoit ou Appealtotheeye, que monitorizam o cenário mais jovem e dinâmico das principais cidades europeias.

Novas ferramentas online para a moda

Alguns portais da Internet souberam rentabilizar a nova situação do setor têxtil (deslocalização, redução de tempo para o design e a produção etc.). Nesse sentido, vemos como as tradicionais feiras e os salões internacionais cederam seu lugar a portais digitais que permitem dispor da informação atualizada do setor, mediante o pago de uma cota de inscrição.

A demanda de serviços adequados à nova realidade com informações úteis, como tendências, desfiles, mercados, gráficos e estampas, criadores, feiras ou fornecedores, é cada vez maior. Dispor dessa informação, continuamente, em nosso local de trabalho, é uma valiosa ferramenta que não convém desprezar. Além dos arquivos estilísticos ou dos *coolhunters*, existem diários de bordo, mais ou menos profissionais, com notícias gerais sobre a indústria da moda, como Trendencias (a web número 1 em espanhol, de acordo com a análise do Google Rank). Também encontramos alguns sites especializados em um único produto, como *The Bagsnob* (para bolsas e artigos de couro) ou *Shoeblog* (sapatos femininos), ou ainda projetos como *The Coolhunter*, com informação global de tendências de todo tipo, que inclui referências a design de interiores e merchandising visual. Future Concept Lab e WGSN, provavelmente dois dos projetos de maior sucesso no cenário dos últimos anos, merecem uma dedicação especial.

FUTURE CONCEPT LAB

É um instituto de investigação e conceituação que analisa as tendências globais relacionadas com as experiências mais inovadoras nos campos do design, do marketing ou da comunicação. Seu raio de ação abrange desde a Europa e os Estados Unidos até os países emergentes da Ásia e da América do Sul (seus centros de análise se encontram disseminados por mais de 25 países).

Seu programa é o resultado da monitorização e da análise dos conteúdos dos principais meios de comunicação, assim como das influências dos líderes de opinião de cada território, com a finalidade de extrair as futuras tendências sociais, culturais etc. Âmbitos como a música, a literatura ou a arte são peças-chave de sua investigação destinada ao estudo dos futuros mercados. Uma das atividades principais de FCL é a área de pesquisa SBS (*street and body signals*), para a qual cinquenta correspondentes especializados em diversos âmbitos registram os hábitos, as atitudes e as representações de moda e estilo de grupos específicos da população, buscando extrair os comportamentos mais vibrantes e emergentes. O programa SBS aplica uma análise que pretende detectar os fenômenos mais inovadores que se encontram vinculados às novas 4Ps de sua pesquisa: gente, lugares, planos e projetos (*people, places, plans and projects*).
O projeto SBS começou em 1992, nas cinco capitais mais importantes da moda: Milão, Paris, Londres, Nova Iorque e Tóquio, mas, atualmente, está presente em mais de quarenta cidades de todo o Planeta, de tal forma que a companhia pode oferecer, em tempo real, informação global e contrastada.

Um dos serviços que oferece Future Concept Lab está a cargo de um grupo de pesquisadores de tendências (*cool-hunters*) que registra os hábitos da população para extrair os comportamentos mais emergentes.
© Future Concept Lab.
www.futureconceptlab.com

FACTORIA CREATIVA

O trabalho de pesquisa de FCL (*Future Concept Lab*) permite que seus usuários se antecipem às estratégias e tendências futuras. O instituto, com sede principal em Milão, oferece serviços de consultoria, de training e de pesquisa específica. Por outro lado, seu desenvolvimento abrange desde sua própria web até livros e artigos publicados em diversos meios de comunicação. Recentemente, publicaram um livro, *Real Fashion Trends*, em que examinam e desenvolvem seu trabalho dos últimos anos.

Imagens da categoria de varejo
© WGSN.

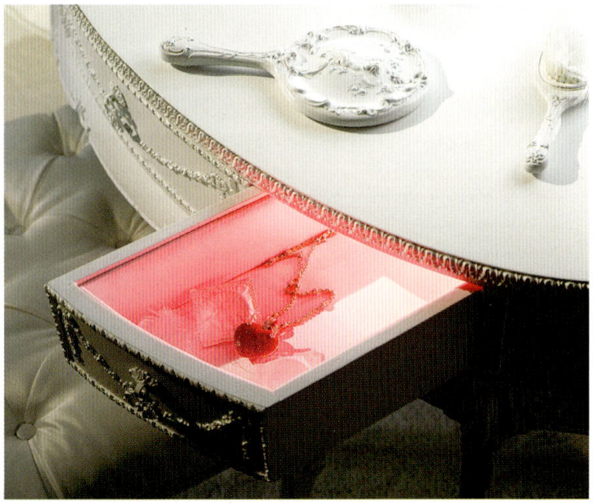

WGSN

As feiras e os salões internacionais do setor são complementados com portais digitais que mantêm o profissional informado das últimas novidades, de forma instantânea, mediante o pagamento de uma cota pelo serviço. Entre esses portais, o líder indiscutível é www.wgsn.com, um projeto jovem e ambicioso que soube se adaptar às demandas do setor como poucos. WGSN é o maior portal de Internet B2B que funciona como serviço líder de pesquisa e análise de tendências para as indústrias da moda, o design e o *retail* (varejo).

A empresa WGSN proporciona informação copiosa sobre o estado atual do mercado da moda para profissionais. Seu âmbito de atuação é internacional e seus serviços se globalizaram, pois, de modo contrário, seria impossível assumir o custo de um projeto tão ambicioso e otimizar os vários serviços oferecidos: informação sobre as últimas tendências, imagens detalhadas de desfiles, análise dos mercados internacionais, informação sobre exposições, criadores especializados ou fornecedores internacionais, além de qualquer informação significativa referente à indústria da moda. Atualmente, WGSN é uma ferramenta de trabalho que realiza um estudo exaustivo do comportamento dos consumidores, tanto quanto do ciclo de vida de um produto, desde sua concepção até sua produção e comercialização. Mais de duzentos profissionais da moda, analistas de tendências, jornalistas e *coolhunters* com ampla experiência profissional em marcas líderes de mercado, colaboram nesse projeto online. A cobertura do portal inclui moda feminina, masculina, infantil, acessórios, calçado, design de interiores, mercado jovem, denim, moda casual e esportiva, além de muito mais. Empregam uma grande variedade de referências e fontes que incluem, entre outras, a publicidade, a arquitetura, os meios de comunicação, os estilos de vida, os estilos de trabalho, a moda da rua, a saúde, a indústria do lazer, as viagens, o esporte, a arte, a ciência, a tecnologia, a gastronomia e o mundo do automóvel.

TENDÊNCIAS GLOBALIZADAS

A companhia WGSN foi fundada em 1998 por Julian e Marc Worth e, com posterioridade, em 2005, foi adquirida pela empresa Emap plc. Seus escritórios centrais encontram-se em Londres, embora também possuam sede nas principais cidades do Planeta: Nova Iorque, Hong Kong, Los Angeles, Paris, São Paulo, Istambul, Barcelona, Melbourne, Tóquio, Milão etc. É precisamente essa perspectiva global que lhes permite reunir e refletir as tendências, à medida que os sinais se desenvolvem ao redor do mundo, conectando diversas histórias e indícios, que lhes servem para prestar atenção ao panorama geral, antecipar o futuro e pensar no que há por trás das tendências que eles antecipam.

Isabel Mesa, Country Manager para a Espanha e Portugal, conta alguns aspectos para o futuro do projeto WGSN: "Por um lado, destacar o trabalho educativo que estão realizando com diversas escolas de moda através de seu espaço wgsn-edu.com, para incentivar a participação dos mais jovens. Por outro lado, o portal vai incluir uma nova aplicação, um buscador de imagens com o qual é possível navegar entre suas mais de vinte mil imagens, organizadas por conceitos como cor, tendência, materiais, etc.". Em breve, o site oferecerá imagens em vídeo de desfiles, festas e eventos sociais.

1

2

O buscador WGSN permite aceder a imagens de celebridades que marcam a moda. Aqui vemos Kate Moss (1), modelo, e Victoria Beckham (2), cantora; duas das personalidades mais solicitadas pelo público, que deseja saber como se vestem seus ídolos, ou pelos meios de comunicação, para mostrar imagens desses ícones do estilo.

O portal está estruturado com um menu realmente simples, baseado em diretórios-menu (atualmente inclui dezesseis áreas de conteúdos) que englobam a informação específica de cada área. Citamos, como exemplo, alguns diretórios destacados.

Think Tank com informação de temporada, com dois anos de antecipação: cor, gráfica, materiais, têxtil, macrotendências, comportamentos do consumidor etc.

Trends inclui informação de temporada, endereços e tendências de produtos (colorido, formas, materiais, gráfica, inspiração e pacotes de desenvolvimento de produto) para moda de mulher, homem, crianças, acessórios, calçados, lingerie/banho e jeans.

Graphics com galeria de coleções de estampas e posicionamentos, reportagens, inspiração, cliparts.

Materials espaço dedicado à informação e às reportagens de mostras de tecidos por temporadas, feiras etc.

Catwalks um enorme arquivo de imagens, em grande formato, das passarelas de Nova Iorque, Londres, Paris e Milão, com quatro tipos de análise (por temas, cores, tecidos, peças, cidades etc.).

What's in Store análise e fotografias de produtos em pontos de venda (mais de dez mil fotografias por mês).

Youth/Junior estudos de tendências no mercado juvenil, reportagens, inspiração e séries de moda de rua (uma reportagem por semana).

City by City com informação prática e guias de viajem para designers, exposições de arte, restaurantes, clubes, hotéis etc.

Generación Now a proposta mais jovem e dinâmica com desfiles e informação sobre os criadores formados pelas maiores escolas de design (CSM, Parsons etc.).

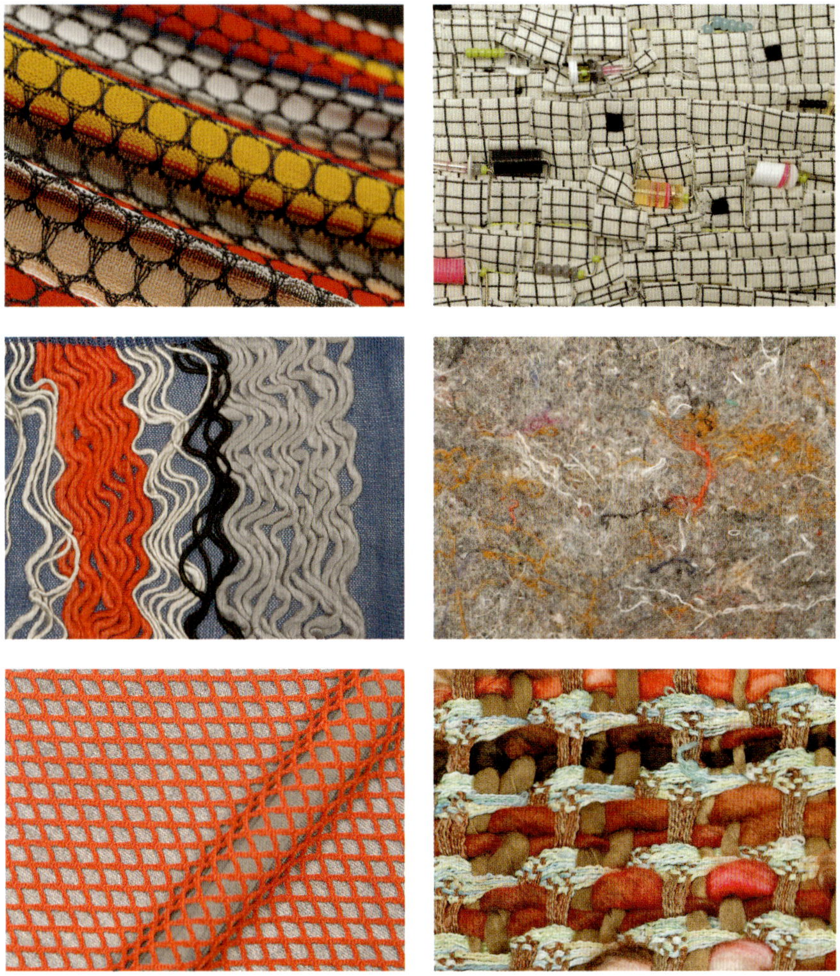

Imagens do diretório Materials, outono/inverno 2010, em que são expostas diversas amostras de tecidos representativos da tendência para essa temporada.
© WGSN.

O diretório Street Trends recolhe imagens de jovens como amostra de diferentes estilos de vesir. © WGSN.

DIRETÓRIO TRENDS

O diretório Trends, de WGSN, é talvez o tópico mais popular do menu oferecido por esse site. As previsões apresentadas por www.wgsn.com refletem as tendências de produto mais relevantes para as temporadas futuras em temas como o colorido, os tecidos, as silhuetas e os volumes das peças. As previsões do Trends podem ser encontradas posteriormente materializadas em passarelas, feiras e lojas.

As diversas áreas são:

WOMENSWEAR E MENSWEAR orientação sobre influências, colorido, tecidos e design.

INTIMATE APPAREL/SWIMWEAR informação específica para a indústria têxtil de peças íntimas em temas como coloridos, texturas, aviamentos (botões, colchetes...), detalhes.

KIDSWEAR as últimas novidades para crianças; inclui estampas e *prints* gráficas.

FOOTWEAR calçados para mulheres e homens, a última tendência em formas, materiais e inovações técnicas.

ACCESSORIES com atenção especial em bolsas, cintos, artigos de couro, além de joalheria, óculos e relógios.

DENIM com os últimos lançamentos em sistema de lavagem para jeans, aviamentos, aplicações e tendências de design.

COLOUR paletas de cores e gamas para futuras temporadas.

INTERIORS tendências para a roupa do lar.

PRODUÇÃO

Desenvolvimento do projeto

Superado o processo de conceituação e de busca de informação, chega o momento de materializar o trabalho. Trata-se de traduzir uma ideia em um design que tenha possibilidades de se converter em um protótipo real. Não existe uma fórmula única para conseguir um resultado excelente, na verdade temos a nossa disposição um leque de opções entre as quais devemos aprender a escolher para conseguir o resultado desejado. Ao longo deste capítulo será analisado o trabalho de diversos criadores e estúdios de design, desde as propostas de representação de figuras completas em ambientes determinados, até os desenhos em plano com todos os parâmetros descritivos da peça.

ALL YOU NEED
TO BE A DESIGNER
I ♥
YOU
®
ALL YOU NEED
TO BE A DESIGNER

Tecnologia avançada ou técnicas tradicionais

Os softwares dificilmente podem chegar a substituir a espontaneidade e a imediatez proporcionadas por outras técnicas plásticas tradicionais como o lápis ou o pincel. No entanto, é preciso destacar que cada vez é mais frequente o uso de procedimentos digitais que permitem completar a representação do design.

O suporte informático é concebido, assim, como mais uma ferramenta de desenho, com múltiplas aplicações de colorido, retoque, edição, etc., até chegar a um grande número de efeitos e tratamentos diversos que, bem utilizados, são capazes de oferecer uma representação mais verossímil e elucidativa do objeto.
São habituais os exemplos de técnicas mistas no processo de design, ou seja, a realização dos primeiros esboços ou croquis com desenho ou colorido manual, o escaneamento dessas imagens e a finalização com técnicas digitais. Também existem exemplos de criadores que utilizam o computador durante todo o processo de design, tanto em 2D (desenho de linha, em plano ou falsa perspectiva) quanto em 3D, permitindo uma apresentação do desenho desde todos os ângulos de visão possíveis. Com as aplicações de que dispomos atualmente, podemos colorir um desenho ou uma fotografia escaneados, modificar alguma imagem com fins criativos ou ainda acrescentar elementos criados totalmente com softwares, tanto em plano (2D) quanto em três dimensões (3D).
Seria um erro crer que a utilização de aplicações web no processo de design oferece como resultado uma representação mais mecânica e fria, pois com esse procedimento podem ser realizadas imagens com um toque muito pessoal e artístico. Da mesma forma que o fotógrafo conhece perfeitamente os detalhes e as possibilidades de sua câmera, o designer que utiliza a tecnologia digital desenvolve as possibilidades das aplicações e do suporte que utiliza para conseguir representações criativas e com caráter, sem desmerecer qualquer resultado conseguido com técnicas pictóricas tradicionais. Não existem duas fotografias iguais, nem dois designs iguais, ainda que tenham sido desenvolvidos com os mesmos mecanismos, a mão e a mente do criador continuam, em ambos os casos, sendo definitivas.

POSSIBILIDADES TÉCNICAS DO DESIGN COM COMPUTADOR

O suporte informático oferece inúmeras possibilidades técnicas ao designer, o que lhe dá mais liberdade e possibilidades no momento de propor um desenho. As principais vantagens que oferece essa ferramenta de trabalho são:

- A possibilidade de modificar ou alterar a imagem sem que isso mude sua apresentação.
- A composição de desenhos a partir de elementos de natureza diferente, dando ao conjunto uma unidade formal e cromática, muito mais difícil de conseguir com tintas tradicionais.
- A possibilidade de trabalhar em camadas e de manipular cada elemento separadamente, de tal forma que o domínio sobre objeto da imagem seja muito mais completo e minucioso.
- Além de um armazenamento cômodo, o sistema permite a comunicação online com outros grupos de trabalho através do correio eletrônico.

Camiseta Apple desenhada por Kustaa Saksi (Paris) por meio de tecnologia digital para The Gallery Photo.

TIPOS DE IMAGEM

Os programas desenvolvidos para a indústria do design entendem o conceito "imagem" como um arquivo codificado que, ao ser aberto, mostra uma representação visual de algo (seja fotografia, gráfico, ilustração etc.). Em função dos elementos (códigos) que definem a imagem, são obtidos resultados diferentes com suas características próprias.

IMAGENS RASTERIZADAS OU MAPAS DE BITS

São imagens compostas de pequenos quadrados coloridos denominados pixels, que são combinados como em um mosaico para criar uma imagem. Alguns exemplos de mapas de bits são fotografias, imagens tomadas com um escâner e elementos gráficos criados com programas de pintura. Às vezes recebem o nome de imagens entrelaçadas. Essas imagens rasterizadas, também chamadas de pixmaps, podem ser visualizadas em uma tela de computador, em papel ou em outro dispositivo de representação. As imagens rasterizadas costumam ser caracterizadas tecnicamente por sua altura e sua largura (em pixels) e por sua profundidade de cor (em bits por pixel), que determina o número de cores diferentes que podem ser armazenadas em cada pixel e, portanto, em grande medida, a qualidade da cor da imagem.
O formato de imagem matricial está amplamente estendido e costuma ser empregado para fazer fotografias digitais e realizar capturas de vídeo. Para sua obtenção, são usados dispositivos de conversão analógica-digital, tais como escâneres e câmeras digitais. Cada píxel tem sua própria cor; as imagens no modelo de cor RGB (*red, green, blue*), por exemplo, estão formadas por pixels de três bytes. Um byte para cada uma das cores: vermelho, verde e azul. As imagens mais simples requerem menos informação por pixel; por exemplo, uma imagem composta unicamente por pixels pretos e brancos só requer um bit para cada pixel (1 se for preto e 0 se for branco).

O PIXEL, A UNIDADE MÍNIMA

O pixel é um acrônimo do inglês picture element (elemento de imagem) e é a menor unidade de cor homogênea que forma parte de uma imagem digital, quer seja uma fotografia, um fotograma de vídeo ou um gráfico. Definem-se como unidades geométricas, pequenos quadrados ou retângulos coloridos, brancos ou pretos, ou com matizes de cinza. Os pixels podem ser distinguidos quando ampliamos suficientemente a imagem digital ao executar o zoom. Então podemos observar uma quadrícula de pixels que compõe a imagem. Portanto, as imagens são formadas como uma matriz retangular, na qual cada pixel ocupa um segmento relativamente pequeno com respeito à imagem total. As imagens formadas por pixels podem ter problemas de qualidade ao ampliarmos o formato e a resolução desses documentos, motivo pelo qual é imprescindível levar em conta a medida que terá o arquivo final antes de começar a trabalhar com ele.

Os diferentes projetos de m.Bee utilizam técnicas tão simples como a superposição de diversas imagens, gerando um fundo colorido sob um desenho mais linear, ou a fusão de várias ilustrações em uma peça final.

1 Qu'est-ce que c'est l'amour? 2007© m.Bee. Parte do projeto Partraitizm.

2 Lady in furs. 2007 © m.Bee. Parte do projeto Portraitizm. Técnica mista.

3 The mad park. 2007 © m.Bee. Parte do projeto Mashimotta.

1

2

3

M.BEE

É Maria Balashowa. A obra dessa artista combina todas as ferramentas disponíveis. Há dois anos começou seu trabalho: Portraitizm, no qual ilustra a moda atual a partir de referências sobre as tendências da gente jovem das ruas de sua cidade, prestando uma atenção especial em sua roupa, nos complementos e no estilo de seus personagens.

www.myspace.com/mbee_mary
www.flickr.com/photos/balashowa

QUALIDADE DE IMPRESSÃO

As telas de computador atuais habitualmente mostram entre 72 e 130 pixels por polegada, e algumas impressoras imprimem 2.400 pontos por polegada ou mais. É bastante complicado determinar qual é a melhor resolução de imagem para uma impressora. É preciso levar em conta que o resultado de uma impressão pode ter mais nível de detalhes do que pode ser observado na tela do computador.

O número total de pixels será o valor que determine a resolução da imagem; a quantidade de informação de cada pixel (profundidade de cor) determina a qualidade de uma imagem rasterizada. A resolução de imagem indica a quantidade de detalhes que pode ser observada em uma imagem.
Por exemplo, uma imagem que armazena 24 bits de informação de cor por pixel (o padrão para monitores desde 1995) pode representar mais matizes de cor que uma imagem que só armazena 16 bits por pixel, mas não terá o mesmo nível de detalhe que outra que armazene 48 bits por pixel. Dessa forma, uma imagem com uma resolução de 640x480 pixels (e que, portanto, contém 307.200 pixels) parecerá mais áspera e de menor qualidade que uma imagem de 1280 x 1024 (1.310.720 pixels). Considerando que armazenar imagens de alta qualidade requer muito espaço, os programas de tratamento de imagens frequentemente utilizam técnicas de compressão de dados para reduzir seu tamanho. Algumas dessas técnicas sacrificam informação e, consequentemente, qualidade de imagem para conseguir economizar espaço no disco. Os informáticos referem-se a esse tipo de técnica de compressão irreversível ou compressão com perda.

REQUISITOS PARA A RESOLUÇÃO DAS IMAGENS DE MAPA DE BITS

As imagens de mapa de bits contêm um número fixo de pixels, que costuma ser medido em pixels por polegada, ou dpi (do termo inglês *dot per inch*). Uma imagem de alta resolução contém mais pixels e, por conseguinte, é menor que uma imagem das mesmas dimensões, mas de baixa resolução. As seguintes pautas ajudam a determinar os requisitos para a resolução das imagens: para realizar uma impressão comercial é preciso ter imagens de 150 a 300 dpi, que é a resolução padrão. A maioria das impressoras profissionais trabalha com imagens a partir de 150 dpi, principalmente desde que foi massivamente implantada a técnica de pré-impressão COMPUTER TO PLATE (CTP), que elimina o processo de realização de fotolitos físicos.
O uso de imagens de alta resolução, exigido pela impressão comercial, supõe um problema para o designer, já que o peso das imagens de grande tamanho desacelera o equipamento informático, pois demoram mais tempo para serem visualizadas. O melhor é utilizar versões de baixa resolução e depois substituí-las por versões de alta resolução no momento de imprimir.
Durante o processo de "esboço" costuma-se trabalhar com imagens de menor resolução que a imagem final (de 72 dpi, para fotografias impressas em uma impressora, de 300 dpi a 150 dpi, para fotografias impressas em dispositivos com um máximo de 1.000 dpi) e, dessa forma, o trabalho é mais fluído e rápido. Na preparação do documento final são substituídas, de forma automática, essas imagens em baixa por suas "gêmeas" em alta resolução. A edição online requer, normalmente, imagens com dimensões em pixels que se ajustem ao monitor previsto. Habitualmente, elas têm menos de 500 pixels de largura e de 400 pixels de altura, a fim de deixar espaço para os controles da janela do explorador ou para elementos de maquetação, como pés de ilustração.

1

2

1 Dance. 2008 © Teresa Hu.

2 Slumber Party. 2008 © Teresa Hu (parte de Pink Series).

3 La Cucaracha. 2008 © Teresa Hu.

Sua obra incorpora a ilustração com tintas tradicionais e as possibilidades digitais de Photoshop, o que proporciona várias ferramentas para pintar ou editar a cor da imagem. Com a utilização das ferramentas vinculadas ao campo da pintura, é possível modificar a cor dos pixels da imagem, retocar imagens, criar ou editar máscaras em canais alfa ou pintar ilustrações originais. As pontas de pincel, os pincéis preestabelecidos e muitas das opções de pincel permitem um controle criativo, para produzir efeitos de pintura impressionantes, ou simular o trabalho com meios tradicionais.

3

TERESA HU

É o nome de batalha de Leoluca Escobar, uma ilustradora de Los Angeles. Depois de estudar no Art Center College of Design, mudou-se para Berlim onde exerce sua atividade profissional. Suas ilustrações fazem uma reflexão sobre a moda e o comportamento dos jovens.

www.leolucaescobar.com

As interpretações gráficas de ícones populares são um elemento característico da cultura pop juvenil atual. É o caso dos posicionamentos nos que heidi.com nos oferece o rosto da popular personagem Heidi, simplificada com formas geométricas de cor plana, ao estilo das mascotes japonesas. A representação vetorial de ilustrações com contornos grossos e formas arredondadas é a clave de seu desenvolvimento.

Imagens da coleção verão 08 . www.heidi.com

HEIDI.COM

Uma marca criada no ano 2003, por um estúdio da Suíça, que decide recordar os melhores momentos do ícone Heidi nos Alpes suíços. Começou sua trajetória distribuindo as ilustrações em Internet, mas rapidamente seus produtos foram reclamados por um grande número de lojas, fazendo com que o projeto fosse crescendo até sua situação atual. A marca distribui seus produtos em mais de 120 lojas do mundo todo e marca presença na maioria das feiras internacionais.

A coleção está composta de camisetas, agasalhos, blusões, blazers etc. Geralmente, roupa de ambiente casual, cômoda, em que os ícones protagonistas são os motivos gráficos derivados da personagem Heidi, interpretada por esses designers com absoluta liberdade e senso de humor.

www.heidi.com

IMAGEM VETORIAL

Trata-se de uma imagem digital formada por objetos geométricos independentes (segmentos, polígonos, arcos etc.), cada um deles definido por diversos atributos matemáticos de forma, de posição, de cor etc. Por exemplo, um círculo de cor verde ficaria definido pela posição de seu centro, seu rádio, a espessura da linha e sua cor. Esse formato de imagem é completamente diferente do formato das imagens geradas por pixels. O interesse principal dos gráficos vetoriais é poder ampliar o tamanho de uma imagem à vontade, sem que ela sofra as alterações que o redimensionamento pode causar nas imagens formadas por pixels. Igualmente, os gráficos vetoriais permitem mover, esticar e girar imagens de forma relativamente simples.

O desenho vetorial cria linhas denominadas traçados. Um traçado consta de um ou mais segmentos retos ou curvos. O início e o fim de cada segmento ficam marcados por pontos de ancoragem, que funcionam como cavilhas de sustentação de cabos. Um traçado pode estar fechado (por exemplo, um círculo) ou aberto, com vários pontos finais marcados (por exemplo, uma linha ondulada). Os traçados podem ter dois tipos de pontos de ancoragem: pontos de vértice e pontos suavizados. Em um ponto de vértice, um traçado modifica de sentido repentinamente. Em um ponto de suavizado, os segmentos do traçado se conectam como uma curva contínua.

Esse sistema de trabalho, para modificar o sentido das linhas, denomina-se curva de Bézier. A forma da curva é definida por pontos invisíveis em um desenho. Geralmente, para traçar segmentos retos é preciso clicar na ferramenta de desenho (a caneta), mover o mouse, clicar em um novo ponto e assim sucessivamente.

Para criar segmentos suaves, curvados, é preciso clicar com o mouse e manter apertado o botão, enquanto se ajusta a forma da curva. Essa forma pode ser modificada posteriormente, movendo os pontos de controle segundo se deseje.

Os segmentos retos podem ser conectados com segmentos curvos.

A linha de definição de um traçado denomina-se, comumente, contorno.

Uma cor, ou degradê, aplicada na área interior de um traçado aberto ou fechado recebe o nome de preenchimento. Um contorno pode ter espessura, cor e padrão de traços ou um padrão de linhas estilizado.

Depois de criar um traçado ou uma forma é possível modificar suas características de traço e preenchimento.

CURVAS DE BÉZIER

Denomina-se curva de Bézier um sistema desenvolvido por volta dos anos 1960 para o traçado de desenhos técnicos, no desenho aeronáutico e de automóveis. Sua denominação é uma homenagem ao engenheiro de origem francês Pierre Bézier, que as usou no design das diversas partes do corpo de um automóvel, na época em que trabalhava na Renault. Ele ideou um método de descrição matemática das curvas, que começou a ser utilizado com sucesso nos programas de CAD (Computer Aided Design). Tornou-se público, pela primeira vez, em 1962. O método foi melhorado posteriormente por Paul de Casteljau, usando o algoritmo que leva seu nome. Trata-se de um método numericamente estável para avaliar as curvas de Bézier.

COMPARAÇÃO ENTRE A IMAGEM EM MAPA DE BITS E O GRÁFICO VETORIAL

 **MAPA DE BITS**	Estão formadas por pontos, chamados de pixels, organizados em uma quadrícula.	Quando se edita uma imagem de mapa de bits se modificam os pixels que a compõe.	As imagens de mapa de bits dependem da resolução, isto é, os dados que as definem estão fixos em uma quadrícula que tem um tamanho determinado.	Quando aumentamos o tamanho de um elemento de um mapa de bits, os pixels são redistribuídos na quadrícula, o que pode gerar bordas desiguais.	As imagens de mapas de bits costumam ocupar bastante espaço de memória. Embora existam compressores de imagem, os arquivos são, geralmente, bastante pesados.
GRÁFICO VECTORIAL 	Representam as imagens mediante linhas e curvas, denominadas vetores, que incluem informação de cor e posição.	Quando editamos uma imagem vetorial, modificamos as propriedades das linhas e curvas que descrevem sua forma.	As imagens vetoriais são independentes da resolução, o que significa que é possível deslocar, mudar o tamanho e alterar a forma e a cor sem que se altere a qualidade de seu aspecto. Podemos mudar a escala sem que se produza uma perda de informação.	As mudanças de tamanho das imagens vetoriais não afetam a qualidade da imagem. As relações e posições dos elementos geométricos que as compõem são atualizadas de forma matemática.	As imagens vetoriais permitem armazenar os desenhos em arquivos compactos e leves.

O desenho vetorial pode ser utilizado, além do mais, na edição de textos, em multimídia e na criação de cenários 3D. Praticamente todos os programas de modelagem em 3D usam técnicas que geram gráficos vetoriais em 2D. Também existe outro tipo de operação, de um nível mais sofisticado, que inclui ações sobre objetos fechados, tais como unir ou soldar, combinar, intersetar e diferenciar. Segundo cada caso particular, as imagens vetoriais podem requerer menos espaço em disco que um bitmap. Alguns formatos de trabalhos vetoriais permitem animação, realizada de forma simples por meio de operações básicas como translação ou rotação, e não requerem uma grande armazenagem de dados, de forma que os arquivos finais continuam sendo leves e fáceis de manejar.

O MÉTODO DE BÉZIER NO POSTSCRIPT

Os inventores do *PostScript*, linguagem que permitiu o desenvolvimento de sistemas de impressão de alta qualidade, introduzem o método de Bézier para a geração do código de curvas e de traçados.

A linguagem *PostScript* continua sendo amplamente empregada, e se converteu em um padrão de qualidade universal. Por essa razão, os programas de desenho vetorial como *Adobe Illustrator* (AI), o extinto *Macromidia FreeHand* (FH), *CorelDRAW* (CDR) – três dos programas de desenho vetorial mais importantes – incluem essa linguagem entre suas funções.

1

5

2

3

4

LEONA CLARKE
É uma ilustradora que trabalha em Londres. Começou seus estudos de *Design for Communication* no *Chelsea College*, onde entrou em contato com a ilustração vetorial, embora comente que há anos está desenvolvendo seu trabalho pessoal. Seu reconhecimento chegou durante os dois últimos anos, com colaborações para revistas internacionais como *Curvy 5* ou *Amelia*.
Mostra especial interesse pelos períodos retro. Comenta: "sou apaixonada tanto pelo Art Nouveau e Deco, quanto pelos desenhos para estampas têxteis do artista japonês Wasarasa". A partir dessa fonte de inspiração, a autora concebe uma série de ilustrações enigmáticas, normalmente personagens femininos acompanhados de detalhes que reforçam a personalidade da figura principal (molduras, paisagens, textos etc.).

www.leonaclarke.co.uk

1 *Deco Dolly.* © Leona Clarke. Desenho vetorial a partir de esboço a lápis.

2 *Batgirl.* © Leona Clarke. Técnica mista.

3 *Bouffanties.* © Leona Clarke. Desenho vetorial a partir de esboço a lápis.

4 *Loca Work Girl.* © Leona Clarke. Desenho vetorial a partir de esboço a lápis. (Ilustração publicada na revista Curvy 5).

5 *Cherry Blossom Moon.* © Leona Clarke. Desenho vetorial a partir de esboço a lápis.

Seu processo de trabalho inicia com esboços realizados a mão, depois escaneados para serem vetorizados usando Illustrator, aplicação que contribui para dar esse efeito tão característico a sua obra. A própria autora nos explica: "Sempre estou desenhando, não posso parar de traçar imagens com meus lápis e pincéis".

UM AMBIENTE ADEQUADO

O ambiente de trabalho influi na forma de ver a cor no monitor e no papel impresso. Para obter os melhores resultados, controle as cores e a luz do ambiente de trabalho da seguinte maneira:

- Veja os documentos em um ambiente que proporcione um nível de luz e uma temperatura de cor uniformes. Por exemplo, as características de cor da luz solar mudam ao longo do dia e alteram a visualização das cores na tela, pelo que é recomendável manter as persianas fechadas ou trabalhar em uma sala sem janelas.

- Os documentos também podem ser vistos com uma caixa de luz D50. Veja o documento em uma sala com cores neutras nas paredes e no teto. A cor da sala pode afetar a percepção da cor do monitor, assim como da cor impressa. A melhor cor para uma sala de visualização é um cinza neutro. Da mesma forma, a cor da roupa refletida na superfície do monitor pode afetar a aparência das cores na tela.

- Retire os padrões de fundo com cores intensas da área de trabalho do monitor. Os padrões muito fortes podem interferir em uma percepção precisa da cor. Configure o desktop de tal forma que somente inclua tons de cinza neutros.

- Veja as amostras do documento nas condições reais nas que os destinatários verão o resultado final.

SOBRE A COR NOS GRÁFICOS DIGITAIS

Os modelos de cor são utilizados para descrever as cores que vemos e com as que trabalhamos nos gráficos digitais. Cada modelo de cor, como por exemplo RGB (*red, green, blue*) CMYK (*cyan, magenta, yellow, black*) ou HSB (*hue, saturation, brightness*), representa um método diferente de descrição e classificação das cores.

Os modelos de cor utilizam valores numéricos para representar o espectro visível de cor. Um espaço de cor é uma variante de um modelo de cor que tem uma gama (rango) específica de cores. Por exemplo, no modelo de cor RGB existe um número de espaços de cor: Adobe RGB, sRGB e Apple RGB. Embora esses espaços definam a cor nos mesmos três eixos (R, G e B) suas gamas são diferentes. Quando trabalhamos com as cores de um gráfico, na realidade estamos ajustando os valores numéricos do arquivo. É fácil pensar em uma cor como um número, mas esses valores numéricos não são cores absolutas: eles têm apenas um significado de cor dentro do espaço de cor do dispositivo que a está produzindo.

Como cada dispositivo tem seu próprio espaço de cor, só pode reproduzir as cores de sua gama. Quando uma imagem passa de um dispositivo a outro, as cores da imagem podem mudar, porque cada dispositivo interpreta os valores RGB ou CMYK de acordo com seu próprio espaço de cor. Por exemplo, é impossível que todas as cores que vemos em um monitor sejam idênticas às impressas em uma impressora de escritório (mesa). Uma impressora funciona em um espaço de cor CMYK, enquanto que um monitor usa um espaço de cor RGB; suas gamas são diferentes. Algumas cores produzidas por tintas não podem ser mostradas em um monitor nem podem ser reproduzidas por meio de tintas sobre o papel.

1

2

Seu sistema de trabalho inicia com esboços a mão (desenhando, cortando ou pintando) que depois organiza e finaliza com seu Macintosh (utilizando um software diverso). Entre seus interesses destaca recuperar a estética dos anos 90, ou os looks bizarros, do mundo skateboard, dos anos 80.

1. *Lumbertooth*, © Bobby Breidholt. Estampado all over para Inmate Iceland. 2008

2. *Boardwalk*. ©Bobby Breidholt. Estampado all over para H&M worldwide. 2007.

3. *Eye*, © Bobby Breidholt. Gráfica posicionada para Inmate Iceland. 2008.

4. *Brain*, © Bobby Breidholt. Gráfica posicionada para Inmate Iceland. 2006.

3

4

BOBBY BREIDHOLT

Bobby Breidholt, nascido em Reikiavik (Islândia) em 1981, Bachelor of Arts em Design Gráfico por The Icelandic Academy of the Arts, trabalha como artista *freelancer* para várias empresas têxteis e de publicidade. Entre seus clientes figuram empresas como H&M ou Inmate Iceland.

www.breidholt.com
flickr.com/breidholt

Em seu trabalho combina a imagem fotográfica com o desenho vetorial. Atualmente, desenvolve uma coleção de estampas com motivos arquitetônicos e paisagens de Berlim, imagens em preto e branco da cidade onde reside, que aplica a todos os elementos que desenha.

Designs de Nadja Girod para as coleções da marca *Smil*.

NADJA GIROD

Designer residente em Berlim, criadora da marca Smil: acessórios e bolsas com motivos gráficos próprios, desenhados por ela mesma.
Suas produções são limitadas e sua oferta cresce a cada temporada, ampliando-se a setores como a papelaria ou os objetos de presente. Colaborou como designer *freelancer* com algumas empresas radicadas na Espanha, entre as que se destaca a firma de moda íntima Women'secret. Distribui seus produtos sob a marca Smil em mais de 10 países, assim como através de seu próprio website.

www.smil.biz
www.nadjagirod.com

SISTEMAS DE GERENCIAMENTO DE COR

Os problemas de coincidência da cor são o resultado do uso de diversos dispositivos e programas com espaços de cor diferentes. Uma solução é ter um sistema que interprete e converta as cores, com precisão, ao importá-las de uns dispositivos a outros. Um sistema de gerenciamento da cor (CMS – *Color Management System)* compara o espaço de cor no qual uma cor foi criada com o espaço de cor no qual ela será impressa, e realiza as mudanças necessárias para representar a cor da maneira mais uniforme possível em dispositivos diferentes. O sistema de gerenciamento de cor a converte, com a ajuda de perfis de cor (um perfil é uma descrição matemática do espaço de cor de um dispositivo). É possível prescindir do gerenciamento de cor se o processo de produção estiver estreitamente controlado para um único meio. Por exemplo, o usuário ou seu provedor de serviços de impressão podem ajustar as imagens CMYK e especificar valores de cor para um conjunto específico e conhecido de condições de impressão.

O valor do gerenciamento de cor aumenta quando existem mais variáveis no processo de produção. Recomenda-se utilizar esse sistema se estiver previsto reutilizar os gráficos de cor em meios impressos e online, usar vários tipos de dispositivos para um mesmo meio (como diferentes máquinas de impressão) ou se estivermos lidando com várias estações de trabalho. Um sistema de gerenciamento de cor será vantajoso se perseguirmos algum dos seguintes objetivos:

- Obter uma saída de cor uniforme e previsível em diversos dispositivos, como as separações de cor, a impressora de mesa e o monitor.

- Realizar testes na tela com um documento colorido (pré-visualização) simulando um dispositivo de saída concreto. Os testes na tela estão sujeitos às limitações de visualização do monitor e a outros fatores como as condições de iluminação da sala.

- Avaliar com precisão e incorporar de maneira coerente os gráficos coloridos vindos de muitas origens diferentes, se estas também usarem gerenciamento de cor e, em alguns casos, mesmo se não o usarem.

- Enviar documentos coloridos a diferentes dispositivos e meios de saída sem ter que ajustar manualmente as cores dos documentos ou os gráficos originais. Essa possibilidade torna-se valiosa quando criamos imagens que serão utilizadas impressas e online.

PASSOS BÁSICOS PARA PRODUZIR CORES COERENTES

- Consulte seus sócios de produção (se você tem algum) para garantir que todos os aspectos do fluxo de trabalho de gerenciamento de cor estejam perfeitamente integrados com os deles.

- Calibre o monitor e defina um perfil para ele.

- Acrescente perfis coloridos ao sistema para qualquer dispositivo de entrada e de saída que haja previsto utilizar, como escâner e impressoras.

- Configure o gerenciamento de cor nos aplicativos com os que estiver trabalhando.

- Utilize o gerenciamento de cor ao imprimir e guardar arquivos.

Softwares de aplicação mais utilizados

Não existe uma técnica específica para realizar trabalhos vinculados às diferentes áreas do Design, ao contrário, temos múltiplos programas e, por conseguinte, múltiplas aplicações.

Começaremos pelos sistemas mais básicos relacionados com os programas oferecidas pela Microsoft, que vão do Paint, ou Office, que normalmente aparecem instalados nos computadores e que formam parte do programa educativo em muitas escolas primárias e secundárias, até o Photoshop, o Illustrator ou o CorelDRAW. Está claro que daremos prioridade às aplicações profissionais mais utilizados pelo setor.

Sem dúvida, o pacote de aplicações mais comum na indústria da moda seria o Adobe Creative Suite, fruto da tentativa de Adobe de unir todos os seus programas profissionais (entre os que se inclui Photoshop, Illustrator, InDesign, Acrobat etc.), que antes apenas eram conseguidos individualmente, dando como resultado uma aquisição de produtos mais econômica para o usuário e que contém um conjunto de utilidades muito interessantes para profissionais de diversos setores do Design. Essa engenhosa união de produtos deu bons resultados à Adobe nos últimos anos; não obstante, a companhia continua vendendo seus produtos também de forma individual.

Devemos mencionar que existem muitos mais programas para realizar trabalhos de design em 2D, que não incluímos em nossa introdução. Isso se deve a que foram priorizadas as aplicações mais comuns, as que a maioria de criadores utiliza e que são fundamentais para conhecer e competir no mercado atual. No que se refere ao design 3D aplicado à indústria da moda, mais adiante dedicaremos um capítulo completo aos novos softwares para satisfazer uma demanda cada vez mais crescente de setores muito específicos.

A obra gráfica de Domingo Ayala para suas próprias coleções utiliza recursos clássicos como a cor plana e brilhante e o estilo *naïf-chic*, com um aceno aos estilos vintage de certos ares pop. Aproveita todas as técnicas da ilustração para gerar suas propostas, mantendo fiel o caráter de seus desenhos originais.

Criações para a coleção Domingo Ayala, outono/inverno 08-09

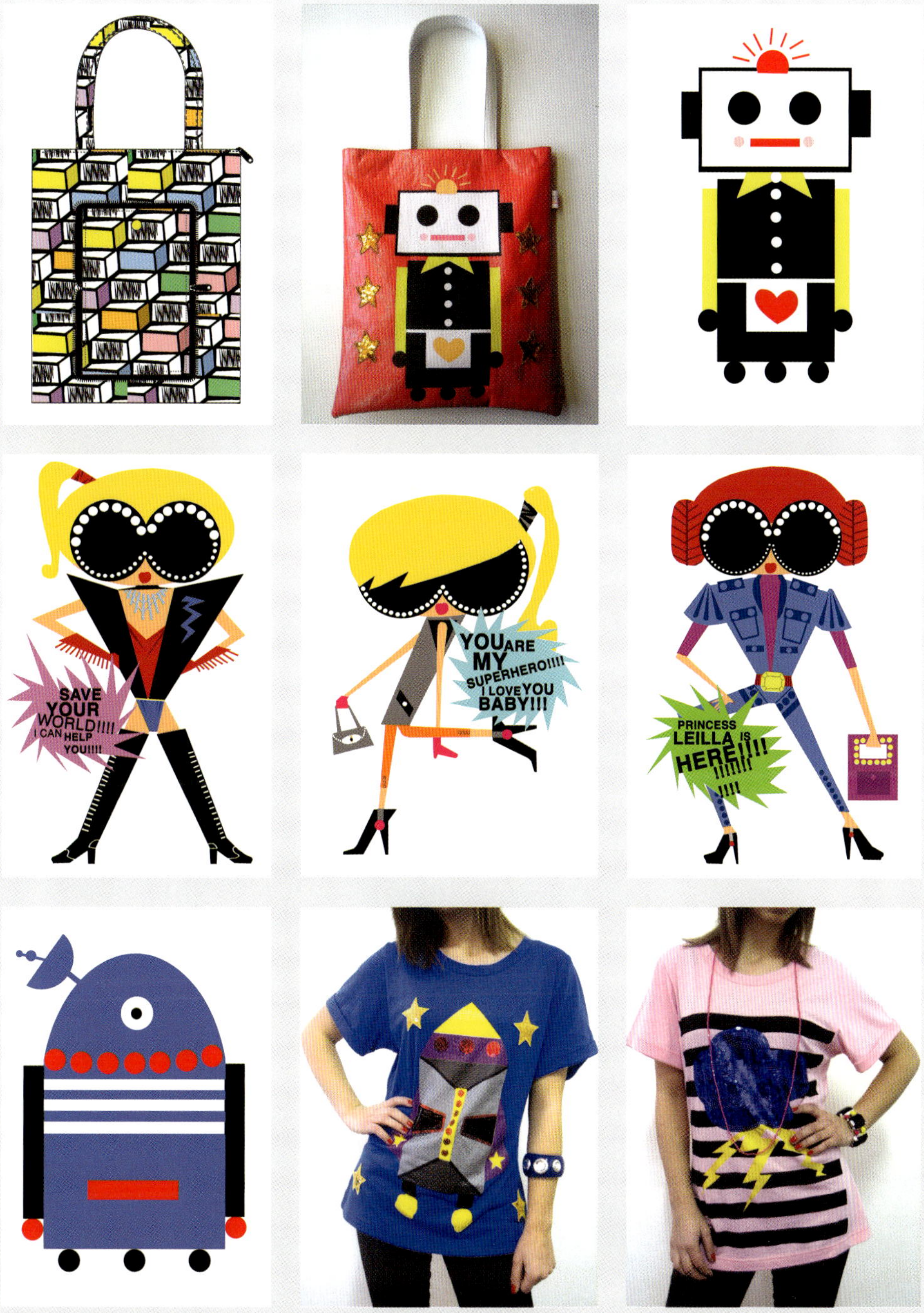

DOMINGO AYALA

As coleções de Domingo Ayala se dividem em três seções. A primeira, de roupa, inclui principalmente camisetas, tops e pulôveres, além de alguns vestidos, e cada peça está decorada com desenhos, apliques ou bordados, concebidos pelo próprio criador. A segunda inclui bolsas, carteiras e algum chaveiro. Na terceira, de bijuteria, correntes douradas de estilo vintage combinam-se com plásticos e resinas. Trata-se de coleções originais, com peças personalizadas minuciosamente, juvenis, descontraídas, alegres e coloristas.

Suas estampas fazem uma referência direta a sua obra gráfica, com suas míticas turistas ou flores silvestres, que já se converteram na verdadeira personalidade de sua marca: aplicam-se a todos os elementos de sua coleção, dos posicionamentos serigrafados aos apliques e puxadores para os zíperes.

www.domingoayala.com

ADOBE® PHOTOSHOP®

Se vamos destacar algum dos programas utilizados pela maioria dos designers, devemos começar pelo Adobe Photoshop, talvez um dos programas mais estendidos na indústria criativa. Atualmente, converteu-se em uma ferramenta imprescindível para aperfeiçoar todo tipo de imagem.

Adobe Photoshop (Ps) é um aplicativo em forma de atelier de pintura e fotografia que trabalha sobre uma tela e que está destinado à edição, retoque fotográfico e pintura compostos por imagens de mapa de bits, ou conhecidos em Photoshop como gráficos rasterizados, elaborados pela companhia de software Adobe Systems, inicialmente para computadores Apple, mas posteriormente também para plataformas PC com Windows como sistema operativo.

Photoshop em suas versões iniciais trabalha em um espaço bitmap formado por uma única camada, onde era possível aplicar toda uma série de efeitos, textos, marcas e tratamentos. Atualmente, usam-se múltiplas camadas. À medida que o software foi evoluindo incluíram-se diversas melhorias fundamentais, como a incorporação de um espaço de trabalho multicamadas (permitindo transparência, pré-visualizações etc.), inclusão de elementos vetoriais, gerenciamento avançado de cor, tratamento extensivo de tipografias, controle e retoque de cor, efeitos criativos, possibilidade de incorporar plug-ins de terceiras companhias e exportação para web, entre outros.

As ferramentas de desenho permitem criar e editar formas vetoriais. Outras ferramentas e comandos permitem transformar e retocar uma imagem. Quando são criados gráficos em um computador, é preciso distinguir entre pintar e desenhar. "Pintar" implica em mudar as cores dos pixels com uma ferramenta de pintura. Pode-se aplicar as cores gradualmente, com bordas e transições suaves, e manipular pixels individuais mediante potentes efeitos de filtro. Entretanto, uma vez aplicado um traço de pincel, não existe maneira simples de selecioná-lo inteiro e movê-lo a um novo lugar na imagem.

"Desenhar", por outro lado, implica em criar formas que se definem como objetos geométricos (também chamados objetos vetoriais). Por exemplo, se desenhamos um círculo com a ferramenta elipse, o círculo fica definido por um rádio, uma localização e uma cor específicos. É possível selecionar rapidamente o círculo inteiro e movê-lo a uma nova localização, ou modificar o contorno deste para distorcer sua forma.

As últimas versões do software Adobe Photoshop acrescentam novas funções, como a alimentação e a fusão automática de camadas, que permite realizar composições mais complicadas. Os filtros ativos potencializam o amplo conjunto de ferramentas de edição não destrutivas, para oferecer uma maior flexibilidade, apresentando uma interface otimizada de uso relativamente intuitivo.

Photoshop converteu-se, quase desde seu começo, no padrão mundial em retoque fotográfico, mas também se usa extensivamente em uma multidão de disciplinas do campo do design e da fotografia, como o design web, a composição de imagens bitmap, o estilismo digital, a fotocomposição, a edição e os grafismos de vídeo e basicamente em qualquer atividade que requer o tratamento de imagens *raw* (para o retoque de imagens tomadas com câmeras digitais) com resultados incríveis em tempo recorde e máxima compatibilidade, com mais de 150 modelos de câmeras. Como todos os programas de imagem mapa de bits (uma imagem rasterizada, também chamada de bitmap, imagem matricial ou pixmap), Adobe Photoshop pode ser instalado em equipamentos Macintosh, baseados em Intel e Power PC, e em sistemas Microsoft Windows XP e Windows Vista.

Com o auge da fotografia digital nos últimos anos, Photoshop foi se popularizando cada vez mais fora dos âmbitos profissionais e é, talvez, um dos softwares mais conhecidos (ao menos de nome) pelas pessoas que começam a usar esses recursos. Embora o propósito principal de Photoshop seja a edição fotográfica, esse programa também pode ser usado para criar imagens, efeitos e gráficos com excelente qualidade.

As camadas do Photoshop nos permitem rechear qualquer desenho de linha ou imagem escaneada com cores, texturas ou sombreados. Por outro lado, sua enorme flexibilidade na hora de trabalhar é ideal para esboçar e realizar testes com diferentes acabados e superfícies.

O TRABALHO COM CAMADAS

As camadas são propriedades básicas dos programas de design e de tratamento de imagens. Portanto, constituem uma ferramenta criativa essencial, e manipulá-las torna-se vital para tirar o máximo proveito do programa.
No Photoshop, uma camada pode conter informação de um mapa de bits, de objetos vetoriais ou de texto, de máscaras, de opções de mescla, de estilos, de opacidade, de ajustes etc. Uma série de conselhos muito úteis para trabalhar com camadas no Photoshop são:

- Assignar a cada camada um nome com significado; assim poderá localizá-las melhor quando precisar.
- Usar conjuntos para guardar camadas específicas ou comuns a um projeto.
- Agrupar as camadas em cada pasta por subconjuntos (pense que os ajustes afetarão igualmente todas as camadas de uma mesma pasta, a não ser que algumas sejam agrupadas em uma camada prévia, e que esse grupo seja preservado do ajuste).
- Usar cores para diferenciar as pastas. Você poderá assignar cores às camadas com o quadro de diálogo "Propriedades de camada".
- Reorganizar os níveis de camadas arrastando-as na paleta "Camadas". Enlaçar as camadas, clicando o ícone de enlace: mova os elementos a uma camada, e os da camada enlaçada se moverão também (inclusive se os arrastar a outro arquivo aberto). Essa função lhe será útil se houver ajustes tipográficos em várias capas que precisem ser trocadas de lugar ao mesmo tempo.
- Usar os conjuntos de camadas para mostrar a seus clientes as diferentes versões de um design.
- Você poderá usar a opção "Bloquear transparência" da paleta "Camadas" para limitar qualquer edição da parte da camada ativa que não seja transparente. Com os traçados de recorte de grupos, será possível usar uma camada como máscara para uma ou várias camadas sobrepostas. Use máscaras de camada para recortar partes da imagem de fundo. Isso preservará a imagem total, caso seja preciso fazer modificações posteriores. A camada "Fundo" não pode ser editada, a menos que primeiro seja passada a uma camada separada (duplique-a ou clique duas vezes sobre seu ícone na paleta "Camadas"). Lembre-se de que não poderá editá-la se o documento estiver em modo de cor indexado.
- As camadas de texto recebem automaticamente o nome do texto que for escrito nelas. Deixe esse nome, a não ser que várias camadas comecem com as mesmas palavras ou caracteres.

As interfaces de todo o pacote de aplicações contido no *Adobe* Creative Suite procura a integração total com os outros programas do pacote, e o trabalho conjunto entre várias aplicações adquire um caráter homogêneo e sua elaboração é muito mais simples e rápida.

ADOBE® ILLUSTRATOR®

É um dos programas mais utilizados na indústria profissional da moda. Seu uso generalizou-se praticamente por todo o âmbito educativo do setor, sendo, provavelmente, o programa mais comum na maioria dos centros de ensino profissional de Moda e Design.
O software Adobe Illustrator permite criar ilustrações sofisticadas praticamente para qualquer meio (impressão, vídeo, publicação na web e dispositivos móveis). Adobe Illustrator definiu, de certo modo, a linguagem gráfica contemporânea por meio do design vetorial. Contém opções criativas, um acesso mais simples às ferramentas e uma grande versatilidade para produzir rapidamente gráficos flexíveis e compatíveis com a maioria das plataformas atuais. Adobe Illustrator tem como função única e primordial a criação de material gráfico-ilustrativo altamente profissional, baseando-se para isso na produção de objetos matemáticos denominados vetores. A extensão de seus arquivos é .AI (Adobe Illustrator). Atualmente, forma parte da Família Adobe Creative Suite. Adobe Illustrator incorpora ferramentas de design padronizadas, os controles flexíveis de cor e os controles de tipo profissional, que são essenciais para capturar nossas ideias iniciais e experimentar livremente com elas até conseguir um trabalho definitivo e profissional.
As últimas versões do programa incorporam importantes avanços na otimização dos recursos e do tempo investido no trabalho.
Entre as ferramentas atualizadas na última versão, destacam-se novos controles para o design vetorial, como o novo pincel de manchas (Blob Brush), que permite esboçar objetos sem ter de preocupar-se com as sobreposições, já que mistura os traçados em um único objeto. Também foram introduzidas as transparências nos degradês de cor, assim como a capacidade de utilizar múltiplas camadas de desenho. Isso permite que os designers possam utilizar áreas de trabalho de diferentes tamanhos como parte do mesmo documento, sem necessidade de empilhar múltiplas páginas.

Ilustração em processo de vetorização a partir de desenho manual.
© formatbrain, 2008

Design de personagens utilizando ferramentas de desenho vetorial.
© formatbrain, 2008.

FORMATBRAIN

Argentino, de 28 anos, Marcos Zerene é designer gráfico e a pessoa que está por trás de *formatbrain*. Nasceu em Mendoza e realizou seus estudos na Faculdade de Artes e Design da Universidade Nacional de Cuyo; atualmente mora em Barcelona.

Entre livros de ilustração e Internet como fontes de exploração, estilos e influências, a técnica de *formatbrain* combina desenho a mão e digitalização. Embora alguns personagens sejam trabalhados vetorialmente, a maioria só apresenta retoques digitais a partir da utilização do tablet, ou bem de programas como Photoshop e Illustrator. A maioria de suas personagens surgem da vida cotidiana, inspiradas por uma combinação de rua, Internet, televisão, cinema e a própria imaginação do autor.

Seus trabalhos foram difundidos em Internet graças à enorme comunidade Flickr, entre suas criações encontram-se *2 toys* de papel para 100% *Loading*, expostos na Pixie Gallery, no Japão, e em PP@ART, Taipei, 2007. Também colaborou com *cutmilkmagazine* e para *LeToy*. Além disso, suas personagens alcançam a via pública através do *paste up* e do grafite em cidades europeias, como Barcelona, Berlim, Amsterdam e Budapest.

http://www.flickr.com/people/formatbrain

É possível utilizar no máximo 100 camadas de desenho, no modo que se deseje: sobrepostos, empilhados ou de forma livre. Essas camadas podem ser exportadas como um único documento PDF multipágina, ou bem como uma série de páginas numeradas. A tendência geral de toda a oferta *Adobe* Creative Suite consiste em aumentar a automatização de tarefas comuns, trabalhando diretamente na área de trabalho. Permite interagir mais facilmente com ferramentas e opções. Por outro lado, procura-se a integração total com o resto dos programas do pacote. Além do mais, graças à nova similitude entre as ferramentas da interface de usuário de Creative Suite, o trabalho conjunto entre vários aplicativos adquire um caráter homogêneo e praticamente sem fissuras. Adobe Illustrator é perfeitamente compatível com o hardware e o software mais recentes de computadores Macintosh, baseados em Intel, e de sistemas de Microsoft Windows Vista. Permite uma ampla compatibilidade com todos os formatos de arquivos gráficos padronizados no setor, incluídos PDF, EPS, Photoshop (PSD), TIFF, GIF, JPEG, SWF, SVG, DWG, DXF etc.

CORELDRAW GRAPHICS®

Ainda que seu uso não esteja generalizado dentro da indústria da moda (tampouco no ensino regrado das escolas mais importantes), oferece ferramentas suficientes para desenvolver um trabalho profissional. Por um lado, pode ajudar-nos na edição de fotografias (permite retocar e melhorar as fotos com facilidade e rapidez). Da mesma forma, CorelDRAW inclui aplicativos intuitivos de design de páginas e de ilustração vetorial, com enormes possibilidades para designers profissionais, ou para qualquer um que deseje obter resultados excelentes. CorelDRAW dispõe de ferramentas exclusivas e muito práticas para o design de figurinos, a elaboração de fichas técnicas de roupa e para a criação de estampas têxteis como, por exemplo, a ferramenta preenchimento interativo, as opções de vetorização automática com redução de cores, incluída a pré-visualização de separações de cor para a impressão têxtil serigráfica etc. Merecem uma menção específica duas ferramentas importantes para o design final desses painéis: por um lado, a tabela interativa de CorelDRAW, que permite criar e importar tabelas para obter um resultado estruturado de textos e gráficos e, por outro lado, as camadas de páginas independentes, que proporcionam mais controle e permitem criar designs de página individuais em um documento de múltiplas páginas.

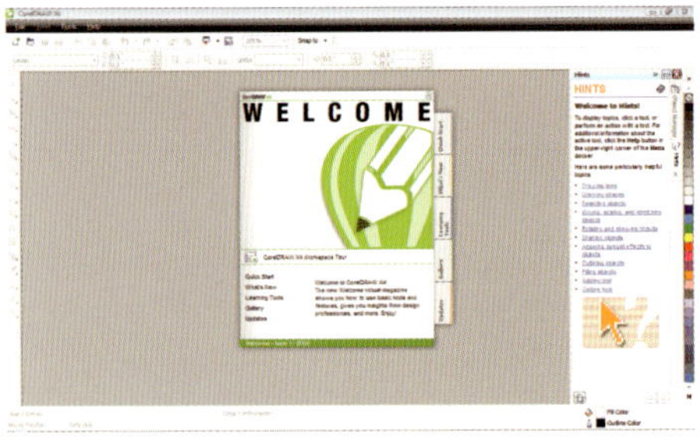

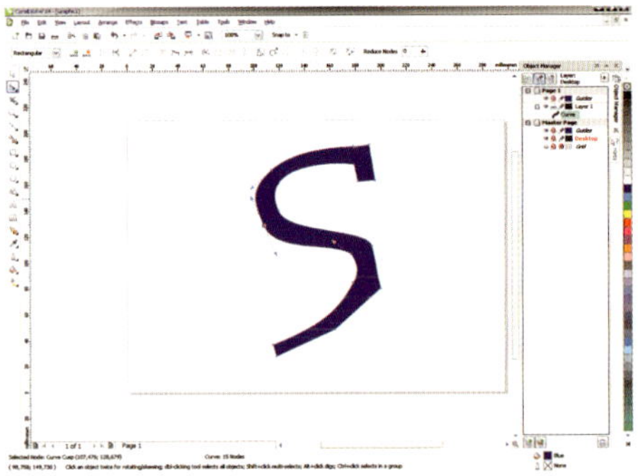

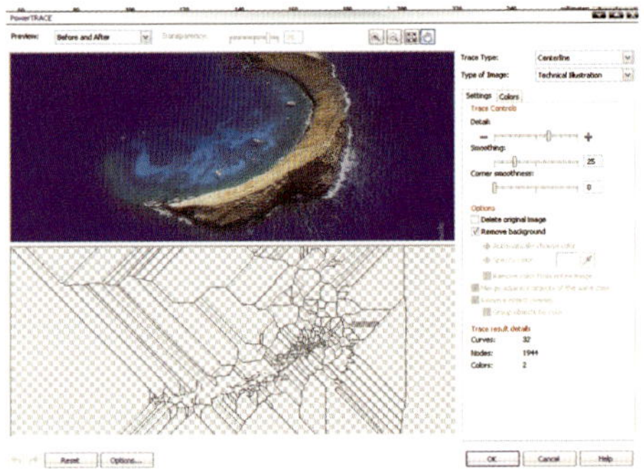

A última versão do programa é distribuída dentro da oferta CorelDRAW® Graphics Suite X4, com ferramentas de precisão, alta compatibilidade de arquivos e um conteúdo de alta qualidade, que permitem transformar as ideias criativas em resultados profissionais. CorelDRAW Graphics Suite X4 oferece todas as ferramentas de gráficos necessárias para trabalhos de:

- Ilustração, com potentes ferramentas de vetores.
- Desenho de gráficos.
- Edição e melhora de imagens digitais.
- Vetorização de imagens de mapas de bits.

Além do mais, CorelDRAW Graphics Suite X4 vem com aplicações e serviços adicionais, adaptando-se às novas linguagens digitais para ajudar a cobrir as diferentes necessidades dos usuários.

A interface do programa Freehand contém suficientes ferramentas para desenvolver qualquer exercício de design, combinando a eficácia do desenho vetorial com a capacidade para insertar gráficos de mapa de bits em nossa área de trabalho. As ferramentas de design são muito parecidas às do resto de programas vetoriais, de modo que a migração em direção às diferentes soluções não se torna complicada demais. Por outro lado, formatos como .pdf ou .eps permitem visualizar nossos desenhos em diversas soluções de software.

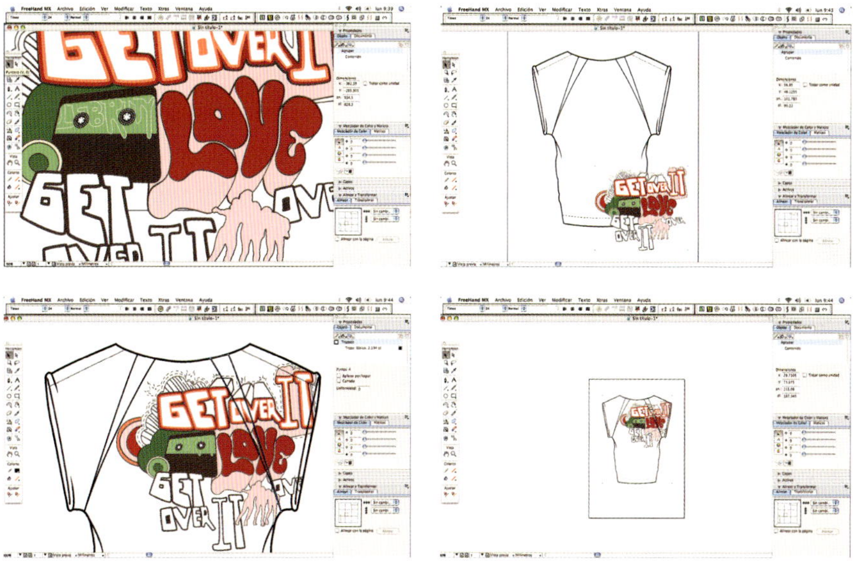

FREEHAND®

É outro programa fundamental. Sem dúvida, foi um referencial clássico para o design durante as últimas décadas. Com FreeHand podemos criar gráficos vetoriais ao aplicar qualquer escala e imprimir com qualquer resolução. Podemos utilizar FreeHand MX para criar ilustrações gráficas ou qualquer criação de design, com poderosas ferramentas de controle do desenho e do uso da cor. A companhia que produzia e distribuía FreeHand foi adquirida por Adobe e, deste então, estão sendo desenvolvidas profundas mudanças no setor. Mesmo reconhecendo que FreeHand dispõe de uma base de clientes fiéis, incentivamos os usuários a utilizarem o novo Adobe Illustrator CS3, que é compatível, tanto com *PowerPC* e *Mac* com tecnologia Intel, quanto com *Microsoft Windows XP* e *Windows Vista*. Há alguns anos não têm sido feitas atualizações de FreeHand e Adobe e não existem planos de iniciar um desenvolvimento para acrescentar novas funções, ou compatibilizar o Mac com a tecnologia Intel e Windows Vista. Macromedia FreeHand MX é um software de desenho vetorial. Com FreeHand é possível criar gráficos de vetores escaláveis e imprimíveis com qualquer resolução, sem perder os detalhes nem a nitidez. Com FreeHand também podemos criar e imprimir ilustrações de web, como logotipos e anúncios publicitários. O programa pode ser utilizado para converter gráficos em animações de Macromedia Flash. A interface de usuário de FreeHand contém um espaço de trabalho e um painel de ferramentas semelhantes aos de outros produtos de Macromedia como Macromedia Dreamweaver, Fireworks e Flash, oferecendo uma verdadeira solução integrada de impressão e web. Agora os documentos podem ser vistos e testados em uma janela de reprodução de Macromedia Flash, sem sair do entorno de FreeHand. No caso do desenho de gráficos vetoriais, lembramos que sua resolução é independente e que o gráfico pode ser transposto a qualquer escala e ser impresso em um dispositivo de saída com qualquer resolução, sem que se percam detalhes nem nitidez.

Ilustração de moda

Após décadas de ostracismo por parte dos meios de comunicação, desde sua época dourada do glamour dos anos 40 e 50, a ilustração de moda ocupa, hoje, uma posição privilegiada.

A ilustração de moda volta a ser a protagonista do cenário profissional com novos ares, enormes figuras e novas técnicas de expressão. O mercado para a ilustração de moda é cada vez maior: revistas, livros, catálogos, publicidade, televisão etc.
Cada vez existe maior demanda, o que propicia o aparecimento de jovens talentos, que obtêm grande repercussão e veem seu trabalho profissional projetado.
O maior destaque do trabalho das novas gerações de criadores é a diversidade de meios utilizados para suas criações, com um uso intensivo das técnicas mistas. Ou seja, ao lápis e ao pincel utilizados para as ilustrações somaram-se as técnicas digitais, que permitem finalizar a ilustração, com maior riqueza de grafismos, detalhes, cromatismos, ou manipulá-la a partir de um desenho vetorial.
Em nenhum caso esse uso das técnicas diminui o grau de criatividade e originalidade dos designs, depositários da personalidade do autor. Com esse objetivo, os softwares se adaptaram às novas necessidades dos jovens criadores e acrescentaram novas possibilidades a seus programas, melhorando o resultado final do trabalho.

Sua obra mistura o trabalho com volumes reais em papel, fotografados e digitalizados com as silhuetas de cor plana, criando figuras esquemáticas cheias e muito harmoniosas. Trata-se, sem sombra de dúvida, de um desenvolvimento de técnicas que definem sua própria personalidade criativa.

Sem título. 2007 © Alexandra Zaharova.
Russa. Técnica mista.
Ilustrações para a revista *Fashion Collection*.

ALEXANDRA ZAHAROVA

Essa criadora reside e trabalha em Moscou, onde colabora com agências e revistas de moda. Com seu trabalho mostra as enormes possibilidades criativas dos jovens artistas. Sua obra é o resultado de fases de trabalho bem planificadas, que lhe fizeram merecer um espaço no marco criativo atual.

www.flickr.com/photos/25436168@No8

ALINHAMENTO AUTOMÁTICO DE CAMADAS DE IMAGENS

O comando "Alinhar camadas automaticamente" oferece a possibilidade de alinhar camadas em função da semelhança de seu conteúdo, por exemplo, dos cantos e das arestas. A ferramenta permite escolher uma das camadas como camada de referência, ou podemos deixar que o próprio programa Photoshop a escolha de modo automático. Depois, as outras camadas se alinham com a camada de referência, de modo que o conteúdo que for igual se superponha. Essa maneira de trabalhar facilita a substituição ou a eliminação das partes das imagens que tenham o mesmo fundo, ou as imagens cujo conteúdo esteja solapado.

NOVAS FERRAMENTAS DE ADOBE® PHOTOSHOP® PARA A ILUSTRAÇÃO

As últimas versões de Adobe Photoshop otimizam o trabalho para muitos ilustradores de moda, ao incorporar novas ferramentas para realizar seleções mais rapidamente e definir contornos. Com as novas funções, basta desenhar vagamente em uma área da imagem e a ferramenta de seleção completará a ação de selecionar, automaticamente. O programa nos permite ajustar essas seleções com a ferramenta de definição de contorno. Outra novidade incorporada pelas últimas versões de Adobe Photoshop são os filtros inteligentes, que nos permitem acrescentar, ajustar e eliminar filtros de uma imagem, sem ter de voltar a guardá-la, nem começar de novo para proteger a qualidade.
Com respeito ao trabalho em camadas (que compõe a imagem final) convém destacar a alienação automática de diversas camadas de Photoshop, ou imagens baseadas em conteúdo similar. O comando de alinhamento automático de camadas permite analisar rapidamente os detalhes e deslocar, girar ou envolver as camadas para alinhá-las perfeitamente.

MODOS DE DESENHO

Quando trabalhamos com as ferramentas de forma ou de caneta, podemos desenhar em três modos diferentes. Pode-se escolher um modo, selecionando um ícone na barra de opções, após ter selecionado uma ferramenta de forma ou de caneta.

- Camadas de forma: cria-se uma forma em uma camada independente. Podem-se utilizar as ferramentas de forma ou as de caneta para criar camadas de forma. Essas camadas são fáceis de mover, redimensionar, alinhar e distribuir. Se desejarmos, podemos desenhar várias formas em uma camada. Uma camada de formas está composta de uma camada de preenchimento, que define a cor da forma, e de uma máscara vetorial vinculada, que define o contorno da forma. O contorno da forma é um demarcador, que aparece na paleta "Demarcadores".
- Traçados e demarcadores: desenha-se um demarcador de trabalho na camada atual, que pode posteriormente ser utilizado para realizar uma seleção, cria-se uma máscara vetorial ou preenche-se e contorna-se com cores para criar gráficos rasterizados (como seria feito utilizando uma ferramenta de pintura). Um demarcador de trabalho é temporário, a menos que seja salvo. Os demarcadores aparecem na paleta "Demarcadores".
- Preencher pixels: pinta-se diretamente em uma camada, como o faria uma ferramenta de pintura. Quando se trabalha nesse modo, criam-se imagens rasterizadas, no lugar de gráficos vetoriais. Trabalha-se com as formas pintadas do mesmo modo que com uma imagem rasterizada. Nesse modo, somente funcionam as ferramentas de forma.

1

1 My legs love Paris. 2007 ©Jacklyn Laryea. Técnica mista: lápis, Adobe Illustrator cs3, Adobe Photoshop cs3.

2 According to fashion. 2007 © Jacklyn Laryea. Técnica mista: lápis, Adobe Illustrator cs3, Adobe Photoshop cs3.

3 Jagvil: thing fashion. 2008 ©Jacklyn Laryea. Técnica mista: lápis, Adobe Illustrator cs3, Adobe Photoshop cs3.

4 Ispy. 2007 © Jacklyn Laryea. Técnica mista: lápis, Adobe Illustrator cs3, Adobe Photoshop cs3.

Jacklyn desenvolve esboços a mão para depois transformá-los em artes finais com Photoshop e Illustrator. Sempre tenta ressaltar esse aspecto pessoal e emotivo do esboço inicial, procurando essas características de "imperfeição" humana em seus trabalhos vetoriais.

2

3

4

JACKLYN LARYEA

Começou sua carreira artística quando tinha apenas 17 anos. Segundo conta ela mesma: "nesses anos os novos softwares e a imagem vetorial começavam a substituir a fotografia como único meio de representação". Jacklyn estudou Belas Artes, mas logo descobriu na ilustração digital "o modo de trabalho de sua geração".

Seu trabalho é, definitivamente, um bom exemplo de como procurar a simplicidade e a harmonia em ilustrações carregadas de personalidade e dinamismo. A autora comenta que seu objetivo máximo é experimentar com seu próprio trabalho, em vez de buscar referências nos trabalhos de grandes artistas universais. Atualmente, Jacklyn dirige seu próprio estúdio de design, ilustração e multimídia, onde continua desenvolvendo seu perfil mais criativo e profissional.

www.jackielaryea.com

A FERRAMENTA "LÁPIS"

Sua principal utilidade consiste em realizar desenhos diretos, espontâneos, esboços rápidos e dar a aparência de uma ilustração feita a mão a qualquer representação digital com a vantagem de que uma vez que o trabalho tenha sido realizado, este pode ser modificado com ferramentas informáticas. À medida que se desenha com a ferramenta "lápis" criam-se pontos âncora que, uma vez completado o traçado, podem ser ajustados. O número de pontos âncora criados vem determinado pela longitude e a complexidade do traçado, e pelos ajustes de tolerância do quadro de diálogo "Preferências da ferramenta lápis". Esses ajustes controlam a sensibilidade da ferramenta "Lápis" ao movimento do mouse ou do estilete das mesas digitalizadoras.

SOLUÇÕES DE ADOBE® ILLUSTRATOR® PARA ILUSTRADORES

O design vetorial amplia suas possibilidades com incorporações que tentam completar os programas para otimizar o resultado. As revisões e Adobe Illustrator oferecem uma seleção de pontos de ancoragem mais simples, flexíveis, e uma nova ferramenta "Borracha de caminho" (*eraser tool*) que facilita enormemente a criação de ilustrações, de um modo eficaz e intuitivo. Essa nova ferramenta nos permite apagar pixels, do mesmo modo que em Photoshop, desfrutando de um completo controle sobre a largura, a forma e a homogeneidade do apagado.
Outra ferramenta que merece uma menção especial para os designers de moda é a ação de "Cor interativa". Se partimos de um esboço com desenho a mão livre podemos "decalcá-lo" em uma ilustração vetorial, por exemplo, para criar um gráfico baseado em um esboço feito a lápis sobre papel ou uma imagem rasterizada guardada em outro programa. A forma mais rápida de decalcar ilustrações consiste em abrir ou colocar um arquivo em Illustrator e decalcar automaticamente a ilustração com o comando "Decalque interativo". É possível controlar o nível de detalhe e o modo de preencher a cópia. Quando o resultado desejado tiver sido atingido, o decalque pode se converter em traçados vetoriais ou em um objeto de decalque interativo. Além disso, pode-se selecionar qualquer ilustração e editar as cores de forma interativa para ver os resultados de forma imediata, e utilizar assim o painel de guia a todas as cores para selecionar tintas, sombras ou combinações de harmonias de cor rapidamente. Para os trabalhos mais complicados (com muito detalhe ou muitos elementos), as últimas versões de Adobe Illustrator incorporam o "Modo de isolamento", para editar objetos em um grupo sem que isso afete outras partes de suas ilustrações. Isso permite selecionar facilmente objetos que resultam difíceis de encontrar sem ter que voltar a empilhar, bloquear ou ocultar camadas.

CONVERSÃO DE UMA IMAGEM FOTOGRÁFICA EM UMA ILUSTRAÇÃO VETORIAL

A transformação de um gráfico rasterizado (ou mapa de bits) em vetorial recebe o nome de vetorização. Esse processo pode ser levado a cabo de forma manual, realizando um decalque da imagem rasterizada ou com a ajuda de uma ferramenta específica, como o "Decalque interativo" de Adobe Illustrator. Um objeto de decalque (ferramenta decalque interativo) está formado por dois componentes: a imagem original e o resultado do decalque (que constitui o decalque da ilustração).
Embora, por padrão, só seja visível o resultado do decalque, existe a opção de modificar a maneira de apresentação da imagem original no monitor e o resultado do decalque em função de nossas necessidades.

1

2

3

Em seu trabalho utiliza como ferramenta principal Adobe Illustrator. Seus trabalhos se destacam por sua alta criatividade. Obtém o máximo rendimento do Adobe Illustrator, que deixa de ser uma ferramenta em si mesma para converter-se em uma prolongação da própria personalidade da autora. Suas ilustrações representam o espírito (e a moda) de sua época: a rua, a televisão e as celebridades são a base de seu trabalho.

1 Self-portrait. Desenho vetorial, 2007
© Shirleymoon.

2 Retrato de Jimmy Choo. Desenho vetorial, 2007
©Shirleymoon. Obra da exposição Shine! 2007, organizada pelo British Council.

3 Self-portrait. Desenho vetorial, 2007
© Shirleymoon. Obra da exposição Shine! 2007, organizada pelo British Council.

SHIRLEYMOON

Ilustradora de Hong Kong que reside e trabalha em Londres, começou a trabalhar como ilustradora freelance profissional. Diz: "sempre me senti atraída pela ilustração vetorial, minha maior influência são, sem dúvida, os trabalhos do estúdio Airside, de Londres" (www.airside.co.uk). Seus primeiros trabalhos foram uma série de autorretratos que começou a expor enquanto terminava seus estudos. Posteriormente, o Britsh Council a convidou a participar no certame internacional Shine! International Student Award + Exhibition 2007.

www.shirleymoon.com
www.thechipfactory.co.uk

As imagens que oferecemos do trabalho de Peter Wilson representam perfeitamente seu sistema de trabalho: partindo de ilustrações a mão livre, que pouco a pouco vão se enchendo de cor e forma, graças às aplicações de design que utiliza (Photoshop). Divide seu trabalho em camadas agrupadas em figuras, roupas e fundos, pelo que pode trabalhar em cada uma delas de forma autônoma.

Todas as imagens. 2008, técnica mista.

PETER WILSON

Combina perfeitamente o traço manual com as possibilidades criativas das ferramentas digitais. Seus trabalhos mantêm a atmosfera de "esboço" mas, ao mesmo tempo, ele acrescenta ao desenho original escaneado uma série de texturas e pincéis digitais, que dão maior riqueza à ilustração final. Seu processo técnico mostra, sem pudor, o método que segue para seu trabalho. Em seu caso, a técnica mista é fundamental para dotar a representação final de uma forte personalidade. Peter Wilson desenvolve sua atividade dentro da arte urbana sob o nome de: g00nism. Adesivos, grafite, e outras expressões artísticas de caráter urbano completam o trabalho desse autor.

goonism@yahoo.co.uk

DIFUNDIR A ILUSTRAÇÃO EM INTERNET

Não menos importante é a utilização dos meios digitais para difundir as ilustrações, a obra terminada no mercado global; isto é, colocá-la à disposição de qualquer usuário ao redor do mundo. Sem ir mais longe, conhecemos a obra de muitos criadores por terem confiado seu trabalho a suportes digitais, como Myspace, Flickr, blogs, ou suas próprias webs pessoais (já falamos anteriormente desses suportes), fazendo com que o trabalho adquirisse uma dimensão global, fundamental para desenvolver qualquer projeto e fazer-se conhecido profissionalmente. Desse modo, o ilustrador de moda atual pode receber encomendas conformes a seu estilo desde qualquer região ou país do mundo.

OS ESPAÇOS FTP (FILE TRANSFER PROTOCOL)

Trata-se de um servidor FTP, um programa especial que se executa em um servidor conectado normalmente à Internet (embora possa estar conectado a outros tipos de redes –LAN, MAN-) que, como indica seu nome, atua transferindo arquivos de nosso disco rígido a um servidor. São de grande utilidade para enviar arquivos de grande formato a qualquer parte do mundo. A função desse programa é permitir o deslocamento de dados entre diferentes servidores ou ordenadores. Os servidores FTP podem ser utilizados para compartilhar arquivos de imagens aos ilustradores e seus clientes, ou como servidor de backup (cópia de segurança) dos arquivos importantes que possa possuir uma empresa.

Em suas ilustrações combina habilmente um traço manual, muito pessoal, com os acabamentos e efeitos das plataformas digitais. As funções de retoque e transformação em Photoshop lhe permitem alterar as imagens e levar a cabo uma grande variedade de tarefas para melhorar uma composição, corrigir distorções ou defeitos, manipular de forma criativa elementos da imagem, acrescentar ou eliminar elementos e enfocar, desfocar ou combinar várias imagens em um panorama.

Glasses. Técnica mista.
© Danny Roberts.

DANNY ROBERTS

Depois de finalizar seus estudos de Fashion Illustration, na Academy of Art University, de São Francisco, começou sua trajetória profissional colaborando com meios de moda, como artista freelancer. Sua obra pessoal abrange desde retratos de modelos e celebridades até editoriais de moda para publicações escritas. Comenta-nos que sente um forte interesse pelas ilustrações que encontra em livros antigos ou em filmes de Krzysztof Kieslowski, e que não hesita em procurar esse efeito com seu trabalho.

Sem dúvida, a obra de Danny Roberts define perfeitamente as enormes possibilidades que a indústria coloca à disposição dos jovens talentos. Um trabalho para ver e admirar.

www.iqons.com/danny+roberts

Fatality

Não duvida em misturar técnicas, suportes ou materiais, desde fotografia digital e imagens capturadas de Internet até ilustrações manuais ou traços digitais. As novas ferramentas, que permitem experimentar com todo tipo de suporte, são essenciais para seu desenvolvimento criativo. Comenta que escaneia todo o material para poder ir montando suas composições com as diferentes camadas de Photoshop. De fato, utiliza alguns elementos em outros trabalhos, definindo assim uma linguagem expressiva própria.

Todas as imagens. Manequim. 2007, Técnica mista.
© Raül Vázquez

RAÜL VÁZQUEZ

Criador espanhol que, atualmente, trabalha como ilustrador e designer de moda. Colabora com diferentes meios de comunicação e foi convidado a participar com ilustrações na edição de apresentação do festival de moda 080 Barcelona, em 2007. Define seu processo de trabalho da seguinte maneira: "o mundo da moda, a arte e a ilustração me apaixonam. Em cada processo criativo tento expor um conceito e desenvolvê-lo, experimentar e brincar com ele; desfrutar.
Para isso, não me reprimo na hora de utilizar qualquer ferramenta que esteja ao meu alcance e que possa me servir para pintar ou ilustrar minhas lâminas". Seus interesses giram em torno "da moda, do amor e do desejo sexual", e em todo o seu trabalho tenta evidenciar algum desses conceitos.

Entende o trabalho na indústria da moda como um motor social, uma arte unida ao desenho, a transmissão de conceitos e ideias e a pluralidade dos temas; em suma, uma colagem de ideias que tenta expressar em sua obra **www.myspace.com/raul_vazquez**

Essa ilustradora utiliza recortes de revistas de moda para trabalhar a zona dos olhos de suas ilustrações.

Fashion style meets hair style. 2007, técnica mista (série de três ilustrações para o cliente: underwired, USA). © Kerstin Wacker.

KERSTIN WACKER

A ilustração de moda é o principal trabalho de Kerstin Friedericke Wacker. Atualmente tem sua base em Berlim, embora tenha trabalhado em Hong Kong, Istambul e Paris, nesta última cidade como ilustradora de moda para as grandes lojas Printemps. Em 2004, instalou-se em seu novo estúdio, *Wacker Eins!* para começar seu trabalho como ilustradora de moda freelancer para clientes internacionais, colaborando em revistas e empresas de moda. Parte de seu trabalho pode ser vista, graças à colaboração que realizou para a empresa Custo Barcelona, em sua coleção inverno 09. Sobre suas ilustrações nos explica: "quero criar personagens com uma personalidade forte, seguros de si mesmos e belos; utilizo a moda para enfatizar suas atitudes".

www.wacker1.com

Em suas ilustrações combina o trabalho manual com técnicas digitais.

Horse Race. 2007, técnica mista.
(Colagem para o cliente Fandenrot, Alemanha).
© Kerstin Wacker.

Nessa ilustração convivem o traço manual, as técnicas digitais e a aplicação de recortes de revista.

Spring Wake. 2008, técnica mista.
© Kerstin Wacker.

No trabalho de kerstin, combinam-se perfeitamente o traço manual (lápis e pincéis) com fundos ou elementos digitais. Photoshop é seu grande aliado para esse tipo de trabalho. Destacamos uma função especialmente relevante para criar esse tipo de associação entre elementos diversos: as máscaras de camada.
Essas máscaras permitem tornar transparentes zonas de uma ou várias imagens. Com elas é possível fundir, de maneira muito suave, um ou vários elementos entre si, conseguindo ilustrações de altíssimo nível de detalhe. Essa ferramenta tem a vantagem de que, quando aplicamos a máscara de camada, não estamos eliminando pixels da imagem, mas somente os ocultamos, podendo editar e mostrar, posteriormente, as zonas que tenham sido ocultas.
Teoricamente, as máscaras de camada são imagens em escala de cinza que mostram o que se define com branco e ocultam o que se pinta de preto. Permitem uma ampla gama de tons de cinza que, por sua vez, se convertem em níveis de transparência.

La Plage. 2008, técnica mista.

© Kerstin Wacker.

Desenvolvimento de estampas e posicionamentos

O impacto que as novas tecnologias tiveram no campo do design de estampas e posicionamentos para a indústria têxtil foi enorme nas últimas décadas.

Por um lado, permitiu que criadores vinculados a outras áreas do Design (gráfico, ilustração etc.) incorporassem projetos criativos de moda. Por outro lado, desenvolveu toda uma indústria anexa de impressão têxtil digital, que permite enfrentar novas propostas com maior facilidade, minimizando o tempo de produção. Embora o preço da estampagem digital possa ser um inibidor para alguns criadores, também é verdade que logo veremos uma estabilidade dos preços, paralela ao crescimento do mercado potencial dos mesmos. Neste tópico, revisaremos as possibilidades, tanto do design têxtil com técnicas digitais, quanto de sua posterior implementação na produção.
Dentro do design de estampas existem numerosos exemplos de utilização dos novos softwares. Se desejamos um efeito realista ou fotográfico, convém utilizar imagens de mapa de bits.
Nas últimas décadas, alguns criadores que optaram por combinar trabalhos realizados a mão com o uso de técnicas digitais (desenvolvendo trabalhos muito pessoais) conseguiram uma grande aceitação no mercado (dependendo da resolução e da técnica de estampagem que se utiliza, obtemos um melhor resultado).
Paralelamente, encontramos criadores que utilizam a imagem vetorial para seus trabalhos aplicados ao design de estampas e posicionamentos. Esses arquivos vetoriais utilizam, geralmente, uma separação de cores direta, o que facilita sua estampagem final.
Os arquivos vetoriais podem ter seu tamanho e sua forma modificados, sem que fique afetada sua resolução nem sua nitidez: essa característica facilita enormemente sua aplicação em roupas e acessórios.

O trabalho de Chris Gray caracteriza-se por uma enorme expressividade no uso da linha e da massa de cor. Na maioria de seus trabalhos utiliza os gráficos vetoriais para criar seus animes ou formas humanizadas. O uso de cores contrastadas e definidas o ajuda a criar os efeitos desejados.

Imagens da coleção *30 shirts / 30 days*.
© Chris Gray.

Proposta apresentada por Chris Gray para o certame.
DESIGN-A-TRUCK CONTEST. Freitag 2008.
www.weshallsee.co.uk

CHRIS GRAY

Formado pela Universidade de Salford, colaborou com vários estúdios londrinos, entre os que se destaca Love Creative, com clientes como BBC, Christian Aid, PlayStation ou Dr. Martens.
Um de seus projetos mais recentes, *30 shirts / 30 days*, o levou a desenhar uma camiseta para cada dia do mês, das quais mostramos alguns exemplos.

www.weshallsee.co.uk

Qualquer inovação no mundo do grafismo se transfere imediatamente às estampas. O design evolui com as novas ferramentas de desenho em linha ou pixel, as tendências gráficas ou artísticas, os gráficos em 3D, os novos filtros, as texturas e os acabamentos. Muitas das peças de vestuário obtidas saltam de seu espaço natural para transferir-se a museus, galerias de arte ou espaços interativos. O design de estampas e o posicionamento enriqueceram-se enormemente com a colaboração de profissionais de diversas áreas (design gráfico, pintura, ilustração, fotografia etc.). As possibilidades de trabalho facilitadas pelos novos suportes de design e de comunicação multiplicam-se, tanto geograficamente (podemos trabalhar em projetos internacionais de qualquer ponto geográfico) quanto operativamente (já que o criador atual dispõe de uma ampla variedade de ferramentas para desenvolver seu trabalho). Por outro lado, o mercado demanda novidades de forma permanente, provocando essa busca constante de interdisciplinaridade necessária para o desenvolvimento de propostas inovadoras e surpreendentes.

UTILIZAR UM TABLET GRÁFICO

Um tablet gráfico, ou mesa digitalizadora, consiste em uma superfície plana sobre a qual o usuário pode desenhar uma imagem, utilizando a caneta gráfica (stylus) que o acompanha.
As canetas gráficas atuais têm uma ponta sensível, capaz de reconhecer vários níveis de pressão, como acontece com o lápis de grafite.
O tablet gráfico é um periférico com duas funções básicas: permite ao usuário introduzir ilustrações realizadas a mão ou grafite e marcar ou indicar os objetos que se encontram na tela. Geralmente, a imagem não aparece no próprio tablet, mas sim no monitor do computador.
As numerosas opções que oferece esse dispositivo o convertem na ferramenta perfeita para o desenho direto no computador.
As mesas digitalizadoras (tablets gráficos), devido à sua interface baseada em uma caneta e a habilidade de detectar a pressão, o ângulo e outras propriedades do stylus, e de interagir com o tablet, são amplamente utilizadas para criar gráficos por computador, especialmente gráficos bidimensionais.

De fato, muitos pacotes gráficos (por exemplo, Corel Painter e Photoshop, entre outros) são capazes de fazer uso da informação de pressão, ângulo e rotação, para modificar o tamanho do pincel, a forma, a opacidade, a cor, ou outros atributos, baseados em dados recebidos da mesa digitalizadora. Para alguns usuários, esse dispositivo pode parecer mais intuitivo que o mouse, já que a posição da caneta sobre o tablet corresponde à localização do cursor, na interface gráfica que aparece na tela do computador.

Inclusive, do mesmo modo que acontece com o lápis tradicional, muitas canetas gráficas modernas incorporam uma borracha, como na parte superior de um lápis; essa borracha está conectada a um circuito eletrônico adicional, normalmente similar ou idêntico ao que existe na ponta. A borracha também é sensível à pressão. Dessa forma, é possível apagar algumas camadas de cor, de acordo com a pressão aplicada, ou atribuir-lhe outras funções, como apagar diferentes pincéis, além de outras características da imagem. As mesas digitalizadoras de gama baixa (nível de profundidade de touch screen) costumam detectar 256 níveis de pressão, um tablet gráfico normal detecta 512 níveis, enquanto um de rango profissional pode ser capaz de detectar 1024 níveis de pressão. As mesas digitalizadoras estão disponíveis em vários tamanhos e preços: as de tamanho A6 são as mais econômicas e as de tamanho A3 são muito mais caras. Os tablets gráficos atuais costumam ser conectados com uma interface USB, alguns transferem os dados ao computador através de Bluetooth e outros utilizam conexões sem fio para os usuários que querem evitar uma excessiva acumulação de cabos em seu equipamento.

As estampas e os posicionamentos realizados por Mike Perry evoluíram paralelamente a sua trajetória visual (colaborou em numerosos livros e revistas gráficas). Suas criações abrangem de trabalhos tipográficos a motivos que vão definindo sua linguagem criativa.

Quatro exemplos de designs posicionados para camisetas. © Mike Perry.

MICHAEL PERRY

Envia suas ilustrações para camisetas e agasalhos de seu estúdio no Brooklyn, Nova Iorque. Seu trabalho gráfico inclui, também, colaborações em livros e revistas, assim como projetos multidisciplinares. Entre seus clientes, destacam-se empresas como New York Times Magazine, Dwell Magazine, Microsoft Zune, Urban Outfitters, eMusic ou Zoo York. Suas criações tiveram importantes referências em publicações especializadas como *Step Magazine* ou *Computer Arts Projects Magazine*. Ao longo do ano 2008, recebeu o prêmio de melhor artista visual, outorgado por Print Magazines. Em agosto de 2008 apresentou sua primeira exposição solo, com o título de *The Place between Time and Space*.

www.midwestisbest.com

Suas representações são tão diversas quanto seus criadores, mas entre suas produções domina o senso de humor e, sobretudo, a linguagem irônica, cheia de mensagens ao receptor e carregada de elementos da iconografia contemporânea.

Designs de posicionamento para camisetas da marca Threadless.

THREADLESS

Um projeto baseado na colaboração de artistas gráficos de todo o mundo, que desenvolve camisetas estampadas para o mercado mais jovem. Entre seus designers, destacam-se o francês Jean-Sébastien Deheeger, o britânico Stuart Colebrook e o norte-americano Dustin Amery Hostetler, embora atualmente a marca conte com mais de trinta colaboradores em matéria de estampagem.

O coração da imagem da marca é, sem dúvida alguma, seu website, que serve para promover, comunicar e vender seus produtos online, assim como para incentivar a participação social e a comunicação entre os colaboradores e os internautas (elementos propícios da linguagem Web 2.0).

www.threadless.com

A SERIGRAFIA

É um sistema de impressão muito estendido, sobretudo no setor têxtil, que permite trabalhar sobre as superfícies mais diversas: metais, plásticos, vidros, madeiras, tecidos etc. A impressão sobre tecido, e particularmente sobre camisetas, é talvez uma de suas aplicações mais conhecidas. Graças à serigrafia, é possível realizar designs atraentes e inovadores; aliás, torna-se relativamente fácil personalizar um desenho para promoções ou edições limitadas. A impressão com serigrafia é produzida deixando passar a tinta, ao pressionar a tela de impressão, ou matriz serigráfica, com um rodo largo de borracha. Essa matriz é elaborada com técnicas fotográficas de solarização: a tela, feita de fios metálicos ou sintéticos finamente entrelaçados, é coberta com uma substância fotossensível e exposta sobre um fotolito com o desenho a ser estampado, a uma mesa de luz. Assim, forma-se uma "película serigráfica" que deixa passar a tinta pelos pontos nos quais não haja incidido a luz, e bloqueia a trama da tela, nas zonas em que essa substância não tenha sido dissolvida. Graças a esse sistema, deposita-se uma camada de tinta bastante espessa – pelo menos se comparada com outros métodos – motivo pelo qual a durabilidade da imagem impressa é elevada, algo necessário em peças de roupa que, inevitavelmente, sofrem toda uma série de lavagens e desgastes com o passar do tempo.

Dentro de sua primeira coleção, destacam-se as participações de Stephanie (Sydney), Michael Gillette (São Francisco), Christina Kouropyrou (Londres), Saksi (Paris) e Cesc (Barcelona). Os gráficos selecionados para cada coleção são incorporados às peças e ao *packaging* (embalagem) que, como já mencionamos, simula uma capa de disco de vinil.

PRODUTO DESTACADO: A CAMISETA

Se existe um produto vinculado à moda, verdadeiro protagonista dos trabalhos gráficos para a indústria têxtil, esse é a camiseta com gráfica posicionada. Muitos a denominam a "peça fetiche" de nossa cultura casual-street, com milhares de marcas dedicando-se, exclusivamente, a gerar designs de camisetas e pontos de venda (tanto físicos quanto online) que rendem homenagem a essa peça. Do ponto de vista do produto, o impacto do mercado é tamanho que há décadas se instaurou o negócio das camisetas "série-limitada", peças de coleção com distribuição exclusiva e poucas unidades repetidas (como se se tratasse de uma obra de arte: gravuras, fotografias etc.). Nesse torvelinho comercial, começam a destacar-se colaborações de diferentes empresas que desenvolvem designs de camisetas com ilustradores, "grafiteiros", artistas reconhecidos, grupos musicais/bandas de rock, celebridades ou arquitetos renomados etc; ícones de nossa época, entre o público mais jovem, que refletem as inquietações artísticas dos criadores contemporâneos.
Tanto os pontos de venda tradicionais (que criam espaços para expor e vender esses designs) como as novas plataformas online, outorgam um papel protagonista ao setor. Um dos fatores destacados de seu sucesso de venda nos serviços online consolida-se em sua universalidade de formas e tamanhos. De fato, a presença de espaços de venda na Internet se multiplicou, desde grandes distribuidores com uma ampla oferta, até miniempresas criadas por um designer que se encarrega de tudo: da concepção do produto, do espaço web e do gerenciamento da venda e da produção. Dessa forma, abrem-se oportunidades para a criação individual de projetos ultrapersonalizados, com uma forte carga de imagem marca e um orçamento reduzido para levá-los a cabo.

A marca organiza regularmente concursos para procurar novos colaboradores que queiram participar de seu projeto, outorgando aos ganhadores uma recompensa econômica, assim como a produção dos designs ganhadores.

Camisetas da primeira coleção do selo thGallery para a companhia Teachheart. © Teachheart.

TEACHHEART

Essa jovem companhia, do centro da Paris mais vanguardista, nos oferece uma coleção de camisetas em colaboração com diferentes artistas, sob a marca thGallery, distribuídas de forma inédita, como séries limitadas e empacotadas em capas que imitam aquelas dos discos de vinil, personalizadas pelo próprio criador.
Cada peça é única e está firmada e carimbada pelo autor. A marca se encarrega de respeitar todos os controles meio ambientais durante a produção dessas peças primorosas.
Dentro de seu website, não apenas podemos consultar os projetos da marca, mas também obter informação sobre seus concursos e novidades, além de realizar compras em sua seção de venda online.

www.teach-heart.com
www.thgallery.fr

Camisetas estampadas digitalmente,
da marca El Delgado Buil, coleção verão 08.
Fotografias © Mari Luz Vidal.

A ESTAMPARIA DIGITAL

As técnicas digitais de estamparia estão há alguns anos no mercado. Iniciaram sua trajetória profissional vinculadas ao design de protótipos ou minicoleções. Atualmente, muitos designers apostam por essa técnica devido à melhora de sua qualidade e seu preço e, principalmente, à otimização da produção em tempo e tecido. Não podemos afirmar que a estamparia digital eliminará do mercado as técnicas tradicionais, mas podemos perceber que conseguiu ocupar um espaço importante no panorama contemporâneo. A estamparia analógica utiliza um máster, e painéis manuais de estamparia tradicional. Os painéis são telas ou pranchas com as diferentes cores do estampado que, embora possam ser preparadas por meio de técnicas digitais no final, convertem-se em um máster analógico, a partir do qual são realizadas cópias. É necessário o uso de várias telas, uma para cada cor.
Gravar telas tem um custo muito elevado, mais da metade do tempo total de produção é empregado na gravação e na realização de amostras. Portanto, é preciso estar muito seguro da rentabilidade de uma peça antes de gravar as telas, já que o estampador corre um grande risco. Por experiência, somente entre 40% e 60% dos novos modelos geram a quantidade suficiente de pedidos para cobrir os gastos feitos.
A tendência atual em têxteis é a produção de um número crescente de designs originais e exclusivos, que requerem resposta rápida. Os varejistas não desejam manter um estoque elevado. O resultado é a redução do comprimento do tecido estampado por modelo e variante de cor. A média de metragem estampada na Europa é de 1.000 metros por variante de cor. Trabalhar com metragens de lote inferior supõe que o tempo de descanso das màquinas é mais frequente, pois é preciso limpar, trocar as telas e a tinta para dar entrada a outro novo desenho. Por essa razão a entrada de pedidos cobre cada vez menos os custos das amostras. A forma ideal de reduzir os custos na estamparia tradicional e os riscos implícitos da criação de uma coleção é eliminar os painéis do processo de amostras e/ou da produção.
Vários estudos de mercado concluem que a aplicação da estampagem digital para a preparação de amostras, junto com a produção de tiradas curtas para produtos finais crescerão significativamente nos próximos anos, pois com a estamparia digital desaparecerão os custos prévios, só se pagará por metro de produção final.

O PONTO DE IMPRESSÃO

Na impressão digital, diferentemente da fotografia, o tamanho do ponto de impressão não aumenta com o tamanho da imagem. Depende da resolução de saída da impressora e do tamanho de gota selecionado na hora de imprimir. Por outro lado, se ampliamos uma imagem de mapa de bits, o tamanho dos pixels aumenta e, nesse caso, ficam visíveis alguns pontos maiores que produzem o efeito não desejado de "serrilhado".

Hotel Lobby, 2008.
Cliente: Custo Barcelona,
estampado para la colección verano 09.
Técnica mixta: mezcla de tintas.
Pantone y técnicas de Photoshop.

www.wacker1.com

PRODUÇÃO MEDIANTE ESTAMPARIA TÊXTIL DIGITAL

A tecnologia digital é utilizada hoje em dia para a produção não apenas de amostras, mas também dos produtos de uso. Um dos inconvenientes dessa nova tecnologia aplicada é a velocidade de produção, que é ainda muito baixa se comparada com a velocidade da estamparia tradicional. Apesar desse inconveniente, estão sendo desenvolvidos muitos novos mercados onde a tecnologia digital proporciona uma solução única, que não é possível utilizando a tecnologia convencional (moda exclusiva, quimonos de seda com o padrão estampado de maneira que o desenho fique contínuo etc.).

As vantagens oferecidas pela estampagem digital são:

- Mudança de desenho instantâneo, sem tempos mortos
- Amostras e produção utilizando a mesma tecnologia.
- Não é necessária a gravação de painéis.
- Menor uso de colorantes e produtos químicos. Mais ecológico.
- Menor quantidade de mão de obra.
- Minimiza os estoques.
- Redução do tempo de entrega (até um limite).
- Possibilidade de fotorrealismo com precisão e detalhe.
- Não há custo adicional pela adição de um número maior de cores.

As técnicas de estamparia digital podem ser aplicadas sobre todo tipo de tecido, desde os mais finos até os mais grossos; com maior ou menor estabilidade dimensional (que vem determinada pela leveza ou elasticidade do tecido, isto é, a capacidade que este tem de se deformar), inclusive peças de couro, moldes cortados ou peças confeccionadas. Existem máquinas para todas as necessidades. Por isso é muito importante definir exatamente o que queremos obter da estampagem digital e, assim, poder selecionar a impressora que possa cumprir melhor com nossas expectativas.

Miami, 2008. Estampa para a coleção verão 09 de Custo Barcelona.
Custo Barcelona se situa como uma das empresas líderes no cenário profissional, quanto à utilização de estampas e aplicações desenvolvidas com técnicas digitais. Suas ilustrações costumam ter tantos tons de cor e detalhes, que as técnicas de estamparia digital deram excelentes resultados em suas peças.

© Kerstin Wacker.
www.wacker1.com

ARQUIVOS DE IMPRESSÃO

São os arquivos digitais (fotografias, ilustrações, desenhos, pinturas escaneadas) entregues ao estampador para realizar a estampa em questão. Dos arquivos de impressão depende o resultado do trabalho.

Por isso, são fundamentais:

- O emprego de software de criação adequado.
- O tamanho correto em pixels (a resolução) da imagem, que considere o tamanho final a imprimir e o tipo de substrato.
- A qualidade da cor nas imagens fotográficas.

Proposta de estampa, realizada com Photoshop, para a temporada primavera/verão 2009. Diretório Graphics. © WGSN.

OS TIPOS DE TINTA

Atualmente existem dois tipos de tinta especialmente desenvolvidas para o uso em estamparia têxtil digital: as que são à base de corantes têxteis solúveis e outras à base de pigmentos.

No primeiro grupo temos:

- Tintas à base de corantes reativos; empregadas para algodão e fibras celulósicas, principalmente.
- Tintas à base de corantes dispersos; empregados para poliéster, tanto de forma direta quanto por transfer.
- Tintas à base de corantes ácidos; empregadas para tecidos de lã, seda e poliamida.

O segundo grupo reúne as tintas à base de pigmentos. A duração e a estabilidade das cores obtidas em estampagem digital dependem do substrato da base da coloração ou do aglutinante (que pode ser água, cola, pvc etc.), das tintas e dos tratamentos prévios e posteriores como são a fixação, a lavagem e a secagem. Essas tintas, à base de pigmento para estampagem têxtil digital, são muito demandadas pelo mercado. A vantagem dessas tintas é que podem imprimir sobre qualquer tipo de tecido, independentemente de sua composição. Fixam-se por meio de um aglutinante (a substância que acrescentamos à cor para que ela adira ao tecido) a qualquer tecido, não importando a matéria com que tenha sido elaborado ou sua textura. Os resultados quanto à solidez são aceitáveis, assim como a intensidade das cores obtidas. A solidez determina a durabilidade da cor após as lavagens. Quando empregamos tintas à base de pigmento, é possível trabalhar sem preparar o tecido. No entanto, é aconselhável efetuar essa preparação prévia, que consiste em eliminar o apresto (resina de superfície do tecido), para que a trama do tecido fique aberta e permita a absorção da cor. A tinta precisa ter uma certa viscosidade, de preferência baixa, para funcionar no cabeçote sem produzir obturações dos injetores. No caso dos pigmentos, após a polimerização, a existência ou não de preparação do tecido não afeta os valores de solidez obtidos. Quando empregamos tintas para impressão por *transfer* não é necessário preparar o tecido, mas sim empregar papel especial para o *transfer*. Ao imprimir utilizando *transfer* estamos aplicando um calco sobre o tecido, por meio de calor. Trata-se de um método de impressão que se realiza em dois passos: em primeiro lugar, a prensa deverá passar a imagem desejada ao papel de *transfer* empregando tintas especiais de transferência térmica. Em segundo lugar, aplica-se calor a esse papel de *transfer* já entintado, pressionando-o com um ferro quente, para que a imagem fique aderida sobre o tecido. Uma prensa desse tipo, que utilize a técnica do *transfer*, não requer instalações complicadas, o que a converte na ferramenta ideal para os pequenos negócios que oferecem roupa exclusiva e personalizada.

Quando realizamos estamparia direta, empregando tintas à base de corantes têxteis específicos para cada fibra, é preciso levar em conta que a tinta somente contém o corante. Todas as substâncias auxiliares necessárias para que o corante se fixe na fibra precisam ser adicionadas previamente ao tecido, se desejamos que ele tenha as mesmas características de solidez que a estampagem convencional. Se não tivermos eliminado corretamente os resíduos e se o tecido não estiver pronto para receber a estampagem, as cores que se aplicam sobre sua superfície não poderão penetrar bem na trama e os valores de solidez serão muito baixos, inclusive nulos, o que significa que a cor poderá se perder após algumas lavagens.

Soluções para o design de moda sobre um plano (2D)

Ao longo da história, a necessidade de comunicação através de imagens desembocou em duas formas representativas claramente diferenciadas: o desenho artístico e o desenho técnico. Enquanto o primeiro tenta comunicar ideias e sensações, baseando-se na sugestão e na interpretação e estimulando a imaginação do espectador, o desenho técnico tem como finalidade a representação geométrica e matemática dos objetos.

No campo do design de moda, produz-se uma confluência entre os objetivos do desenho artístico e do técnico. Isto é consequência da utilização dos computadores no desenho técnico, que embora representem os objetos em sua verdadeira magnitude e forma, também contêm uma forte carga de sugestão para o espectador. Não obstante, cabe matizar que isso não significa que os designers de moda não utilizem o desenho artístico. Na verdade, a maioria o faz, sobretudo na primeira fase do processo geral. Desenhar é um exercício de abstração do espírito humano, que permite fixar a aparência da forma, já que o olho humano somente percebe massas coloridas de diversa intensidade luminosa. Além disso, o desenho é a arte de representar graficamente sobre uma superfície plana de duas dimensões objetos que, regularmente, têm três dimensões. Entretanto, o papel que as novas tecnologias estão desempenhando no design de produtos dentro da indústria da moda é inquestionável. A oferta é tão abundante que é muito difícil sintetizar toda essa informação em um único capítulo. Como em casos anteriores, a teoria vem acompanhada da exposição dos trabalhos de alguns estúdios de design.

DESIGNS EM PLANO

O design de produto plano é uma representação em escala de um desenho mais ou menos técnico das vistas do produto que pretendemos desenhar. É um referencial preciso, representado sobre uma superfície plana bidimensional (papel, monitor de computador etc.), com o objetivo de proporcionar ao fabricante a informação necessária para a construção/produção do mesmo, seja em forma real ou conceitual.

As peças ou objetos costumam ser representados com vistas auxiliares (para detalhes e especificações) indicando claramente suas dimensões (cotagens); geralmente, um mínimo de duas projeções (vistas do objeto) é necessário para cobrir a informação apresentada pelo objeto.

Tradicionalmente, o desenho técnico vem utilizando diversas ferramentas ou instrumentos para o desenho plano: réguas de vários tipos, compassos, lápis, esquadros, transferidores, tira-linhas, canetas hidrográficas etc. Com os softwares do tipo CAD, 3D ou vetorial, já não precisamos desses utensílios.

As ferramentas informáticas oferecem representações precisas e impressionantes e os desenhos tendem a ser vistos melhor assim (proporcionam uma informação muito boa das dimensões da peça, das cotas e das medidas).

No design de uma peça têxtil a elevação é a representação mais importante, uma das representações principais do sistema diedro junto com a planta. A elevação é obtida com a projeção paralela do elemento representado, sendo a mesma perpendicular ao plano de projeção. Ou, o que vem a ser o mesmo, as peças são apresentadas desenhadas como se estivessem dispostas planas sobre uma mesa. Isso contribui para visualizar a peça com maior clareza. A altura, desenhada em escala, permite comprovar a verdadeira dimensão do modelo representado, sendo de grande utilidade nas representações de elementos arquitetônicos e no desenho têxtil, onde forma parte dos documentos imprescindíveis de qualquer projeto de design.

Representação da elevação de um desenho realizado com ferramentas informáticas. A elevação nos indica o volume e os detalhes do modelo representado, sendo imprescindível em design têxtil, pois forma parte da descrição básica de uma peça.

No design em estilo plano, não apenas é importante a originalidade e a criatividade da proposta do designer; conta igualmente a definição e a clareza com que se representa o design da peça sobre o plano. O design plano, junto com todos os dados adicionais necessários, sobre os materiais e os detalhes de fabricação, são a informação final da que dispõem o fabricante e os fornecedores que fabricam o produto. Alguns designers costumam ter algum tipo de contato com as empresas produtoras, para poderem intervir com maior agilidade, em caso de dúvidas ou problemas durante o processo de produção do design. Mas nem sempre é assim. Devido à massiva externalização das cadeias de produção, cada vez é mais habitual não ter quase contato com o fabricante que materializa as peças. Se os desenhos planos de um projeto não são claros e objetivos, o fornecedor final não disporá da informação necessária para executar o design e isso pode acarretar problemas, atrasos e, no pior dos casos, pode repercutir sobre a qualidade do produto final.

UTILIZAÇÃO DO DESENHO VETORIAL PARA REPRESENTAÇÕES BIDIMENSIONAIS

O desenho vetorial é a ferramenta essencial para o design de produtos aplicando as novas tecnologias da informação. Já falamos em outros pontos deste livro sobre a definição do termo "vetor", que é um dos muitos modos com os que um designer conta para criar uma imagem com uma pré-visualização rasterizada de suas criações, permitindo o intercâmbio com outras plataformas (impressão, plotter ou bem outros sistemas operativos).

Quando se desenha qualquer criação, podem ser utilizados dois tipos de traçado: os traçados fechados e os abertos. Nos traçados abertos os nós inicial e final permanecem separados. Nos traçados fechados ambos os nós se unem para fechar a forma. Dependendo de por onde se comece a redesenhar o traçado e em qual direção se arraste, poderíamos obter resultados inesperados. Por exemplo, um traçado fechado poderia converter-se em outro aberto, um aberto em outro fechado, ou mesmo, parte da forma, sem querer, poderia se perder.

A utilização de formas (ou contornos) fechadas permite preencher o conteúdo: seja com uma cor, com texturas ou com qualquer imagem mapa de bits importada ao documento final.

No momento de desenhar com traçados Bézier cumpre-se a famosa máxima de "menos é mais". Com o número mínimo de pontos de controle obtém-se o melhor resultado possível.

Uma pessoa não habituada a trabalhar com esse tipo de ferramenta pode, inicialmente, ter tendência a colocar um excesso de pontos, o que só serve para conseguir traçados mais complexos e, provavelmente, cheios de defeitos e imperfeições. É fundamental simplificar os traçados, eliminando os pontos de ancoragem adicionais, sem modificar sua forma. Além disso, a supressão dos pontos de ancoragem desnecessários reduz o tamanho do arquivo e consegue que o objeto possa ser visualizado e impresso com maior rapidez. É preferível desenhar pontos de ancoragem bem espaçados e praticar a formação de curvas, ajustando a longitude e os ângulos das linhas de direção.

Entretanto, na maioria das aplicações que permite elaboração de desenho técnico não é preciso utilizar exclusivamente gráficos vetoriais, já que é possível importar imagens de mapa de bits de arquivos criados em outras aplicações. A maioria dos programas reconhece todos os formatos de gráficos comuns facilitando a transferência de criações de uma aplicação a outra, seja importando e exportando, ou copiando e colando. Um ponto essencial dos designs em estilo plano, gerados mediante a utilização de gráficos vetoriais, é seu prático ajuste no momento da impressão, já que é possível aplicar escalas e aumentar sua definição de forma ilimitada. Por exemplo, podemos tomar o mesmo desenho setorizado, imprimi-lo em um cartão de visitas, e depois aumentá-lo e imprimi-lo em um outdoor, mantendo em ambas as imagens o mesmo nível de qualidade. Os formatos mais populares de documentos para impressão são o PDF e o PostScript.

No caso de uma peça têxtil, a representação em plano deveria ter, pelo menos, a vista da elevação frontal e posterior, ainda que uma representação completa inclua detalhes de mangas, golas, fechos ou pregas. Se estivermos desenhando outros produtos, como calçados ou acessórios, é necessário incluir vistas da planta, assim como de detalhes auxiliares. Denomina-se planta a representação da seção horizontal de uma peça ou qualquer outro objeto. A planta é obtida mediante uma projeção paralela, perpendicular ao plano horizontal. Existem produtos que, devido a sua complexidade, requerem a inclusão de múltiplas seções e cotagens em sua representação. As novas tecnologias facilitam enormemente esse mecanismo de representação.

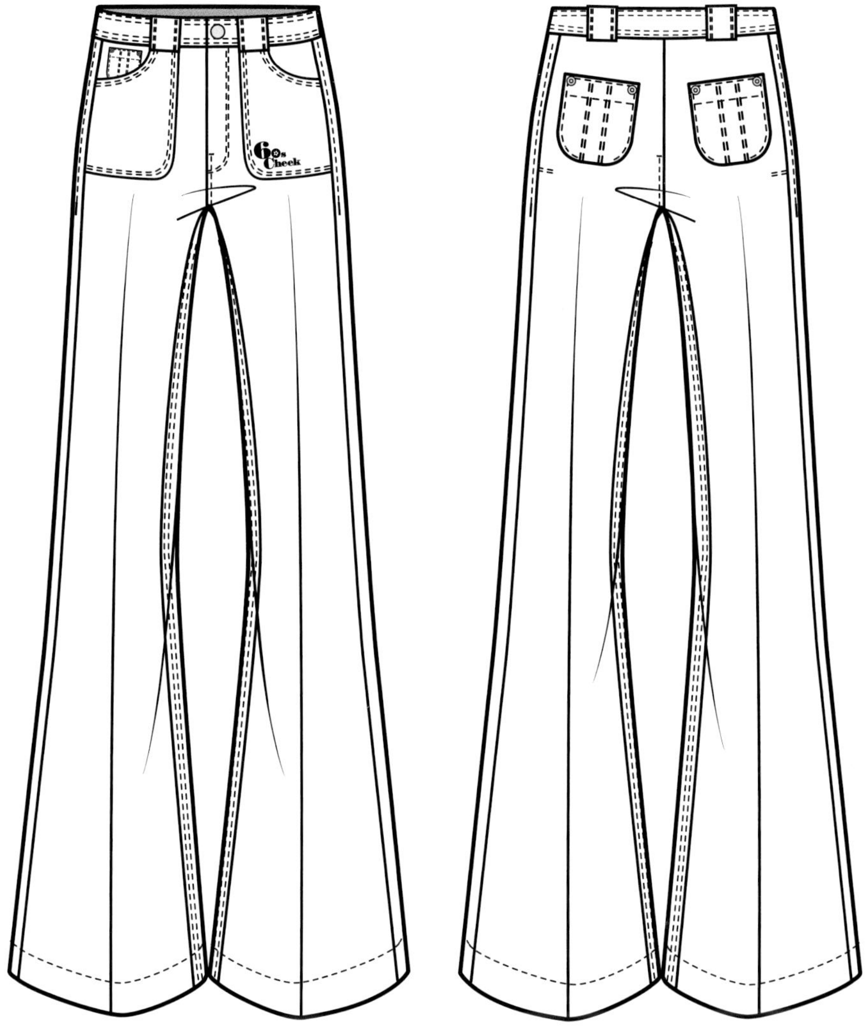

IMPRESSÃO COM PLOTTER

Um plotter, ou traçador gráfico, é um dispositivo de impressão periférico, conectado a um computador, e desenhado especificamente para traçar gráficos vetoriais ou desenhos lineares: planos, desenhos de peças etc. Czom o plotter podem ser obtidas impressões gráficas de grande qualidade que não são conseguidas com uma impressora convencional. Os plotters são recomendados, especialmente, nos casos em que é preciso trabalhar em alta resolução com tamanhos de papel de grande formato.

RASTER

Uma imagem vetorial ou rasterizada incorpora uma estrutura ou arquivo de dados que representa uma grade, denominada raster, que pode ser visualizada em um monitor de computador, em papel ou em outro dispositivo de representação.

A maioria dos programas de desenho vetorial permite realizar representações online dos designs propostos. O desenho por computador permite adicionar detalhes, costuras e acabamentos com facilidade e precisão.

Designs online de bolsas de mulher, para a coleção outono/inverno 08-09.

APLICAÇÕES PARA O DESIGN DE MODA EM 2D

O design assistido por computador, mais conhecido por suas siglas inglesas CAD (*Computer Aided Design*), utiliza uma ampla gama de ferramentas informáticas que assistem os profissionais do design nas várias fases de seu trabalho.

Quando começamos a desenhar algum produto relacionado com a indústria da moda (têxtil, couro, sapatos, joias etc.), temos hoje uma enorme oferta de softwares tremendamente sofisticados e especializados para cada um dos setores. Esses programas oferecem funções específicas para cada caso, já que contemplam as características de cada tipologia do produto, como materiais, especificações de medidas, escalas, acabamentos etc. Normalmente, essas aplicações estão disponíveis para a indústria profissional e educativa. A utilização desses programas no âmbito doméstico e cotidiano demandaria um alto grau de especialização e um certo treinamento na manipulação de ferramentas de design. Ao longo destas páginas, citaremos alguns programas que existem no mercado, deixando ao leitor a eleição de um ou de outro, de acordo com suas necessidades e seu grau de especialização.

Paralelamente, existem outros softwares de design mais gerais, normalmente disponíveis para grandes companhias multinacionais que, sem serem tão especializados, permitem a realização de um excelente trabalho em todos os casos, segundo a tipologia do produto que se deve desenhar. Esses programas são pouco especializados e não costumam conter informação específica de um setor, mas seu uso é simples e suas possibilidades enormes. Tanto é assim que, atualmente, a maioria dos estúdios de design consultados para este livro os utiliza com frequência, em detrimento das aplicações mais específicas, por várias razões: sua utilização é simples, são facilmente encontrados, sua compatibilidade é avançada, têm um preço excelente e suas prestações são universais.

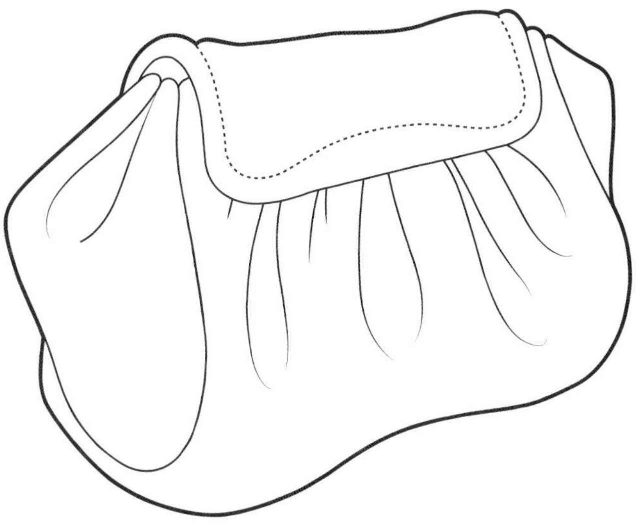

DESIGN DE MODA EM PLANO COM ADOBE® ILLUSTRATOR®

Praticamente, não existe estúdio de design que não tenha entre suas aplicações de trabalho o Adobe Illustrator. Não se trata de um programa especializado para o design de produtos de moda, mas sua fácil manipulação e suas enormes prestações o converteram em um dos softwares mais comuns no panorama global do design de moda e têxtil. De fato, é possível realizar um projeto completo (conceito, desenhos em plano, figurinos, design de tecidos e estampas etc.) utilizando unicamente as ferramentas dessa aplicação. Provavelmente, sua versatilidade é uma de suas principais características.

Se um trabalho já foi começado fora do entorno de Illustrator, encontraremos uma perfeita compatibilidade do programa com os outros produtos de Adobe, assim como uma ampla gama de formatos de arquivo de outras empresas.

Illustrator admite a maioria dos dados de Photoshop, incluídas as composições de camadas, as camadas, o texto editável e os traçados. Isso significa que pode haver uma transferência de arquivos entre Photoshop e Illustrator, sem perder a capacidade de editar as ilustrações. Se o desenho que está sendo importado consta de tintas planas, estas são adicionadas ao painel "Amostras" de Illustrator como cores personalizadas, com o mesmo nome que em Photoshop. Dessa forma, as tintas planas importadas se separam corretamente. Do mesmo modo, podemos trazer a nosso desenho Illustrator arquivos com formato PDF (*Poetable Document Format*) e EPS (*PostScript encapsulado*). Quando o arquivo EPS, criado em outra aplicação, é aberto ou incrustado, o Illustrator converte todos os objetos em objetos nativos do Illustrator. Entretanto, se o arquivo contém dados que o Illustrator não reconhece, pode produzir-se uma certa perda de informação. Além do mais, o formato EPS não admite transparência, portanto não é uma boa opção para colocar ilustrações transparentes de outras aplicações no Illustrator. Arquivos com outros formatos, como DCS (*Desktop Color Separation*), assim como a maioria dos dados de AutoCAD, também são compatíveis com Illustrator, entretanto, como esses formatos não são muito comuns na indústria da moda, não nos aprofundaremos neles.

Ao realizar nossos designs vetorialmente, o *Adobe Illustrator* nos permite um redesenho mais rápido na tela. Para iniciar um design de vista frontal, devemos realizar o corpo da metade de nosso design e, posteriormente inverter uma cópia de nosso design original, para anexá-lo a outra metade. Dessa forma, asseguramos que o resultado seja perfeitamente simétrico. Para finalizar nosso trabalho, acrescentaremos todos os elementos complementares (zíperes, botões, apliques).

Ao desenhar, as novas versões de Adobe Illustrator incluem um rendimento de funcionamento melhorado nas principais operações, que permite um redesenho mais rápido na tela para deslocar objetos, aumentá-los, definir escalas e transformá-los. Por outro lado, podemos colocar objetos e pontos de ancoragem com uma precisão impecável, mediante guias inteligentes e painéis de alinhamento, transformação e controle. Da mesma maneira, podemos alinhar e distribuir os pontos de ancoragem, clicando sobre as opções do painel de controle, ou eliminar com rapidez áreas da ilustração com a ferramenta "Borracha" e desfrutar de um controle completo sobre a largura, a forma e a homogeneidade do apagado.

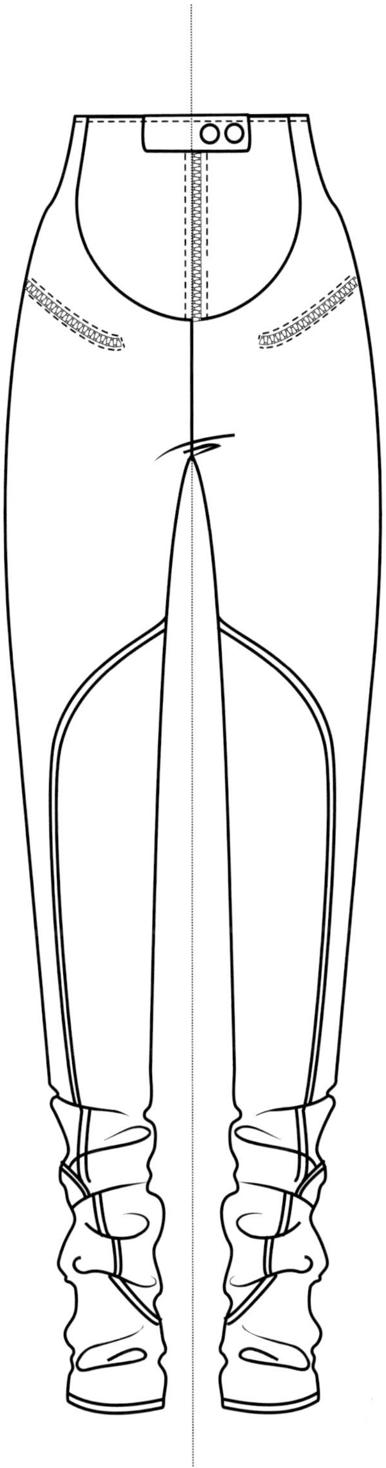

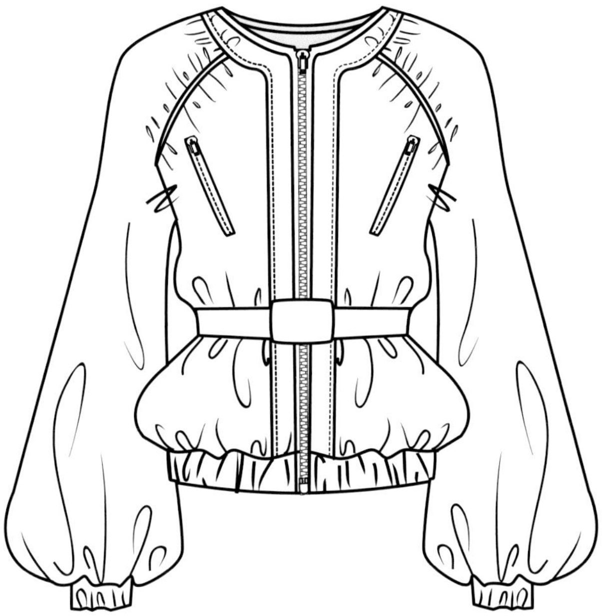

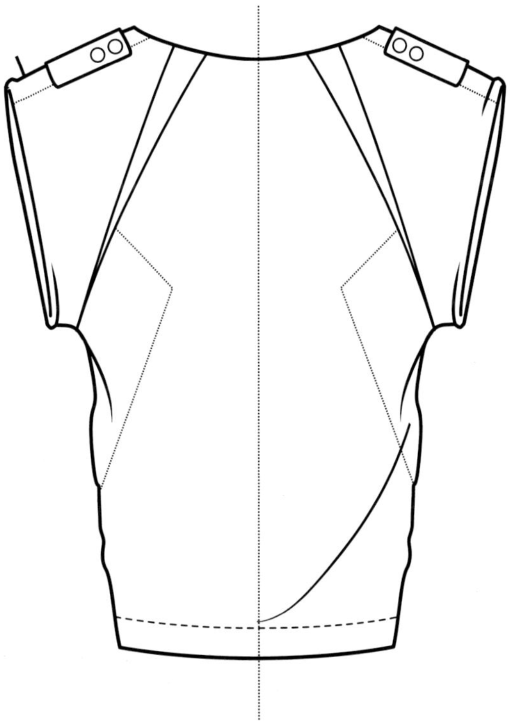

FERRAMENTAS MAIS RELEVANTES
Se tivermos que mencionar alguns dos aspectos mais relevantes dentro dos controles e das ferramentas para desenhar as criações, destacaremos as seguintes funções:

- Decalque interativo de imagem: graças a essa função, podemos converter com rapidez e precisão desenhos escaneados, fotografias ou outras imagens de mapa de bits em traçados vetoriais. Se preferirmos decalcar esboços manualmente (mediante ferramentas de traçado a lápis ou caneta) podemos utilizar os modelos de camadas predeterminados. Essas camadas não impressas estão 50% atenuadas, o que permite poder ver com facilidade os traços que se desenham sobre elas.

- Caneta: serve para desenhar com precisão e para obter um controle completo sobre os pontos de ancoragem e as curvas de Bézier.

- Lápis: permite desenhar na tela exatamente como faríamos sobre um papel.

- Suavizar: serve para matizar com rapidez as protuberâncias não desejadas de um traçado.

- Opções de traço: define linhas contínuas e descontínuas no painel de traços. Especifica a espessura, o ângulo mínimo, o estilo das terminações e das uniões, e se o traço está dentro, no centro ou fora do traçado.

Os pincéis permitem estilizar a aparência dos traçados vetoriais. É possível aplicar traços de pincel a traçados existentes, ou usar a ferramenta "Pincel" para desenhar um traçado e aplicar-lhe um traço de pincel, simultaneamente. Também permite aplicar traços de pincel a uma linha criada com qualquer ferramenta de desenho, inclusive as ferramentas "Lápis" e "Pincel", ou as ferramentas de formas básicas. No Illustrator existem quatro tipos de pincéis: caligráfico, de dispersão, artístico e de padrão. Com eles podemos conseguir os seguintes efeitos:

- PINCÉIS CALIGRÁFICOS. Criam traços similares aos de uma caneta caligráfica de ponta fina, desenhados ao longo do centro do traçado.
- PINCÉIS DE DISPERSÃO. Dispersam cópias de um objeto (como um tipo de costura, acabamento, elemento decorativo etc.) ao longo do traçado.
- PINCÉIS ARTÍSTICOS. Modificam a forma de um pincel ou a forma de um objeto de maneira uniforme por todo o comprimento do traçado.
- PINCÉIS DE PADRÃO. Desenham um padrão, formado por módulos individuais, que se repete ao longo do traçado. Os pincéis de padrão podem incluir, no máximo, cinco módulos destinados aos lados, aos vértices interno e externo, ao início e ao final do padrão.

Os pincéis de dispersão e os pincéis de padrão, frequentemente, permitem conseguir o mesmo efeito. No entanto, uma das diferenças entre eles é que os pincéis de padrão seguem exatamente o traçado, o que não acontece com os pincéis de dispersão. Por essa razão, normalmente, os designers de moda preferem utilizar os pincéis de dispersão.

PINCÉIS PERSONALIZADOS

Criar pincéis personalizados pode facilitar enormemente nosso trabalho, pois um pincel pode ser configurado a partir de qualquer traço vetorial que tenhamos. Qualquer traço ou elemento que utilizemos habitualmente pode ser transformado em pincel e utilizado em todos os nossos futuros trabalhos, sem termos de voltar a desenhá-lo, já que pode ser armazenado em nossa biblioteca de pincéis. Dessa forma, podemos armazenar pincéis com acabamentos de diferentes materiais, costuras ou rebites. Como qualquer outro traço vetorial, nossos pincéis personalizados poderão, posteriormente, trocar de cor, espessura etc., utilizando os controles habituais do programa.

Podemos utilizar nossos próprios ajustes para criar novos pincéis caligráficos, de dispersão, de arte e de padrão. Pincéis com tipos de costura (simples, duplas, de pontadas grandes ou pequenas etc.), acabamentos de peças, aviamentos, passamanarias etc. Para pincéis de dispersão, arte e padrão é preciso criar primeiro a ilustração que se deseja utilizar. Para criar uma ilustração para pincéis:

- A ilustração não pode ter degradês, fusões, outros traçados de pincel, objetos de malhas, imagens de mapas de bits, gráficos, arquivos inseridos, ou máscaras.
- A ilustração para pincéis de arte e padrão não pode conter texto. Se desejamos conseguir um efeito de traço de pincel com texto, devemos criar um contorno do texto e depois criar o pincel com esse contorno.
- Para os pincéis de padrão, crie até cinco módulos de padrão (dependendo da configuração do pincel) e adicione esses módulos ao painel "Amostras".

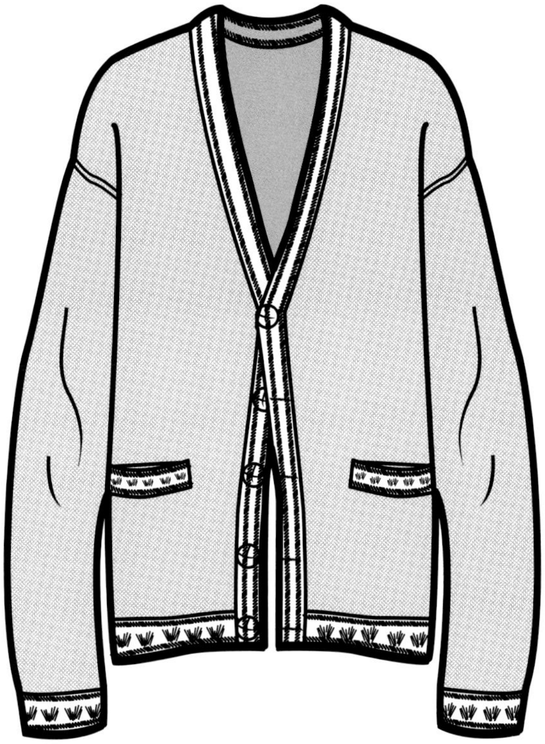

BIBLIOTECA DE PINCÉIS

Os pincéis são armazenados nas bibliotecas de pincéis. São coleções de pincéis com ajustes preestabelecidos que formam parte do Illustrator. Podem ser abertas várias bibliotecas de pincéis para examinar seu conteúdo e selecionar os elementos desejados, que serão incorporados à biblioteca. Também podemos adicionar pincéis que tenham sido criados especificamente para um projeto e eliminar os que não queremos manter. Essas bibliotecas podem ser utilizadas inúmeras vezes e, a cada design, o resultado será melhorado.

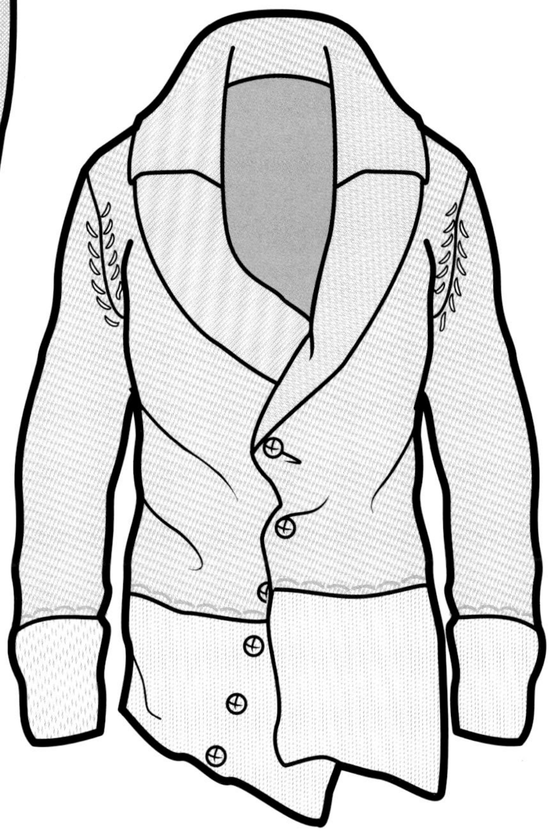

Designs em linha de peças de vestuário para a temporada outono/inverno 08-09.
© WGSN. www.wgsn.com

O PAINEL APARÊNCIA

Permite criar vários preenchimentos e traços no mesmo objeto. Acrescentar preenchimentos e traços aos objetos é o ponto de partida para criar numerosos efeitos interessantes. Por exemplo, podemos conseguir um segundo traço mais estreito sobre um traço mais largo, ou aplicar um efeito a um preenchimento e não a outro.

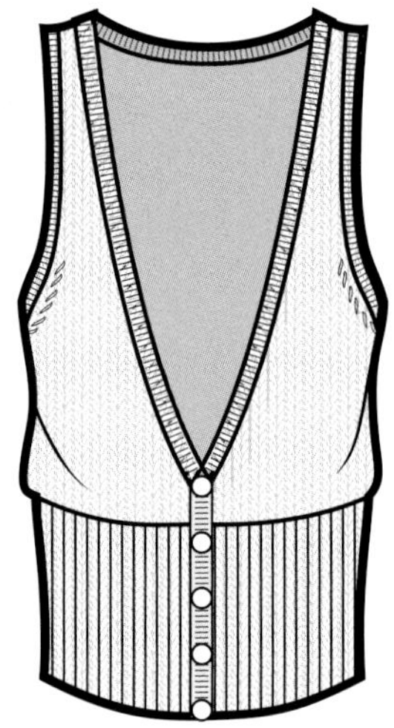

Há designs, por exemplo as peças de tricô, ou os tecidos vazados, que precisam ser preenchidos com uma estrutura geométrica marcada. Para simular o efeito desses materiais, a ferramenta mais utilizada pelos designers profissionais consiste em aplicar um padrão de preenchimento.

Designs em linha de roupa feminina para a coleção Charlie Girl, outono/inverno 08-09. ©WGSN. www.wgsn.com

Illustrator oferece dois métodos de pintura: o primeiro consiste em atribuir um preenchimento, um traço, ou ambos, a todo um objeto. Uma vez desenhado com traços, o objeto em questão recebe um preenchimento. Desse modo, podemos pintar outros objetos, que podem ser superpostos ao desenho inicial. O resultado é parecido com uma colagem formada por numerosos recortes de papel colorido.
O segundo converte o objeto em um grupo de pintura interativa, assignando preenchimentos ou traços às diversos bordas e faces dos traçados. O método permite pintar como se faria com uma ferramenta de cor tradicional. Isso significa que é possível realizar numerosos traçados e aplicar cor de forma separada a cada zona incluída nesses desenhos (o que se conhece como face), sem ter de se preocupar com o empilhamento dos objetos, nem com as camadas. Também podemos modificar a borda (o traço que separa as intersecções) assignando diversas cores de traço e variar sua espessura. Graças a esse método, podemos colorir cada face e cada borda com uma cor diferente. Além do mais, apresenta uma vantagem que, à medida que os traçados são modificados ou transformados, as bordas e as faces se ajustam automaticamente.

PADRÕES

Há desenhos que precisam ser preenchidos com uma estrutura geométrica marcada; nesses casos, Illustrator contém uma função muito mais potente para trabalhar com precisão milimétrica: os padrões. Illustrator inclui muitos padrões aos que se pode aceder no painel "Amostras" e na pasta "Extras", nos CDs de instalação do programa. Qualquer padrão existente pode ser personalizado, da mesma forma que podemos criar padrões de design partindo do zero, com qualquer uma das ferramentas de Illustrator.
Os padrões desenhados para preencher objetos (padrões de preenchimento) diferem dos padrões de traçados aplicados com o painel "Pincéis" (padrões de preenchimento para colorir e de pincel para contornar objetos).

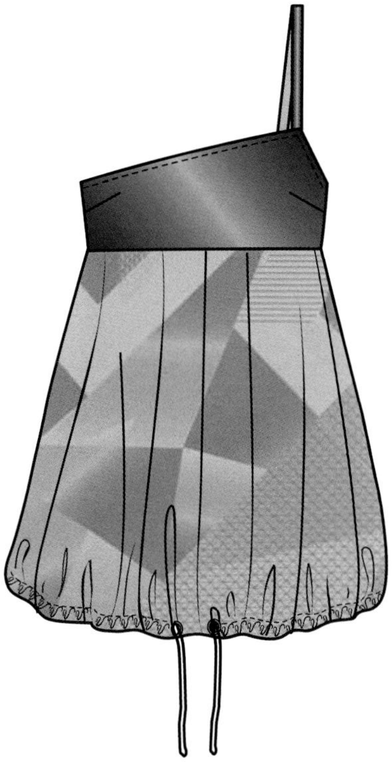

As funções de degradê nos permitirão simular volume e tridimensionalidade em nossos desenhos; por outro lado, são simuladores perfeitos de acabamentos metalizados ou muito brilhantes.

Design de peças de vestuário femininas, para a coleção outono/inverno 08-09. © WGSN. www.wgsn.com

PINTURA INTERATIVA (EM TEMPO REAL)

É um meio intuitivo para criar desenhos coloridos. Permite utilizar a ampla gama de ferramentas de desenho vetorial de *Illustrator*, mas trata todos os traçados do desenho como se estivessem na mesma superfície plana. Quer dizer que nenhum dos traçados fica atrás, nem na frente do outro. Pelo contrário, os traçados dividem a superfície de desenho em áreas, às que se pode aplicar cor, sem se preocupar em saber se a área está delimitada por um traçado único ou por segmentos de vários traçados. Uma vez criado o grupo de pintura interativa, cada um de seus traçados continua sendo totalmente editável. Ao mover ou ajustar a forma de um traçado, as cores aplicadas previamente não permanecem iguais, como ocorre nas pinturas sobre suportes naturais, ou nos programas de edição de imagens. Pelo contrário, *Illustrator* volta, automaticamente, a aplicar as cores às novas regiões formadas com a edição dos traçados.

DEGRADÊS E MALHAS

Dependendo do efeito que desejamos conseguir, podemos utilizar os seguintes métodos para aplicar degradês de cor a objetos:

Preenchimento com degradê: é um bom sistema para criar um degradê de cor suave em um ou vários objetos. Os degradês obtidos podem ser guardados como uma amostra, para aplicá-los a vários objetos.

Objeto de malha: é a função ideal se desejamos criar um único objeto multicolorido, no qual as cores possam fluir em diversas direções, com uma transição suave entre seus pontos.
A criação de uma malha fina sobre um objeto e a manipulação das características de cor em cada ponto da malha nos permitem manipular com precisão o colorido do objeto de malha.

Essas funções nos permitirão simular volume e tridimensionalidade em nossos designs.

Designs online de peças de vestuário femininas para a coleção Carlie Girl, outono/inverno 08-09. ©WGSN. www.wgsn.com

Outra ferramenta notavelmente melhorada nas últimas versões de Adobe Illustrator é a das "Máscaras de recorte", perfeitas para ocultar áreas de um objeto ou grupo, recortar imagens colocadas ou cortar formas intrincadas. Essa será a ferramenta perfeita para adicionar imagens escaneadas de tecidos, gráficos ou estampas vetoriais a nossos designs.
Uma máscara de recorte (que é o mesmo que um traçado de recorte em Photoshop) é um objeto cuja forma mascara outra ilustração, de modo que só podem ser vistas as áreas que estão dentro da forma, isto é, a ilustração é recortada com a forma da máscara. Os objetos que são mascarados são chamados de conjunto de recorte e aparecem marcados com uma linha de pontos no painel "Camadas". Consiste em um traçado vetorial colocado na frente de um elemento qualquer (seja traçado ou imagem de mapa de bits) e que, ao unir-se com ele, oculta do campo de visão tudo o que estiver fora do traçado, mas sem apagá-lo. Seu funcionamento é bastante simples: cria-se o traçado, coloca-se na frente ou em cima do objeto que vamos silhuetar, selecionam-se ambos e pode ser criada a máscara de recorte no menu "Objeto". Para liberar o objeto silhuetado do efeito da máscara de recorte, basta selecionar o grupo ou, simplesmente, o traçado da máscara e ir ao mesmo menu "Objeto" para "Soltar" a máscara criada. Se desejarmos mover o objeto sulhuetado, mas não o traçado da máscara, basta selecionar o objeto com a ferramenta de seleção direta (a flecha branca). Se não fizermos isso, o traçado da máscara e o objeto mascarado se comportarão como se estivessem agrupados. Os objetos ocultos pelas máscaras de recorte continuam contando, quanto ao peso e à geometria, na hora de colocar um elemento. Isso é importante porque convém evitar que o peso dos arquivos seja muito elevado.
Os trajetos que compõem a máscara de recorte não têm cor (nem de preenchimento, nem de contorno). Se o tiverem na origem, o perderão (e não o recuperarão ao soltarmos a máscara de recorte). Outra característica importante das máscaras de recorte é que não admitem transparência parcial. Ou cobrem ou revelam, mas não podem revelar 50% do que está embaixo. Para isso existem as máscaras de opacidade.

MÁSCARAS DE RECORTE

As seguintes pautas se aplicam à criação de máscaras de recorte:

- Os objetos mascarados se deslocam ao grupo de máscara de recorte no painel "Camadas", caso ainda não estejam lá.
- Apenas os objetos vetoriais podem ser máscaras de recorte; entretanto, pode-se mascarar qualquer ilustração.
- Se utilizamos uma camada ou um grupo para criar uma máscara de recorte, o primeiro objeto da camada ou o grupo mascara todos os subconjuntos da camada ou o grupo.
- Independentemente dos atributos anteriores, uma máscara de recorte torna-se um objeto sem preenchimento nem traço.

A ferramenta "Máscara de recorte" será a ferramenta perfeita para adicionar imagens escaneadas de tecidos, gráficos ou estampas vetoriais a nossos desenhos, de forma a permitir simular o look final da peça, com seu efeito de colorido ou seu estampado. Da mesma maneira, podemos posicionar qualquer elemento encaixando sua forma dentro da silhueta de nosso traçado vetorial.

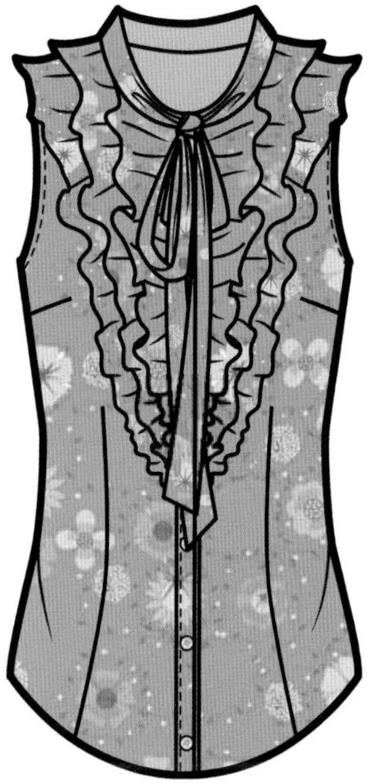

As máscaras de opacidade são um elemento relativamente novo em Adobe Illustrator, em comparação com as máscaras de recorte. Seu funcionamento é muito mais flexível e complexo. As máscaras de opacidade são criadas de forma parecida com a das máscaras de recorte: o objeto que se quer silhuetar ou mascarar é colocado sobre aquele que vai ser silhuetado ou mascarado. A ação da máscara de opacidade depende da cor original do objeto que ela mascara. Quanto mais escuro, mais bem coberto; quanto mais claro, mais deixa ver o que há embaixo (graus intermédios de cor ou tom deixam entrever o que há debaixo da máscara). Essa é uma das diferenças-chave entre as máscaras de opacidade e as de recorte: as de opacidade admitem transparência parcial. São a maneira de criar em Illustrator, por exemplo, um degradê, partindo de uma cor até chegar ao transparente.

FILTROS DE PHOTOSHOP

As versões mais avançadas de *Illustrator* incorporam elementos de outros programas de Adobe. *Photoshop* e *Illustrator* funcionam tão bem juntos que, inclusive, podemos usar os "filtros de Photoshop" a partir do Illustrator. No entanto, dado que *Illustrator* é um programa baseado em vetores e Photoshop em mapas de bits, primeiro é preciso converter nosso desenho *Illustrator* em um mapa de bits gráfico, para poder aplicar os filtros de Photoshop. Para converter ou interpretar desenhos em *Illustrator*, devemos escolher a função "rasterizar" (na janela do menu "Objeto"), presente no menu principal. No quadro de diálogo resultante, selecionamos o modelo de cor de destino e a resolução, antes de aceitar. Nesse ponto, Illustrator converte o desenho em um gráfico de mapa de bits. Agora já podemos aplicar um filtro de Photoshop ao desenho *Illustrator*.

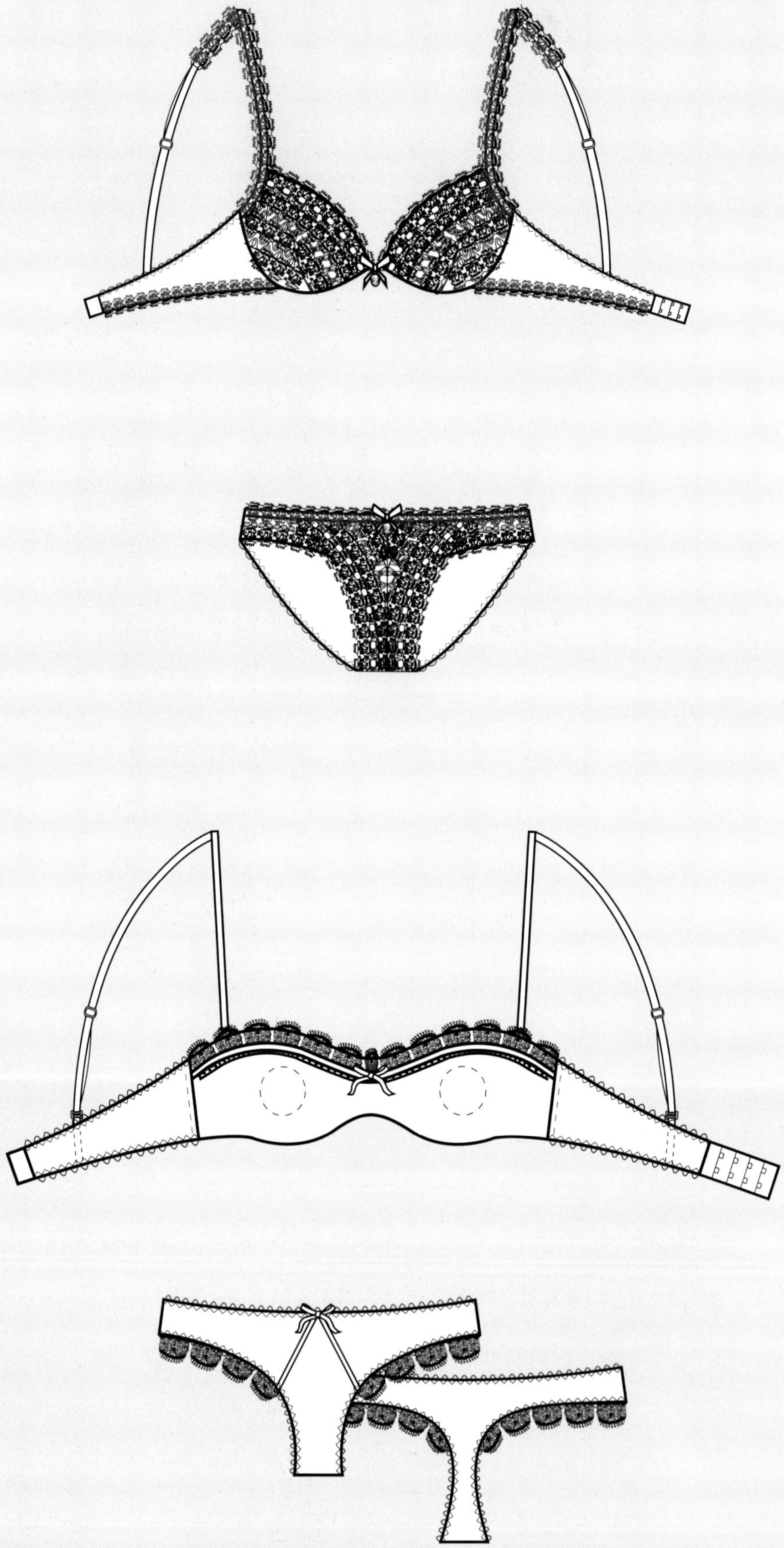

Imagens dos designs de Gisela Intimates
para sua linha *Suite Collection*.
© Gisela Intimates.

Yolanda Ferrer, diretora criativa da marca, comenta a importância que tem para o setor de moda íntima a incorporação das novas tecnologias e dos novos programas de design para representar suas peças: "Em nossos estúdios, a utilização dos softwares de design está totalmente generalizada.
Para o desenvolvimento de Gisela, utilizamos Illustrator como software principal de design. Nossas criações estão cheias de detalhes, precisamos da ajuda de pincéis personalizados – ou de padrão – que representem nossas rendas, bordados ou aviamentos, assim como os diversos acabamentos de costuras: em ziguezague, pesponto duplo etc. Sem essas ferramentas, nosso trabalho de design das peças se complicaria enormemente".

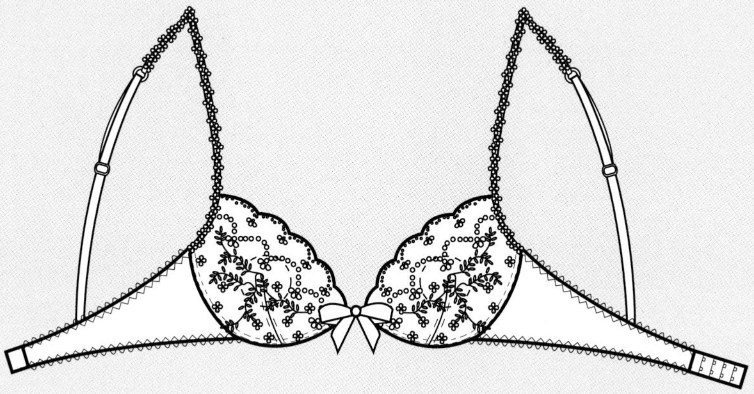

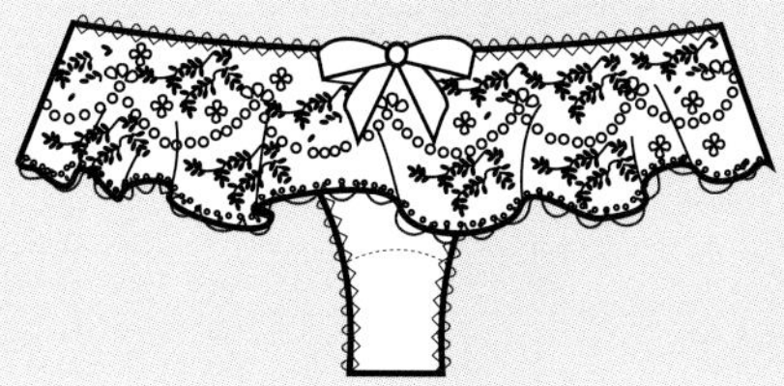

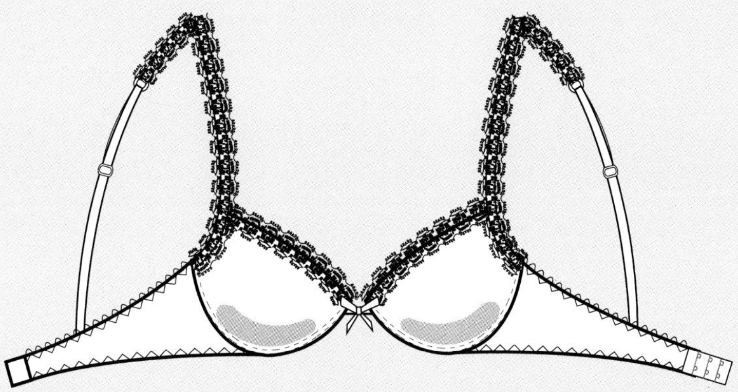

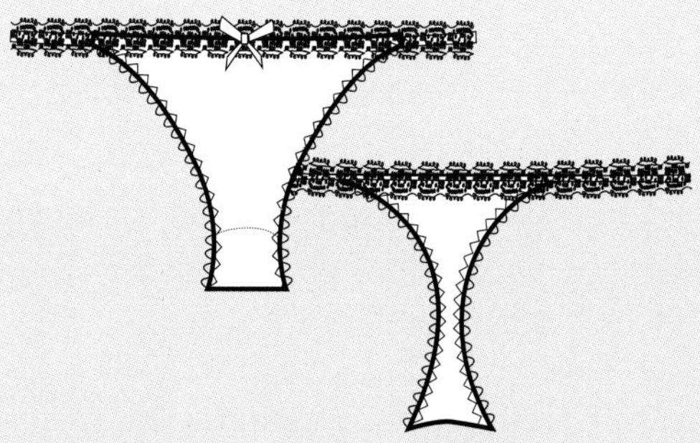

GISELA INTIMATES

Desenho e Fantasia SL é a empresa que se encontra por trás da marca Gisela Intimates, uma empresa de moda com sede em Málaga, dedicada ao design, à fabricação e à comercialização de roupa íntima feminina. Graças há mais de três décadas de experiência no setor, uma equipe altamente qualificada e uma constante renovação tecnológica, Gisela ocupa um lugar destacado no mercado da moda íntima mundial. Um design vanguardista, tecidos exclusivos e, especialmente, preços altamente competitivos, fizeram de Gisela um referencial no setor.

www.gisela.com

Design de camisetas do criador americano de produtos de linha *sport and street*: Jeremyville. www.jeremyville.com

DESIGN DE PEÇAS PLANAS COM PHOTOSHOP

Embora já tenhamos mencionado anteriormente que Photoshop é um programa criado inicialmente para o tratamento de imagens rasterizadas (também chamadas mapas de bits), as possibilidades desse programa são muito maiores, incluindo potentes ferramentas para a representação e a simulação de designs bidimensionais. As ferramentas de desenho (as ferramentas de caneta e de forma) permitem criar e editar formas vetoriais. Desse modo, pode-se trabalhar com formas em camadas de forma ou utilizá-las como traçados. Também podemos usar as formas rasterizadas, que podem ser editadas com as ferramentas de pintura.

Photoshop oferece várias ferramentas de caneta. A ferramenta "Caneta padrão" desenha com a maior precisão; no entanto, a ferramenta de "Caneta de forma livre" desenha traçados iguais aos que se obtêm com lápis e papel. A opção de "Caneta magnética" permite desenhar traçados que se ajustam às bordas de áreas definidas na imagem. As ferramentas de caneta podem ser combinadas com outras ferramentas de forma para criar formas complexas.

Antes de começar a desenhar no Photoshop, devemos escolher um modo de desenho na barra de opções. O modo eleito determina se criaremos uma forma vetorial ou uma forma rasterizada em uma camada existente.

As formas vetoriais são linhas e curvas que se desenham com as ferramentas de forma ou de caneta. São independentes da resolução. Mantêm as bordas nítidas quando são redimensionadas, impressas em uma impressora PostScript, guardadas em um arquivo PDF ou importadas a uma aplicação de gráficos vetoriais. Se preferirmos, é possível criar bibliotecas de formas personalizadas, assim como editar o contorno (denominado traçado) e as propriedades (por exemplo, o traço, a cor de preenchimento ou o estilo) das formas. Qualquer seleção que se faça com uma ferramenta de seleção de Photoshop pode ser definida como um traçado. Os traçados são contornos que podem ser transformados em seleções, preenchidos, ou contornados com cor. O contorno de uma forma é um traçado. Nenhum traçado criado com Photoshop se converte em um elemento da imagem até que esta seja contornada ou preenchida utilizando uma cor, um estado da imagem, padrão ou uma camada de preenchimento especificados.

DESENHO COM A FERRAMENTA CANETA DE FORMA LIVRE

A ferramenta "Caneta de forma livre" permite desenhar como se estivéssemos usando um lápis sobre um papel. Os pontos de ancoragem são adicionados automaticamente enquanto desenhamos. Não é preciso determinar o lugar em que se colocam os pontos, mas é possível ajustá-los depois de ter completado o traçado. A "Caneta magnética" é uma opção da ferramenta "Caneta de forma livre" que permite desenhar um traçado que se ajusta às bordas de áreas definidas em uma imagem rasterizada, para redesenhá-la. A ferramenta permite definir o nível e a sensibilidade do comportamento de ajuste, assim como a complexidade do traçado resultante.

Evolução do design de um tênis, acrescentando cor, máscaras com texturas e acabamentos nas diferentes camadas de trabalho. Iniciamos o processo com um desenho linear para ir preenchendo seu conteúdo com efeitos cromáticos que simulam o resultado final.

O comando "Fazer traçado de trabalho" elimina qualquer desvanecimento aplicado à seleção e pode modificar sua forma, dependendo da complexidade do traçado e do valor de tolerância selecionados. Podemos trocar a forma de um traçado facilmente editando seus pontos de ancoragem. Os traçados podem ser usados de várias formas: como máscara vetorial para ocultar as áreas de uma camada, como uma seleção, ou simplesmente para preencher ou contornar com cor esse traçado.
Outra maneira de desenhar seria preenchendo pixels.
Dessa forma, pintamos diretamente em uma camada de um modo similar a uma ferramenta de pintura. Quando trabalhamos assim, criamos imagens rasterizadas, e não gráficos vetoriais.
Photoshop proporciona várias funções que permitem utilizar imagens em outros aplicativos. Devido às grandes possibilidades de integração entre os produtos Adobe, muitos aplicativos importam diretamente arquivos em formato Photoshop (PSD) e utilizam características de Photoshop como as camadas, os estilos de camadas, as máscaras, as transparências e os efeitos. Se quisermos apenas utilizar uma parte de uma imagem de Photoshop, ao colocá-la em outro aplicativo (por exemplo, podemos utilizar um objeto frontal e excluir o fundo), um traçado de recorte de imagem permite isolar o objeto desejado e tornar transparente o resto ao imprimir a imagem ou colocá-la em outro aplicativo.

PINTAR E PREENCHER NOSSOS DESENHOS COM COR

Photoshop oferece diversas ferramentas para pintar ou editar a cor da imagem. A ferramenta "Pincel" e a ferramenta "Lápis" funcionam como ferramentas de desenho tradicionais aplicando cor por meio de traços de pincel. A ferramenta "Degradê", o comando "Preencher" e a ferramenta "Balde de pintura" aplicam cor em áreas grandes. Ferramentas como "Borracha", "Desfocar" ou "Dedo" modificam as cores existentes da imagem. As opções de ponta de pincel controlam a maneira de aplicar a cor. Podemos aplicá-la de forma gradual, com bordas suaves, com grandes traços de pincel, com diversas dinâmicas de pincel, com diversas propriedades de fusão e com pincéis de diversos tamanhos. Também podemos simular o pulverizado de pintura mediante o uso de um aerógrafo.

TEXTILSTUDIO, UM SOFTWARE ESPECIALIZADO PARA O DESIGN INTEGRAL

TextilStudio é um software de design e produção profissional destinado a empresas têxteis, designers, estampadores, confeccionistas, centros tecnológicos, escolas e indústrias de calçados, entre outras várias. Trata-se do programa mais importante criado no panorama espanhol, com tecnologia e terminologia próprias. TextilStudio conta com mais de 150 clientes de todos os níveis, desde profissionais freelancer até empresas tão emblemáticas como Armand Basi, Inditex ou Mango. Atualmente, comercializa-se a versão TextilStudio 8, com importantes novidades e atualizações para adaptar o programa aos novos requisitos do setor. Cabe destacar que se trata de um aplicativo bastante completo com ferramentas especializadas, tanto para desenhar peças vetorialmente quanto para a realização e a transformação de estampas ou gráficos, para a confecção de fichas profissionais de produção, com fácil acesso a bibliotecas de símbolos, detalhes ou topologias de bases para a maquetação de fichas de produto altamente especializadas. O aplicativo é compatível em ambientes Mac e Windows, pelo que se converte em um software altamente universal. Inclui um completo conjunto de ferramentas especializadas no setor da moda. Ao tratar-se de um programa de design, contém poderosas ferramentas de desenho vetorial que permitem realizar designs partindo de zero ou partindo de um desenho escaneado e, posteriormente, redesenhado vetorialmente.
Dentro de suas bibliotecas existem ferramentas tão úteis como: bibliotecas de pespontos (com tipos de costura, acabamentos, tamanhos de pontada etc.), coleções de botões, zíperes, pins etc. Naturalmente, essas bibliotecas básicas podem ser completadas, personalizando seus conteúdos em função de nossos interesses. Esses elementos podem ser coloridos e também modificados facilmente para finalizar o trabalho.

Designs comerciais criados com as ferramentas do programa *TextilStudio*, a partir de um desenho vetorial, personalizando nosso desenho mediante as coleções completas de texturas, acabamentos e editores têxteis, para simular qualquer tecido que queiramos utilizar.

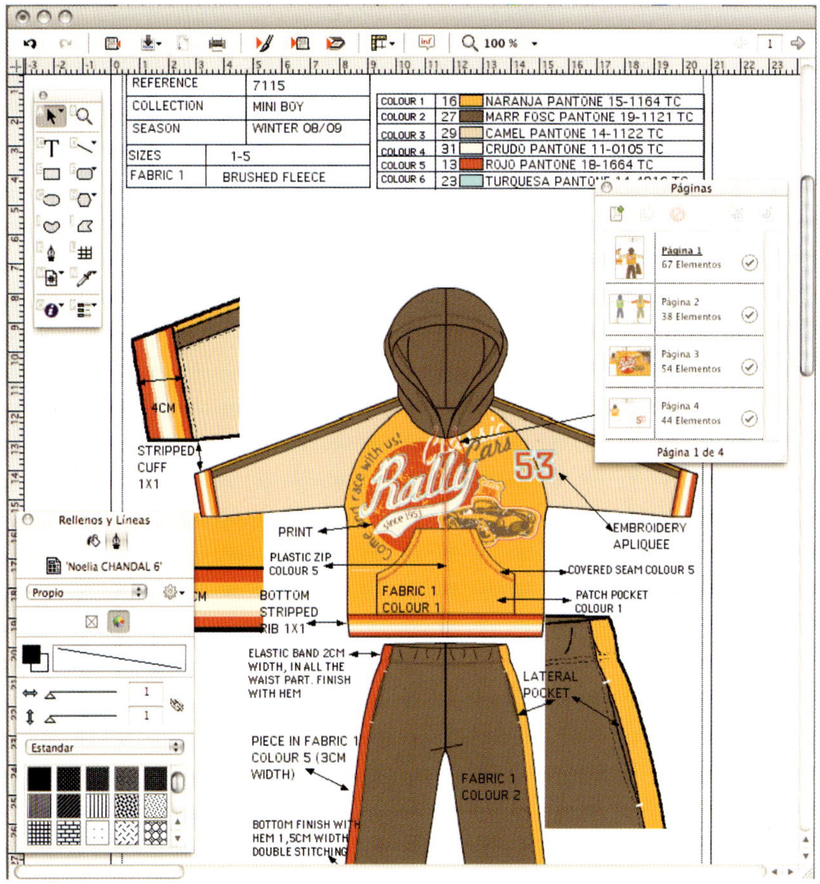

Ao colorir o desenho, TextilStudio inclui um completo editor de gamas e paletas de cores, de uso fácil, assim como coleções completas de texturas, acabamentos e editores têxteis para simular qualquer tecido que queiramos utilizar. Dessa forma, poderemos simular um tecido *vichy* lã ou *pied de poule*, simplesmente arrastando esse preenchimento até nosso desenho, reduzindo enormemente as horas de trabalho. TextilStudio nos permite colorir os designs acedendo a suas bibliotecas de cores. Para colorir, basta arrastar as cores até as áreas desejadas.
As bibliotecas podem ser confeccionadas manualmente ou importadas de outros programas, inclusive podemos importar as bibliotecas Pantone Têxteis.
Por outro lado, incorpora ferramentas para criar variantes de cor de nossos modelos de uma maneira fácil e cômoda.
Além disso, TextilStudio dispõe de poderosas armas para controlar a estampagem: pode-se reduzir o colorido, adaptá-la a nossas bibliotecas e realizar composições de uma maneira ágil e rápida. E o melhor é que não é preciso redesenhar o estampado, porque essas funções podem ser realizadas diretamente a partir de uma imagem escaneada (e depurada de cor e formas com suas funções específicas).
Sem dúvida, se tivéssemos de destacar algum aspecto de TextilStudio, seria sua interface de fácil uso e assimilação. O programa mostra uma área de catálogos de informação o que é de grande ajuda para trabalhar com facilidade e rapidez, já que se dispõe de toda a informação necessária com um único clique.
Por outro lado, TextilStudio é totalmente compatível com a maioria dos formatos habituais, tanto de imagem vetorial quanto de mapas de bits. Pode-se abrir qualquer arquivo editado fora de TextilStudio, simplesmente arrastando-o até sua superfície de trabalho, e incorporá-lo ao design sem problemas.

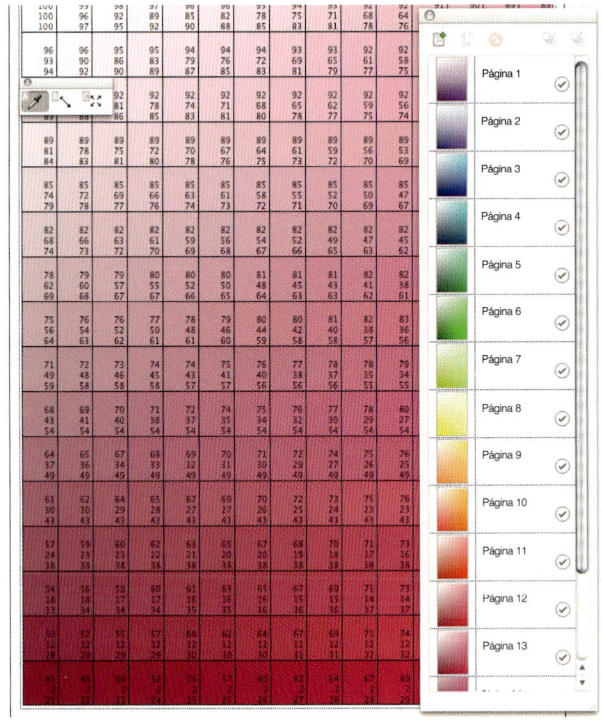

A interface de TextilStudio nos permite ter toda essa informação sobre nosso produto organizada em "catálogos". Os catálogos são janelas em que são pré-visualizados todos os arquivos dessa categoria armazenados, sendo possível vê-los todos ao mesmo tempo, imprimi-los, aceder rapidamente ao elemento desejado, copiar uma imagem ou duplicá-la sem necessidade de abri-la etc. Nesses catálogos podem ser armazenados elementos como coloridos, bordados, estampados, detalhes da peça ou aviamentos, o histórico de formas e as bases de coleção. Isso significa que o programa incorpora uma biblioteca de fragmentos de desenhos e de detalhes de peças, para poder usá-los como base. Além disso, o catálogo de TextilStudio permite armazenar os desenhos para depois reutilizá-los total ou parcialmente, de modo que toda a informação esteja disponível a qualquer momento para ser utilizada, adaptada ou modificada.

TextilStudio permite, também, criar fichas técnicas completas incorporando campos de texto vinculados a uma base de dados própria, informação das cores que intervêm nas imagens, símbolos têxteis, assim como um rico conjunto de ferramentas (retângulos, elipses etc.), que permitem que cada empresa possa criar sua ficha totalmente personalizada. Se armazenarmos nossas fichas no "catalogador" de TextilStudio poderemos aceder a todas as nossas fichas anteriores de maneira rápida, para reutilizar a maquetação ou parte do conteúdo. Devemos destacar que TextilStudio permite criar fichas multipáginas, de forma que possamos incluir toda a informação necessária para definir perfeitamente nosso design. Antes de abandonar a descrição do software, é importante mencionar que a web da empresa criadora do programa inclui tutoriais, vídeos de demonstração e *download* de demos, de maneira que qualquer leitor interessado possa completar a informação das possibilidades do programa antes de se decidir sobre sua aquisição. Também é possível contratar, por horas, cursos de manutenção para operadores de TextilStudio ou bem para novos usuários.

Nesse sentido, é possível consultar o Manual de TextilStudio, um curso completo em forma de vídeos que mostrarão, passo a passo, todas as possibilidades do programa. Por outro lado, está à disposição do usuário ao serviço de Bolsa de Trabalho de TextilStudio, que permite pôr em contato ofertas e demandas de trabalho, relacionadas com TextilStudio ou com o setor têxtil em geral.

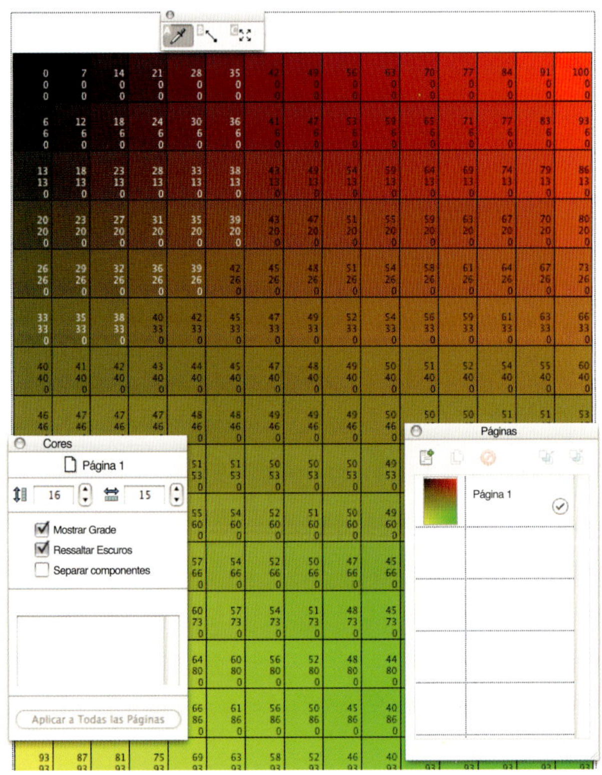

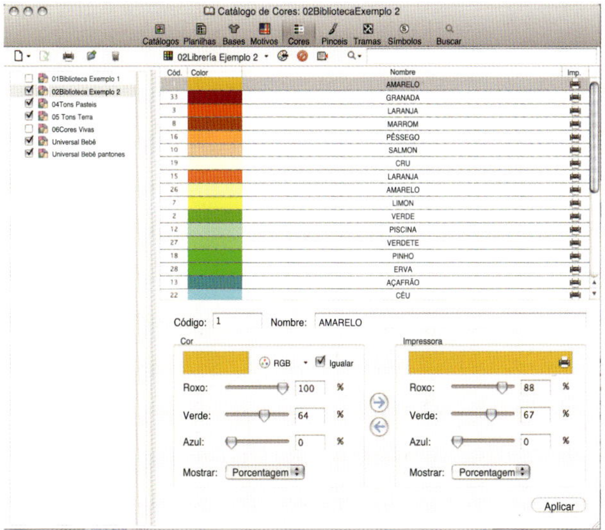

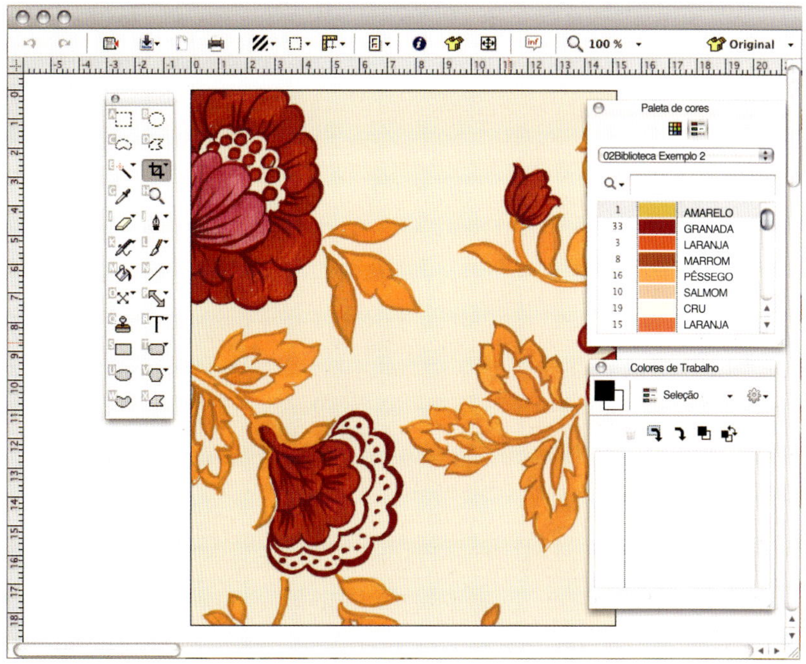

TextilStudio pode igualar as cores da impressora com as do monitor. O software incorpora um editor de Gamas de Cores, que serve essencialmente para que o designer possa criar múltiplas tabelas de cores por tela, para imprimi-las com sua impressora. A função é muito rápida e, em poucos passos, utilizando as diferentes ferramentas do programa, consegue-se um resultado excelente. Também é possível confeccionar uma série de degradês entre gamas. Para isso, basta criar uma página inicial e uma final; TextilStudio adiciona as gamas intermediárias, criando uma grande variedade de cores. As gamas podem ser editadas e personalizadas de acordo com a necessidade da apresentação. É possível variar o número de colunas e linhas de cores que se desejam em cada página. As cores das gamas são, finalmente, armazenadas nas bibliotecas de cores que depois servirão para colorir os desenhos. As cores das bibliotecas podem, inclusive, ser igualadas com as cores de nossa impressora. Se quisermos, as bibliotecas poderão ser armazenadas e guardadas por temporadas. Além disso, TextilStudio pode importar bibliotecas de outros programas como Adobe Illustrator.

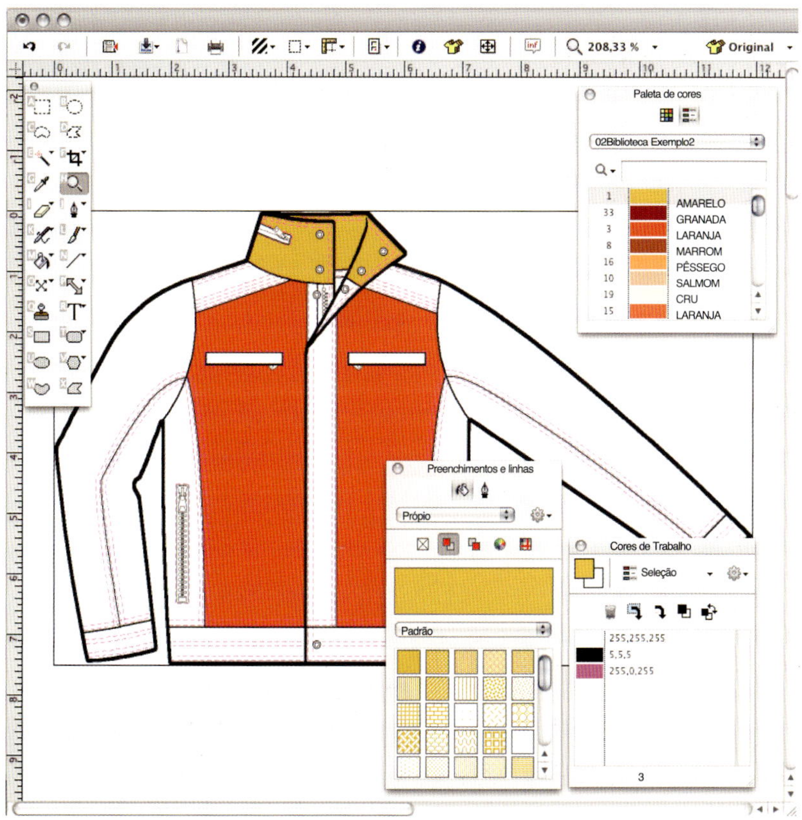

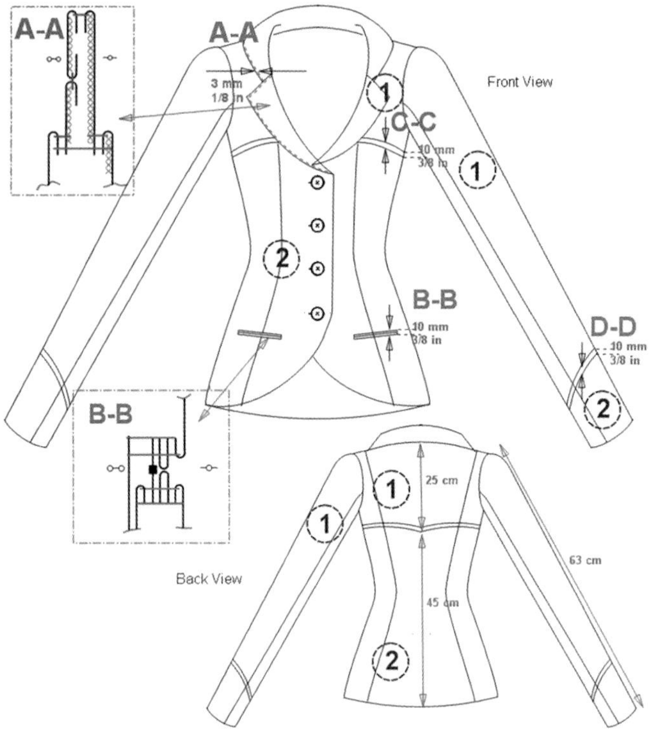

KALEDO, PLATAFORMA DE DESIGN PROFISSIONAL CRIADA POR LECTRA

A nova oferta de design é Kaledo, a proposta da Lectra (www.lectra.com) para as novas gerações de criadores, que logo substituirá as soluções U4ia e Prima (outros aplicativos da empresa Lectra para o design de moda por computador), já que tem as melhores ferramentas dessas tecnologias. É uma solução especificamente criada para a área do design criativo, assim como o têxtil, onde o designer poderá criar suas próprias coleções. Kaledo se enquadra dentro dos programas altamente especializados para o setor da moda. Oferece um entorno virtual e visual para a criação e o gerenciamento de coleções de moda. Kaledo elimina as barreiras técnicas que obstaculizam a criatividade, oferecendo um entorno de desenho virtual com potentes ferramentas profissionais, respeitando a integridade do design durante seu ciclo de vida e permitindo uma rápida criação de storyboards, variações e atualizações. A oferta de Lectra cobre todas as necessidades, desde o conceito até o consumo, facilitando enormemente o ciclo de vida do produto. A empresa Lectra conta com uma grande experiência em tecnologia.

O software permite definir as tendências e as combinações de cores de cada temporada, ou uma linha de produtos, criar as peças e escolher os materiais e os padrões, organizar esses produtos por linhas para compartilhá-los com o departamento de marketing e comercial, além de comunicar ao estúdio quais foram os produtos selecionados. Enfim, todas as atividades que formam parte do dia a dia dos profissionais da moda.

À medida que evolui o setor da confecção, o designer deve desenvolver um número maior de coleções por ano, criar um maior número de produtos por coleção e personalizar cada vez mais os modelos. Ao eliminar numerosos processos manuais (como redesenhar os designs a mão) e dispor de acesso imediato a bibliotecas de componentes digitais, tecidos existentes e referências de fibras, podemos simplificar a criação de designs e entregar variações do produto, baseadas em ideias que já tenham tido sucesso.

Com Kaledo, os designers desfrutam de uma aceleração sem precedentes dos fluxos de trabalho, mediante a automatização, ou a simplificação, de múltiplas tarefas que até agora constituíam um processo lento e complicado. A gestão automática dos designs reflete instantaneamente as mudanças em todos os processos do fluxo de trabalho, de tal forma que a informação se atualiza continuamente, reduzindo a necessidade de reuniões e simplificando a produção de protótipos e a tomada de decisões. Através de simulações surpreendentemente realistas de impressões, tecidos e pontos, as empresas podem experimentar designs e técnicas de produção desde as primeiras fases do ciclo de vida do projeto. A gestão automática de combinações de cor e a capacidade de incorporar instantaneamente comentários na tela, para facilitar a tomada de decisões, representa uma nova economia de tempo e um passo a mais em direção à plena interatividade. Adapta-se perfeitamente às necessidades dos designers: design em simetria, pontos de costura, curvas etc., e permite desenhar novos modelos com um único clique. Possibilita a seleção de qualquer estilo ou espessura de linha entre as opções disponíveis, assim como a utilização das opções de preenchimento, deformação ou texto. Kaledo define facilmente áreas para preencher o tecido com cor em esboços vetoriais (ou desenhos escaneados) e determina a escala, a orientação e o posicionamento do tecido para cada modelo. Além disso, Kaledo integra uma biblioteca de modelos-padrão e de "peças soltas" (golas, bolsos, mangas etc.), que podem ser modificados à vontade e que facilitam a composição de novas peças de vestuário. Com Kaledo é possível criar os painéis de produtos por temas ou por linhas (*storyboards*). Assim, torna-se mais simples poder apresentar as coleções ao grupo de pessoas que participa na seleção dos produtos.

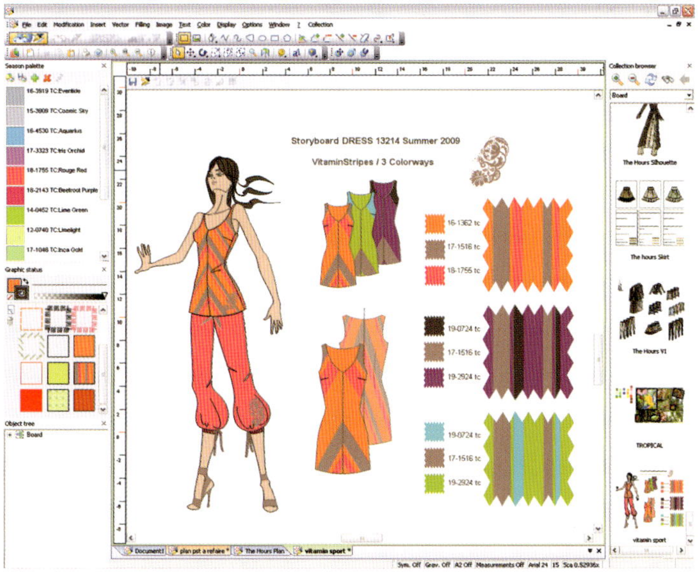

Imagens do funcionamento do programa Kaledo proporcionadas por Lectra. www.lectra.com

O programa oferece um entorno funcional para a concepção e a gestão de criações de moda, permitindo uma rápida elaboração de *storyboards*, variações e atualizações. Permite definir as tendências e as combinações de cores de cada temporada ou de uma linha de produtos, criar as peças e escolher os materiais e os padrões que queremos utilizar.

A GESTÃO DA COR

Para melhorar a gestão da paleta cromática, as ferramentas de criação de perfis de cor oferecem a oportunidade de adaptar rapidamente as cores que aparecem no monitor às cores impressas, em função das condições específicas de seu entorno de design ou de seu ponto de venda. O trabalho com uma paleta de cores calibrada permite uma comunicação perfeita com os fornecedores de tecido e com os tintureiros, podendo assim avaliar diretamente os testes de cor no monitor ou no papel, o que acelera consideravelmente o processo de validação final e a correspondência entre as cores. O uso de perfis de cores adaptados ao software gráfico (ICC) ou têxtil (Datacolor) garante a possibilidade de criar e imprimir suas cores com a melhor qualidade de reprodução.

Para obter esses perfis de verificação de colorido é preciso completar o equipamento com o colorímetro Datacolor CP2000 e, assim, criar perfis de cores gráficas (ICC) ou têxteis (Datacolor) em seus monitores. Ou bem o colorímetro Datacolor Spyder, para conseguir perfis de cores gráficas (ICC) específicas na tela. Também podemos completar o equipamento com o espectrofotômetro Datacolor Mercury, com o qual podemos conseguir paletas de cor espectrais (em arco íris), a partir de um padrão, para uma comunicação excelente da cor.

VANTAGENS DE KALEDO

A principal vantagem oferecida pela aplicação Kaledo Collection é a cobertura de todas as etapas de criação do design têxtil. Além disso, permite:

- Desenvolver coleções diferentes de maneira muito rápida.
- Estruturar coleções e compartilhar dados, em tempo real, com as equipes de desenvolvimento.
- Melhorar o processo de tomada de decisões, permitindo aos designers ilustrar as fichas técnicas de cada um de seus modelos e dedicar-se plenamente à criação.
- Reagir rapidamente diante das mais diminutas mudanças.
- Economizar tempo e reduzir o risco de erros.
- Garantir uma comunicação clara com as equipes encarregadas de desenvolver as especificações dos produtos.

Tanto Kaledo Collection quanto Kaledo Style (Kaledo Collection incluem todas as ferramentas de criação profissional de Kaledo Style, as que somam algumas funções de última geração) são plataformas especializadas para preparar coleções de moda, trabalhar de forma interativa em um entorno de colaboração e comunicar-se diretamente com outros membros da empresa em tempo real.A aceleração do fluxo de trabalho não apenas melhora a produtividade, mas também a rentabilidade, porque reduz o número de amostras físicas (protótipos) necessárias, assim como os custos de envio ou os de mensageria.

Kaledo incorpora em suas ferramentas especificações precisas e resultados prontos para produção, simplificando a comunicação com os fabricantes e reduzindo ao mínimo os erros e as correspondentes revisões. Também permite às companhias acelerar o processo de lançamento de novas coleções ou linhas de produto, de acordo com as últimas tendências e com as expectativas e a reação dos consumidores no ponto de venda.

Em um cenário competitivo para as indústrias da moda, a solução Kaledo Collection da Lectra responde às necessidades dos departamentos de design de moda e permite aos designers criar modelos e testar rapidamente as combinações de cores e tecidos. A comunicação dentro da rede de planejamento é mais simples e mais rápida, e as simulações realistas permitem que todos os involucrados no processo de decisão avaliem os conceitos criativos de forma mais simples, facilitando a tomada de decisões. Por outro lado, a informação técnica dos tecidos é integrada de forma correta desde o princípio, propiciando a transferência de dados confiáveis aos fabricantes têxteis.

APLICATIVOS COMPLEMENTARES: KALEDO KNIT, KALEDO WEAVEY, KALEDO PRINT

A oferta do programa Kaledo, criado por Lectra, inclui três aplicações específicas para dar resposta à necessidade de criar tecidos inovadores, com o fim de destacar e diferenciar-se no âmbito da indústria da moda. Embora não se trate de ferramentas para o design de roupa (em plano ou 3D), mas sim de aplicações para a criação de tecidos, estampas e malhas, decidimos comentá-las conjuntamente com o resto de programas da gama Kaledo, para facilitar a compreensão da oferta específica de Lectra.

Os custos de preparação das amostras têxteis, a dificuldade para garantir uniformidade na cor e a maior complexidade suposta pela rápida apresentação de propostas de tecidos e estampas fazem com que o design têxtil tenha se convertido em um autêntico desafio para muitas empresas do setor. A principal prioridade da maioria das empresas, que é garantir rápidas amostras de tecido para serem validadas, assim como a necessidade de comunicação efetiva entre designer e fabricante, levaram a companhia Lectra a lançar aplicativos específicos para o design de tecidos e estampas.

Imagens da interface do aplicativo complementar, Kaledo Weave, proporcionadas por Lectra. www.lectra.com

O aplicativo Kaledo Weave permite realizar propostas de tecidos, texturas e variantes de cor com uma enorme facilidade e um alto grau de simulação, possibilitando que a comunicação com o fornecedor fabricante seja mais rápida e efetiva.

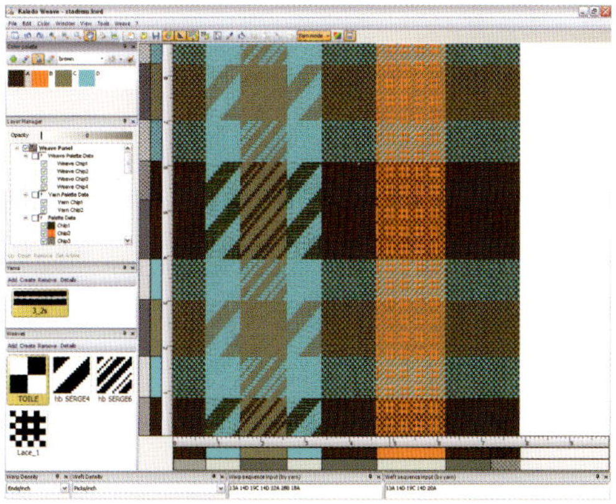

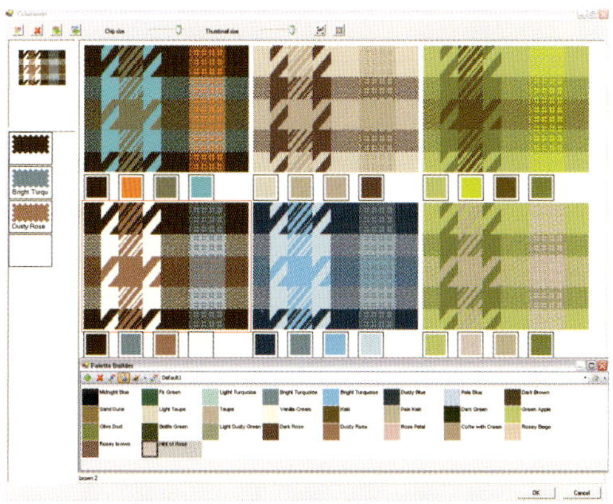

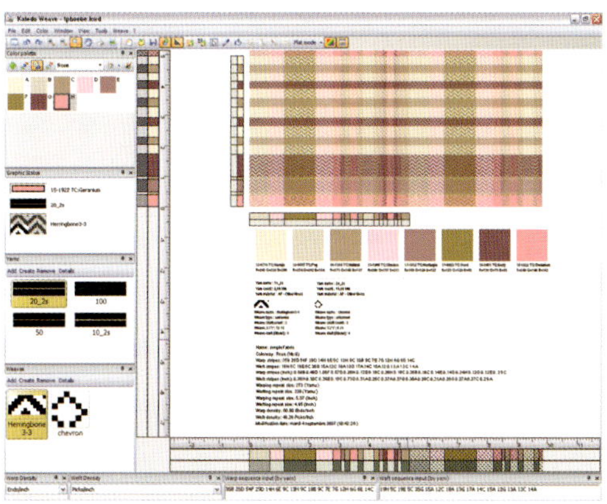

KALEDO E O SISTEMA LECTRA

A comunicação entre o aplicativo Kaledo e o sistema Lectra Fashion PLM (do qual falaremos posteriormente) permite trabalhar diretamente com os designers, já que dá acesso a toda a informação relativa a um produto, ou linhas de produtos, e assim evita as repetidas entradas e saídas de cada aplicativo, com a conseguinte perda de tempo e a possibilidade de erros.
O programa também inclui os aplicativos Kaledo Print, Kaledo Knit e Kaledo Weave, para a impressão dos designs e coleções e para a criação de designs em tecido malha ou tecido plano. Antes de concluir o capítulo dedicado aos aplicativos da família Kaledo, devemos lembrar que existe somente a versão para Windows.
O sistema mínimo necessário para sua instalação é Windows XP (SP2) com Pentium IV de 2,8 Ghz, assim como um servidor com 4 GB de RAM e 450 GB de disco duro.

Kaledo Knit permite criar, validar e comunicar conceitos de design para a criação profissional de tecidos de malha, com um ambiente de trabalho intuitivo e uma interface personalizada (em função das características da empresa ou do designer). Kaledo Knit contém barras de ferramentas dedicadas ao design e à edição de tecidos, tanto de malha jacquard quanto de malha estruturada. Para os designs que incluem algum motivo em jacquard, o aplicativo dispõe de um *render* automático para esse ponto, a partir de qualquer imagem de mapa de bits, assim como ferramentas de design e formas geométricas que simplificam a composição de novos designs.
Por outro lado, é possível escolher entre representar o motivo do lado direito ou do avesso do ponto Jersey. Com a finalidade de acelerar os tempos de validação, as funções de combinação de cores foram simplificadas para comparar diretamente no monitor, substituindo a cor ou simplesmente arrastando-a e soltando-a (o programa inclui bibliotecas de cores online, como Pantone, além de permitir a personalização das gamas, criando suas próprias paletas de cores).
Para o desenvolvimento de ponto de malha estruturada, Kaledo Knit contém uma biblioteca online completa de pontos de malha, incluídos Jersey, irlandês, cordão e vazado. O próprio programa corrige os erros de enlace entre pontos e permite personalizar a espessura do fio e dos trançados, além de acrescentar camadas adicionais para a simulação de bordados ou acessórios.
No momento de transmitir os designs ao resto da empresa ou à empresa confeccionista, Kaledo Knit elabora automaticamente relatórios com as diversas opções para a disposição automática do painel de pontos, suas combinações de cores, informação sobre a paleta, os pontos e os fios com diferentes opções de representação etc. Além de tudo, oferece a possibilidade de validar os designs com facilidade, graças à simulação realista, feita com seus teares virtuais em 3D. Kaledo Knit pode associar-se com o resto de aplicativos Kaledo.

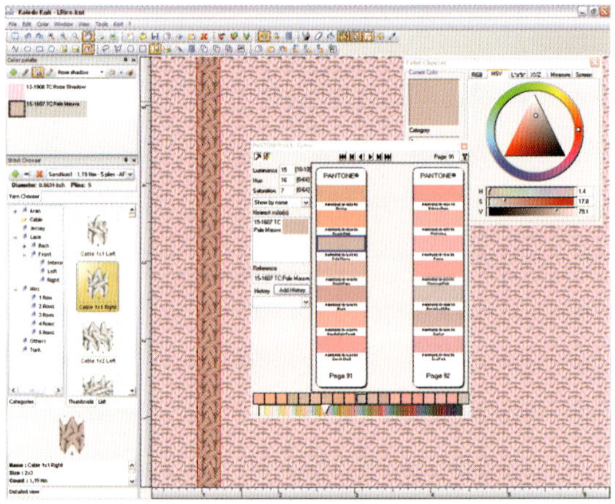

Imagens da interface do aplicativo complementar: Kaledo Knit, proporcionadas por Lectra. www.lectra.com

Kaledo Knit contém ferramentas dedicadas ao design e à edição de tecidos, tanto de ponto jacquard quanto de ponto estruturado, assim como ferramentas de design e formas geométricas, que simplificam a composição de novos designs, facilitando a criação desses tipos de tecidos.

RENDERING APLICADO À MODA

A renderização é o processo de gerar uma imagem a partir de um modelo. Os meios através dos quais é possível fazer uma renderização vão desde o lápis, a caneta, os marcadores ou o pastel, até meios digitais em 2D e 3D. A palavra renderização provém do inglês to render. No processo de renderização, o computador "interpreta" a cena em três dimensões.

Kaledo Weave é a ferramenta específica para desenvolver tecidos planos, elásticos, trançados, sarja ou cetim. Oferece a possibilidade de elaborar automaticamente seus padrões de tecido assim como combinações com fios de diferente espessura e tipo, ou diversos padrões de tecido em um mesmo modelo. Kaledo Weave permite um desenho visual em trama e urdidura, o traçado de tecidos escaneados, assim como a comparação diretamente no monitor de tantas combinações de cor quantas se desejem. Também bibliotecas online, como o resto de aplicações da família Kaledo. Kaledo Weave também realiza relatórios automáticos, com diversas opções para a disposição do tecido, padrões de tecido e fios, e o número de eixos necessários para sua produção, tudo graças a diversas opções de representação, para sua validação antes da aprovação final. Dessa maneira, Kaledo Weave reduz consideravelmente o trabalho de comprovação e os ajustes sucessivos das amostras até a aprovação final.
O entorno de Kaledo Print é igualmente intuitivo. Contém estudos dedicados à redução de cor, ao desenho (com o que se conseguem efeitos ilimitados, com pincéis personalizáveis incluídos), limpeza de imagens, criação de repetições e produção de variantes de cor, simplificando o processo criativo para o designer têxtil. Com ele obtemos impressões viáveis de nosso trabalho e controlamos, constantemente, o número de cores necessárias para produzir o design, suprimindo assim as barreiras técnicas que podem limitar o processo criativo. Como o resto dos aplicativos para o design de tecidos (knit e Weave), se consegue uma impressão uniforme de cor, respeitando ao máximo a seleção original do designer, através da opção Kaledo Color Match.

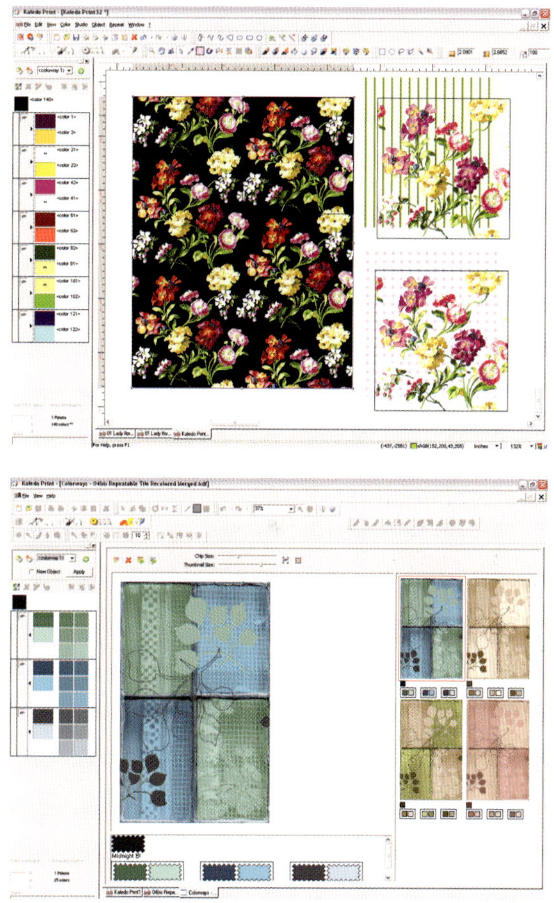

Imagens da interface do aplicativo complementar: Kaledo Print, proporcionadas por Lectra. www.lectra.com

Kaledo Print contém estudos dedicados à redução de cor, design, limpeza de imagens, criação de repetições e produção de variantes de cor, o que permite simplificar enormemente o processo de trabalho para o designer de moda.

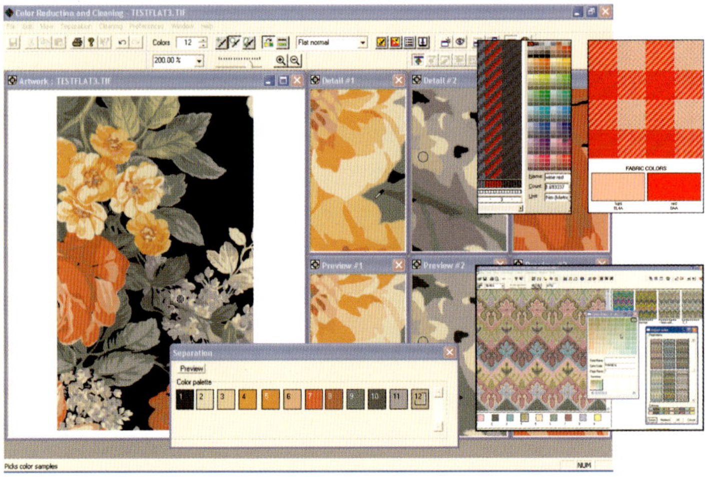

Imagem da interface da aplicação Vision Fashion Studio, www.gerbertechnology.com

Vision Fashion Studio responde à tendência geral dos programas lançados pelas diferentes empresas para o mercado da moda, que incluem funções de design online e de desenvolvimento de estampas e tecidos, além de apresentações e fichas técnicas.

VISION® FASHION STUDIO, O ESTÚDIO DE DESIGN CRIADO POR GERBER TECHNOLOGY

A companhia Gerber Techonology (www.gerbertechnology.com), que fabrica prestações para muitos setores industriais, oferece a aplicação Vision Fashion Studio dentro de seus serviços globais para o setor da moda. Como o resto dos programas especializados que já vimos neste capítulo, Vision Fashion Studio é uma ferramenta de design têxtil com funções específicas para o design com linhas (vetorial) de representação em plano, junto a uma ampla paleta de cores e a possibilidade de desenvolver uma visão completa do produto, incluindo funções de design de estampas, tecidos de malha ou planos. Pode ser utilizado também para criar apresentações espetaculares ou catálogos de produtos, onde as ideias são mostradas com precisão. As ferramentas de design Vision Fashion Studio são oferecidas exclusivamente para Windows, requerendo um processador Pentium IV (ou mais recente), assim como 512 MB RAM para executar o programa.

Os programas que as diferentes empresas lançam para o mercado da moda tendem a ser pacotes globais que incluem funções de design vetorial e de realização de estampas e tecidos, assim como apresentações e fichas técnicas. Vision Fashion Studio ajuda os designers a criar um desenvolvimento estruturado do produto em questão de horas (em vez de dias ou semanas), facilita a criação de tecidos personalizados e permite ver os resultados de forma imediata. Mesmo quando partimos de estampas escaneadas no sistema, para reelaborá-las e trabalhá-las ao nosso gosto, é possível reduzir a grande gama de cores das imagens escaneadas a um número definido de cores selecionadas. Este programa limpa pixels de cores fora de registro e proporciona a visualização da separação de cores.

Também podemos ter uma vista prévia da imagem à medida que vamos trabalhando e manter, assim, o fluxo de repetição do padrão. A aplicação pode proporcionar informação adicional de caráter técnico ao fabricante de tecidos ou ao responsável de produção, mediante a criação automática de relatórios técnicos. Paralelamente, a aplicação tem a capacidade de criar versões ilimitadas de cores de um mesmo design, utilizando os códigos do Pantone têxtil, os valores HSV e RGB, ou uma paleta personalizada de cores. As ferramentas estão desenhadas para imitar tarefas que normalmente são realizadas a mão.

Designs criados com Vision Fashion Studio.

O aplicativo pode proporcionar a nossos designs informação adicional de caráter técnico, simplificando a tarefa de realizar as fichas técnicas para o fabricante.

Se quisermos aprofundar-nos mais no design de tecidos e texturas, complementando as funções de Vision Fashion Studio, o aplicativo dispõe de funções adicionais para design de tecidos. Desenvolve intrincados padrões de tecido, bastando desenhar com algum dos muitos tipos de pontos disponíveis na biblioteca de pontos, e elabora tecidos coordenados, capturando motivos de estampas com ferramentas para alterar o estilo de ponto, com um simples clique, ou apresentar o design do tecido em um dos diferentes modos possíveis: diagrama técnico, quadro de símbolos de tecido, ou simulação realista. Outras funções adicionais facilitarão o design de tecidos planos com aspecto real em um tear virtual, simplesmente selecionando a função "tecer fio" (warp and weft yarn). Também será possível criar uma textura personalizada, selecionando um dos milhares de padrões de texturas disponíveis. A simulação de sombras se encarregará de dar vida ao design. Existe a opção de dispor da aplicação "Draping", cuja função principal é drapear tecidos com facilidade e rapidez sobre designs ou fotografias, para simular um drapeado tridimensional, obtendo representações confiáveis e válidas que simplificam o processo criativo.

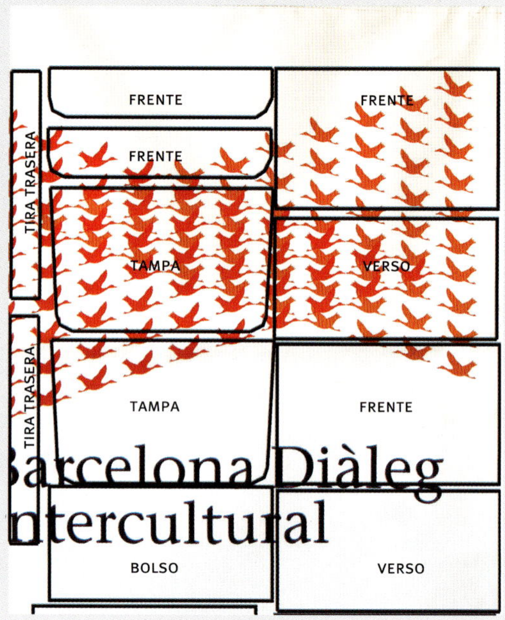

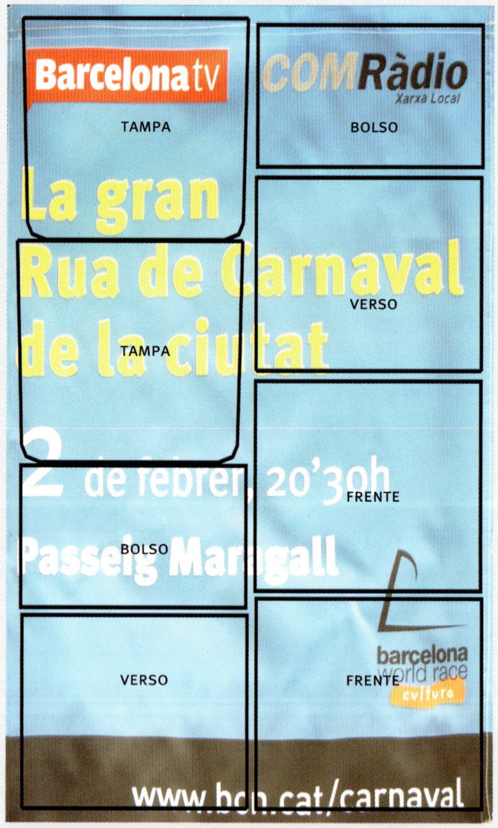

SELECIONAR O MELHOR PROGRAMA

Depois do exposto, vemos que a oferta de softwares é ampla e global. Existem ferramentas mais específicas, com funções detalhadas e simplificadas, mas, por mais funções que um programa apresente, nunca poderá chegar a suprir o processo criativo humano. Não existe um software milagroso que desenvolva automaticamente e sem a participação humana todas as fases de um trabalho, desde a conceituação de um produto até sua representação final. Portanto, o melhor programa sempre será aquele com que, individualmente, sejamos capazes de expressar melhor nossas emoções, inquietações e expectativas criativas. Veremos assim estúdios de design que utilizam alguns dos programas que estamos descrevendo (que são provavelmente os líderes no setor) mas, por sua vez, encontraremos outros profissionais que utilizam em menor medida as ferramentas informáticas, ou se decantam por aplicativos mais gerais como CorelDRAW ou Photoshop. Há, inclusive, designers que mantêm *Freehand* como ferramenta vetorial principal (já comentamos anteriormente a situação do programa nos últimos anos).
As possibilidades são tão amplas que preferimos que seja o leitor quem decida, em função de sua própria experiência, entorno ou possibilidades. Entretanto, recomendamos a todos os criadores uma permanente atualização de sua formação e uma análise pormenorizada das diferentes opções disponíveis no mercado. Uma boa seleção de nossos equipamentos pode repercutir enormemente em uma economia substancial de nosso tempo de trabalho e dos custos de confecção ou elaboração de protótipos.

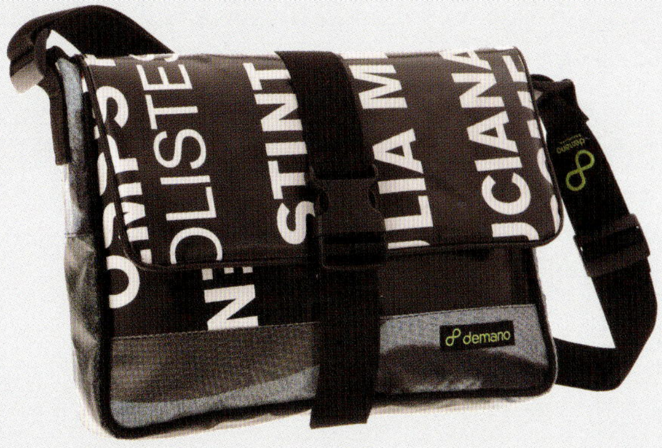

DEMANO

Demano surgiu com a ideia de reutilizar o PVC e convertê-lo em bolsas e objetos de uso cotidiano. Trata-se de uma marca criada em Barcelona em 1999. As fundadoras são colombianas e moram em Barcelona desde 1998. Demano está formada por três sócias: Liliana Andrade, Marcela Manrique e Eleonora Parachini. Desde que chegaram a Barcelona, a quantidade de material de comunicação gerado por ano pela cidade chamou sua atenção. Sentiram-se especialmente interessadas pelas lonas e bandeirolas penduradas em todos os postes da cidade, para promover as exposições, os eventos e os festivais culturais. Um dia, se encontraram com os trabalhadores que retiravam as bandeirolas e, ao notarem a qualidade do material (resistente, flexível, impermeável, reutilizável), pediram que lhes dessem algumas. Com elas, fizeram umas bolsas para seu próprio uso mas, depois de mostrá-las a várias pessoas, perceberam o potencial do material e como seria interessante desenvolver um projeto.

Foi então quando surgiu a ideia de apresentá-lo à prefeitura de Barcelona, como uma proposta para dar uma segunda vida a todo esse material produzido durante o ano, que acabava sendo jogado sem nenhum tipo de consciência ecológica. Começaram a investigar tudo sobre o material e seu processo de elaboração e redigiram o projeto. Nesse momento surgiu Demano, como projeto e como marca. Estabeleceram convênios com a prefeitura de Barcelona e com todas as entidades culturais que produziam esse material, ICUB, La Fundació Tàpies, MACBA (Museu de Arte Contemporâneo de Barcelona), CCCB (Centro de Cultura Contemporânea de Barcelona), para a gestão dos resíduos do material utilizado na promoção de seus eventos corporativos.

Designs da empresa Demano. Barcelona 2008.

"Desde que nos formamos como arquitetas, trabalhamos emdesign de exposições e design de moveis. Trabalhávamos para museus e instituições culturais. Isso nos ajudou quando apresentamos a ideia do projeto à prefeitura de Barcelona. Como nossa formação é de arquitetas o melhor programa que conhecíamos desde a universidade era o Autocad. É incrível, mas ainda continuamos utilizando-o para o design das bolsas".

O desenho vetorial aplicado ao design de moldes e encaixes

Uma vez terminada a fase de design, começa o período de materialização das criações, utilizando materiais diversos e técnicas de produção específicas para cada uma. A realidade do mercado nos obriga a diversificar nossa produção, contratando os serviços de terceiras empresas para que se encarreguem dessas tarefas. Convém recordar que são muito poucas as empresas que mantêm estruturas completas de design, modelagem e produção.

A indústria profissional da moda sofreu uma gigantesca revolução. Alguns dos desafios enfrentados pelas empresas são: reduzir o tempo de desenvolvimento do produto, garantir uma adaptação e uma graduação perfeitas em todas as suas peças, melhorar a comunicação e desfrutar de aplicativos de design de moldes mais simples e fáceis de utilizar. O desenho com traço vetorial, como já explicávamos no início do capítulo, tem uma função operativa (além de representativa) para o setor da moda profissional, pois permite a automatização de algumas das funções mais complexas da produção e da confecção, destacando aspectos como a graduação de moldes e a realização de encaixes, tentando um maior aproveitamento das superfícies ou dos cortes de tecido.
A ampla oferta do setor foi evoluindo com o passar do tempo (após a fusão de alguns grupos tecnológicos). No mercado atual há três grandes grupos que oferecem serviços profissionais para esse setor específico da produção de moda: Lectra (que no passado adquiriu a tecnologia investrônica), Gerber e Optitex. A oferta de cada grupo é extensa e especializada, as três empresas têm distribuição nacional e suas aplicações costumam ser incluídas nos planos de ensino dos cursos profissionais para o setor da moda e da confecção. Naturalmente, há mais propostas no mercado, mas seu uso é menos frequente, está menos padronizado e sua distribuição e serviços são sempre inferiores.
Ao longo deste capítulo, tentaremos orientar o leitor recolhendo as propostas mais inovadoras disponíveis no mercado, embora, como sempre, aconselhemos que, individualmente, completem a informação com possíveis descargas de demos ou vídeos demonstrativos que ajudem a visualizar as possibilidades intrínsecas de cada oferta.

O desenho vetorial representa um grande avanço para a indústria profissional da moda, pois facilita a automatização de processos que são mais complexos e que requerem um maior gasto de recursos e tempo.

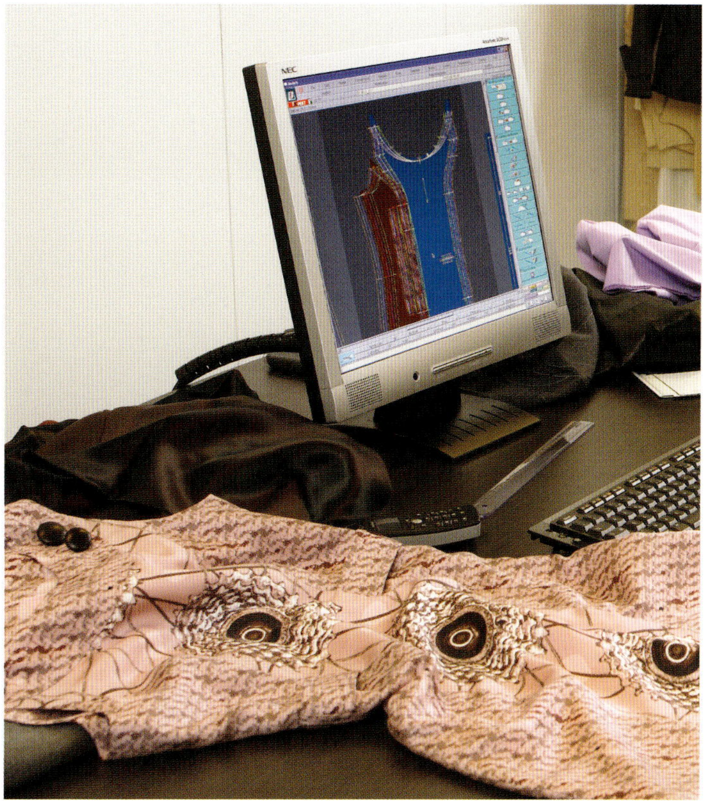

CAM (COMPUTER AIDED MANUFACTURING OU MANUFATURA ASSISTIDA POR COMPUTADOR)

A manufatura assistida por computador implica o uso de computadores e novas tecnologias para ajudar em todas as fases de elaboração de um produto, incluindo o planejamento do processo e a produção, a mecanização, o timing, a administração e o controle de qualidade. O sistema CAM abrange muitas dessas tecnologias. Devido a suas vantagens, costuma-se combinar o design e a manufatura assistidos por computador nos sistemas CAD/CAM. Essa combinação permite a transferência de informação da etapa de design à etapa de planejamento para a manufatura de um produto, sem necessidade de voltar a capturar manualmente os dados sobre a geometria da peça. A base de dados desenvolvida no CAD é armazenada e depois processada pelo CAM, para obter os dados e as instruções necessárias para operar e, assim, controlar a maquinaria de produção, o equipamento de manejo de materiais e os testes e inspeções automatizados para estabelecer a qualidade do produto.

A OFERTA DE LECTRA PARA OS MOLDES POR COMPUTADOR: MODARIS E PGS

Desenhado para cumprir as exigências de clientes do mundo todo e suas necessidades específicas, em termos de qualidade e ajuste das peças de roupa, Modaris é, provavelmente, o software mais utilizado no mercado da moda há mais de 10 anos. A nova versão oferece uma vantagem a mais: ao combinar design e produção, a solução para modelagem e escalas de Lectra permite produzir com rapidez moldes em qualquer tipo de tecido, dos mais simples aos mais complexos, como os utilizados em lingerie ou alta costura. Dependendo das circunstâncias, Modaris pode incrementar a produção em até 50%. Sua grande capacidade para intercambiar informação com outros sistemas CAD (Computer Aided Design) do mercado o convertem em um programa imprescindível para empresas que trabalham em rede (com múltiplas instalações, sócios e subcontratados localizados em diversos países).

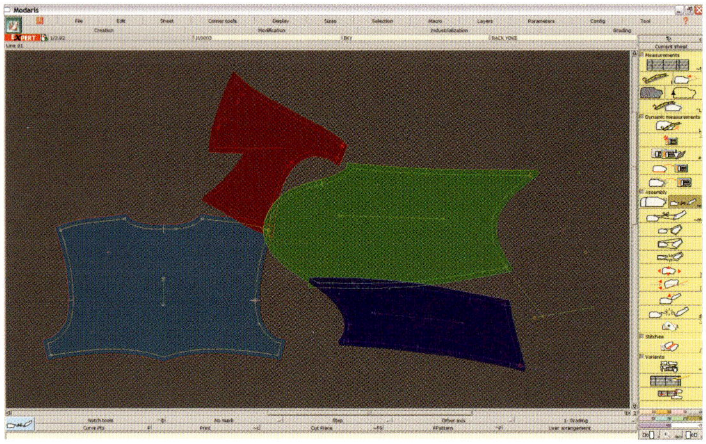

Imagem da interface do programa Modaris, criado por Lectra.
www.lectra.com

OS TRÊS FORMATOS DE MODARIS

A nova versão do software está disponível em três formatos, que se ajustam ao perfil das empresas e ao nível de conhecimentos que suas equipes de trabalho possuem sobre a criação de modelos e escalas, assim como as suas necessidades de produtividade:

- *Modaris Mode:* elemento chave das soluções para a criação de modelos, simplifica o desenvolvimento de seus produtos, particularmente se for integrado com Easy Grading, nova aplicação de escala automática de Lectra.

- *Modaris ModePro:* funções avançadas que otimizam a criação de moldes, também com Easy Grading.

- *Modaris ExpertPro:* a solução para a criação de modelos que melhora a produtividade dos departamentos de design, graças ao exclusivo conceito de criação de moldes em todos os tamanhos (*All-Size Pattern Design*).

O SISTEMA PGS

Com PGS, Lectra oferece uma nova versão de sua solução para a criação de modelos. Com uma interface plenamente orientada às tarefas, o sistema PGS permite criar moldes rapidamente e comparti-los com outros colaboradores, graças a suas funções de interoperatividade. Com a nova versão, a criação e o ajuste dos moldes podem ser otimizados, mediante funções de automatização de designs recorrentes de transformação, de industrialização e, evidentemente, de escalas (utiliza também a tecnologia Easy Grading). Totalmente integrado no ciclo de desenvolvimento de produto, PGS pode se adaptar perfeitamente ao nível de experiência do usuário, graças a suas três versões, que permitem desenvolver a criatividade das equipes de design:

- *PGS Formula:* a versão mais simples do software para a criação de moldes e sua posterior graduação de escala.

- *PGS Indus:* solução que simplifica as tarefas de criação, verificação, modificação, industrialização e graduação das escalas dos moldes.

- *PGS Model:* avançada solução automatizada para a criação de moldes simples ou complexos e sua posterior industrialização.

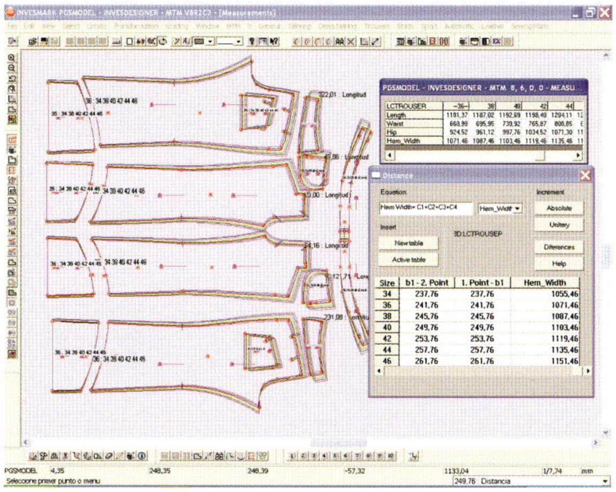

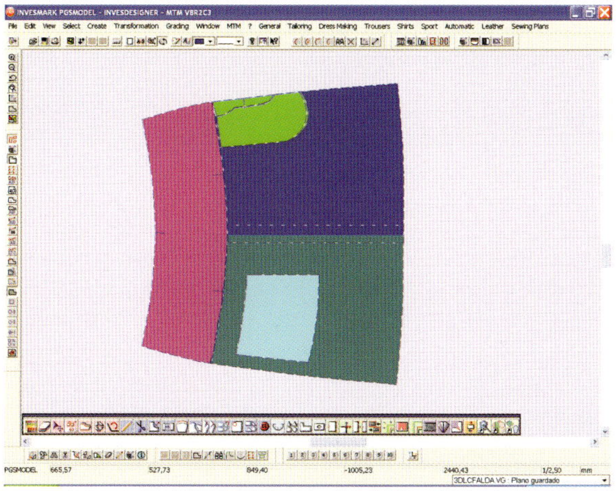

Imagem da interface do programa Modaris, criado por Lectra. www.lectra.com

Com as novas versões dos sistemas de elaboração de moldes industriais, criados por Lectra, podemos dispor das últimas funções de escalas, destacando a ferramenta Easy Grading

NOVA FUNÇÃO DE GRADUAÇÃO DE ESCALA

Todos os softwares utilizam uma nova função de escalas, desenvolvida por Lectra para adaptar-se às novas necessidades. Quer sejam realizadas com recursos internos ou externos (no mesmo país ou a milhares de quilômetros de distância), a graduação de escala continua sendo um passo fundamental no desenvolvimento da coleção. A fase de graduação de escala garante que uma peça possa ser produzida em qualquer tamanho, assegurando a qualidade final. Após a criação do molde básico e a definição das especificações técnicas, é preciso reproduzir a peça em diferentes tamanhos. Para isso, os profissionais devem conhecer perfeitamente as regras de graduação de escala (o que pode dificultar a subcontratação) e utilizar as tabelas de medidas que sejam mais ou menos exatas ou representativas das medidas corporais da população, além das funções ad hoc do software para a criação de modelos.

Em um contexto em que o número de coleções aumenta cada vez mais, os profissionais do setor desejam otimizar, em termos de tempo e de custos, essa fase de desenvolvimento do produto, simplificando e acelerando o processo de graduação de escala, ao mesmo tempo que cumprem as exigências de qualidade e garantem o perfeito ajuste da peça. Vem daí a necessidade de um programa de graduação de escala intuitivo, eficaz e totalmente automatizado.

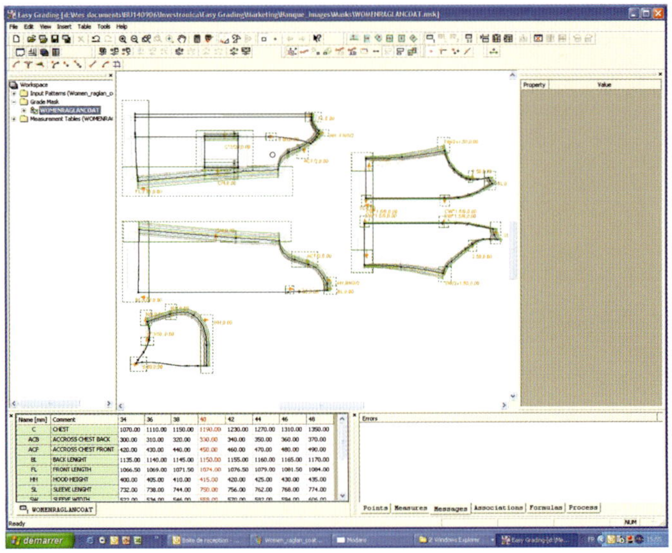

Imagem do sistema Easy Grading, criado por Lectra.
www.lectra.com

Com a nova aplicação de graduação de escala automática, o processo de otimização de moldes e tamanhos se realiza de maneira cômoda e rápida.

A nova função, que nos permite simplificar e acelerar o processo de graduação de escala dentro dos programas de Lectra, se chama Easy Grading e permite, ao mesmo tempo, cumprir exigências de qualidade e garantir o perfeito ajuste da peça. Integrada nas novas versões das soluções para a criação de modelos de Lectra (Modaris e PGS), Easy Grading é uma aplicação de graduação de escala automática inteligente. Com a nova aplicação, o operador seleciona, em uma biblioteca personalizada, uma representação gráfica (ou uma "máscara" ou modelo) com informação sobre a graduação de escala para cada tipo de produto (calças, camisas, saias etc.). Depois de escolher uma tabela de medidas, salva as partes do molde e as coloca sobre a máscara, manual ou automaticamente. Então a graduação de escala pode ser efetuada com um simples clique de mouse. A capacidade de Easy Grading para tratar diferentes tabelas de medidas permite às empresas do setor da confecção personalizar as escalas de cada peça de roupa de acordo com as necessidades específicas da população local. Essa inovação, fruto de mais de trinta anos de experiência no setor da confecção, se baseia em um método de cálculo patenteado por Lectra que permite graduar a maioria dos moldes (calças, camisas, saias etc.), com apenas alguns cliques, e compartilhar essa valiosa informação com o resto da empresa, com a vantagem agregada de que as equipes poderão melhorar seus conhecimentos de graduação de escala, capitalizando as melhores práticas.

MODARIS 3D FIT E LECTRA FASHION PLM

Atualmente, tanto PGS quanto Modaris podem ser combinados com Modaris 3D Fit, a nova solução da Lectra para a criação de protótipos virtuais em 3D, que garante o ajuste de todas as peças e permite validar estilos. Ambas as aplicações podem integrar-se com Lectra Fashion PLM para a gestão do ciclo de vida das coleções que acelera e racionaliza o processo de desenvolvimento de coleções.

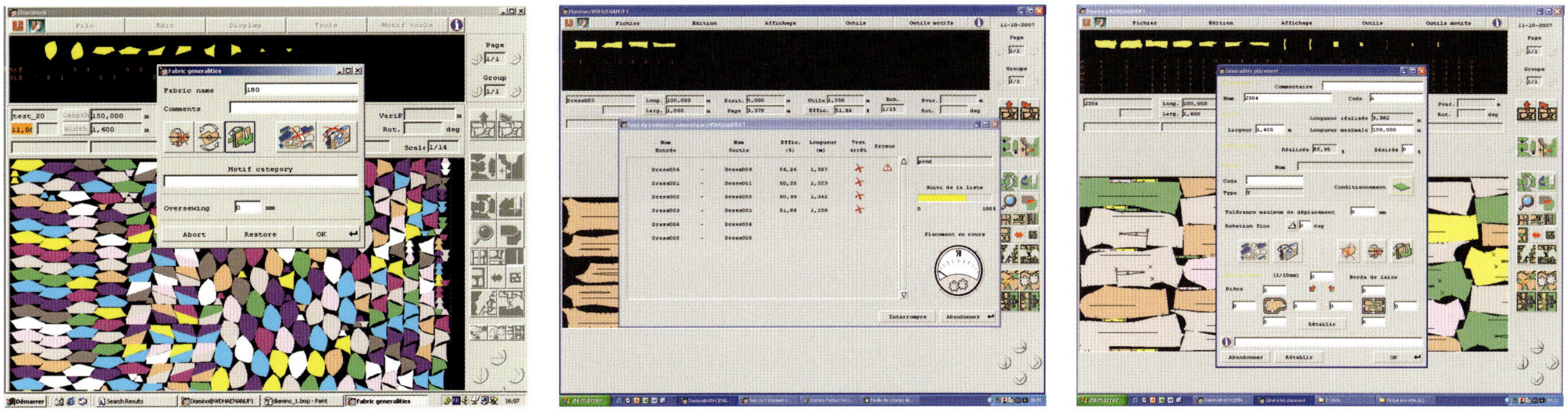

Imagens da interface de DiaminoFashion, o software de encaixe desenhado por Lectra. www.lectra.com

DiaminoFashion está concebido para o funcionamento com tecidos lisos ou estampados. Suas funções se integram nos programas de moldes para melhorar seu rendimento. Além disso, oferece opções para otimizar as marcações em qualquer tipo de tecido, com uma economia considerável

DIAMINOFASHION E MGS, COMPLEMENTOS PARA OS PROGRAMAS DE MOLDES DE LECTRA

Ambas as aplicações são um complemento ideal no design de moldes, pois otimizam o rendimento na criação de encaixes, isto é, a distribuição das partes do molde sobre a superfície do tecido, para otimizar seu corte, respeitando os fios do tecido e as marcas de seu estampado ou sua textura. Dispor de uma aplicação capaz de criar encaixes de maneira interativa e automática, com o mesmo grau de aproveitamento que obtém um marcador experiente, constitui uma resposta eficaz e contrastada a uma necessidade claramente identificada.

DiaminoFashion está perfeitamente integrado com o programa de moldes Modaris, da mesma forma que MGS complementa as funções da aplicação PGS para o design de moldes. Com ambos pode-se reduzir o tempo de estudo do encaixe e testar um maior número de combinações, além de fazer o cálculo de custos e produção, com resultados comparáveis ou superiores aos obtidos por um especialista mediante um processo manual.

Todas as funções de ambos os programas estão concebidas para melhorar o rendimento, o que pode significar uma importante economia de tecido, além de permitir a realização de novas marcações a partir das já existentes, por adição ou analogia do modelo.

Tanto DiaminoFashion quanto MGS estão disponíveis em diferentes módulos e opções, adaptando-se à experiência e às necessidades do usuário. Cabe destacar a opção MGS Server, que permite realizar encaixes a partir de um servidor. Essa configuração distribui automaticamente os encaixes entre as diferentes estações de trabalho e se ocupa também da realização automática de encaixes. Com essa aplicação podemos trabalhar online com diferentes centros de produção, sem perder o controle do trabalho e com acesso fácil e rápido à informação completa se quisermos realizar um seguimento preciso.

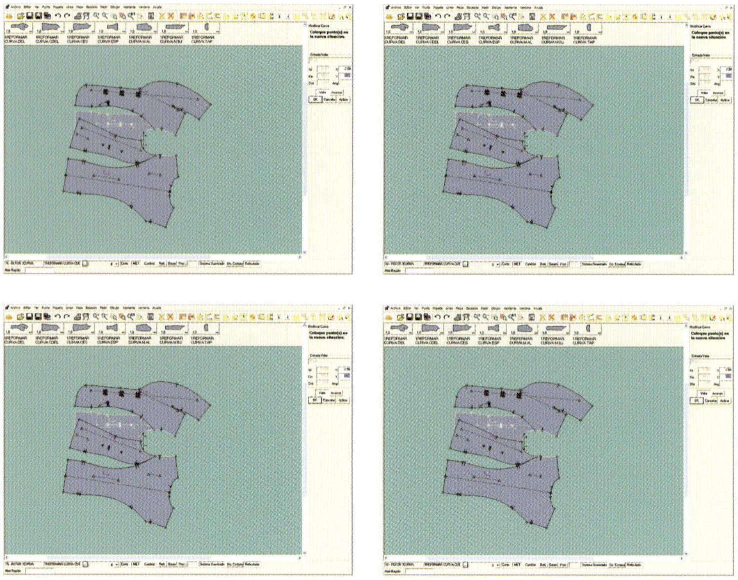

Imagens da interface do programa de moldes AccuMark para o design de moldes, graduação e encaixes na indústria da moda. Trata-se de um assistente muito útil para a criação de novos moldes ou para adicionar modificações a modelos já projetados, graças a suas funções avançadas.

ACCUMARK, PADRÃO NORMAL DA EMPRESA GERBER TECHNOLOGY

O software AccuMark é a oferta de serviços para confecção de moldes, graduação de escala e encaixe, oferecido pela empresa Gerber para a indústria específica da moda. Traz enormes prestações para o desenvolvimento de moldes e outras utilidades para satisfazer as necessidades perante as rápidas mudanças que requer o setor da moda. Accumark permite automatizar tarefas para conseguir maior agilidade em coleções e produção.
O armazenamento eletrônico de dados assegura que eles não vão desaparecer (está protegido contra desastres naturais) e economiza espaço para o trabalho diário.
O "Ajudante de confecção de moldes" incorporado na aplicação AccuMark proporciona peças de vestuário predefinidas e com escalas graduadas para homens, mulheres e crianças, com o objetivo de agilizar a seção de moldes. Podem criar-se novos moldes ou modificar bases para novos modelos, realizando várias operações ao mesmo tempo ou aproveitando as funções avançadas para pences, franzidos, drapeados e pregas. Paralelamente, podem ser gerados com facilidade e rapidez moldes para mostruário ou modificados a partir de uma biblioteca de peças de vestuário predefinidas. A graduação de escala pode ser muito simplificada, gerando instantaneamente os cálculos mais complexos de acordo com as regras que especifiquemos para nossos modelos. AccuMark é distribuído em edições avançada e profissional, em função das necessidades da empresa ou do conhecimento da equipe de trabalho.

DUAS NOVAS SOLUÇÕES, ACCUMARK PDS E ACCUMARK MTM

A gama AccuMark é complementada com duas novas propostas que se adaptam às demandas do mercado atual. A primeira é AccuMark PDS, que permite melhorar a qualidade do trabalho, pois desenha e gradua mais moldes em um tempo mais reduzido, graças à possibilidade de atualizar automaticamente as modificações de costura ou de graduar com posterioridade. Dentro da gama PDS, encontra-se a solução AccuMark Silhouette, que permite aos designers delinear manualmente moldes sobre uma mesa digitalizadora.

DIGITALIZAÇÃO COM ACCUMARK

Para introduzir partes de moldes com rapidez e precisão, o sistema Gerber AccuMark dispõe de várias ferramentas, como as tabelas eletrônicas tipo Silhouette ou as que se utilizam para digitalizar. A estação de digitalização consiste em uma mesa digitalizadora com menu e um cursor. O digitalizador permite introduzir dados sobre a peça. Com uma tabela de escalas predefinidas como referência, pode-se graduar toda a gama de tamanhos, a partir de um único molde de tamanho-base durante a digitalização. Toda a informação introduzida no digitalizador é armazenada diretamente no sistema AccuMark, onde pode ser modificada ou utilizada no processo de criação de marcas ou traços.

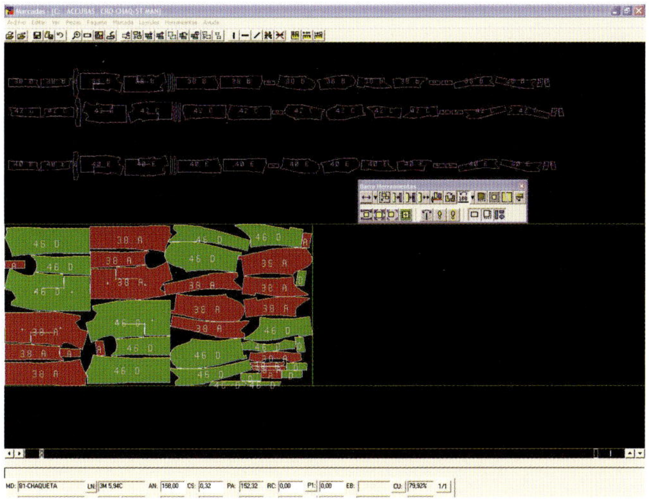

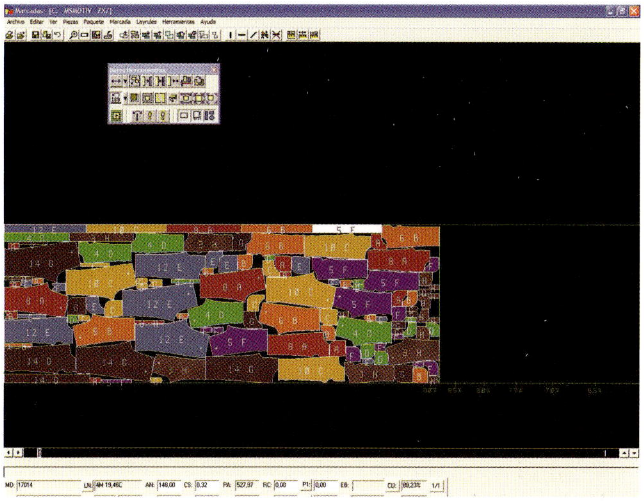

Imagens da interface da função AccuNest Professional Edition, da empresa Gerber Technology.

AccuNeste Professional Edition é a proposta de Gerber para criar novos encaixes de forma eficiente e automática.

A FUNÇÃO ULTRAQUEUE

Se utilizamos diferentes estações de trabalho, ou vários computadores dos quais realizamos nosso design de moldes com a tecnologia *AccuMark*, podemos beneficiar-nos da função *UltraQueue*, que nos permite incluir marcas e estudá-las a partir de diferentes estações *AccuMark* conectadas à rede para seu processamento automático (o estudo de marcas será realizado com AccuNest PE), de maneira que possamos melhorar a administração de tarefas, otimizando nossa fila de trabalho.

Antes de finalizar, queremos comentar que a família *AccuMark*, seus componentes e módulos optativos, exige a utilização de sistemas Windows XP ou Vista com um processador de 2 GHz (ou superior) e um mínimo de 1 GB de RAM. Em caso de dúvida, aconselhamos aos leitores que solicitem a orientação de técnicos especialistas da empresa selecionada, que avaliarão as necessidades e as melhores opções para cada um dos casos.

O PROGRAMA ACCUNEST PROFESSIONAL EDITION

Qualquer uma das opções AccuMark (versão V8.2 ou superiores) é totalmente compatível com a proposta de Gerber para criar novos encaixes, de forma eficiente e automática com AccuNest Professional Edition.

O programa AccuNest Professional Edition (PE) combina a possibilidade de encaixar moldes automaticamente e o gerenciamento de fila de trabalho para a máxima economia de tempo e tecido. É muito fácil de manipular e substancialmente mais rápido que o trabalho realizado por um operário, economizando tempo e dinheiro, tanto em amostras quanto em produção. AccuNest PE cria novos encaixes, analisando múltiplas soluções e guardando a disposição de melhor aproveitamento.

O programa gera automaticamente marcas de amostra e produção para calcular com precisão e otimizar o consumo de tecido. Encaixa moldes com tecidos listrados ou xadrez, respeitando os pontos de encontro e de centrado, também respeita as restrições do molde (como giro, direção, separação e sentido do fio) para manter altos níveis de qualidade e reduzir ao máximo os custos da sala de corte.

OPTITEX PARA O DESIGN DE MOLDES E ENCAIXES AUTOMÁTICOS

Anteriormente nos aproximamos das propostas das companhias Lectra e Gerber Technology e agora nos aproximaremos da oferta que nos apresenta a terceira corporação especialista em desenvolver aplicações profissionais para a indústria da moda. OptiTex está especializada no desenvolvimento de soluções CAD/CAM, de 2D e 3D, inovadoras e fáceis de manipular, para a confecção e outras indústrias relacionadas.
O software nativo de OptiTex, baseado em Microsoft Windows para digitalização, desenvolvimento de moldes, graduação de escala, traço, traço automático avançado e drapeado, está especificamente desenhado para cobrir as necessidades atuais do industrial relacionado com a confecção, seja fabricante de tecidos, confeccionista, tapeceiro, automotriz ou de outras aplicações afins. A arquitetura aberta do sistema OptiTex vem equipada com a possibilidade de importar e exportar múltiplos formatos, permitindo ao usuário comunicar-se com um amplo rango de softwares e hardwares. Os "Conversores Diretos de Informação" de OptiTex são aplicações que leem e convertem os formatos nativos de Gerber ou Lectra, passando os moldes, as escalas, os modelos e as ordens de traço ao formato de OptiTex, enquanto conservam fielmente a informação original. Os conversores economizam tempo, eliminando dificuldades na transferência de dados.
Os conversores diretos de OptiTex são muito fáceis de usar e têm uma resposta muito rápida, pois a conversão direta de centenas de arquivos é conseguida em apenas alguns segundos. OptiTex também oferece a possibilidade de adquirir um pacote de CAD completamente integrado, incluindo as soluções de software OptiTex, digitalizadora e plotter de caneta ou jato de tinta.

O SISTEMA DE DESIGN DE MOLDES PDS DE OPTITEX

É de fácil manipulação, rápido e permite conservar todos os detalhes dos moldes. A digitalização de curvas é simples e precisa, usando poucos pontos. A digitalização de peças complicadas toma apenas alguns segundos e pode ser feita a qualquer momento. O Sistema de Design de Moldes (PDS) oferece um poderoso jogo de ferramentas concebidas para criar novos moldes ou editar os já existentes. Suas barras de ferramentas móveis e suas caixas de diálogo permitem a cada designer criar seu próprio ambiente de trabalho. Os ícones e as ferramentas estão organizados em ordem funcional. PDS proporciona características criadas levando em conta as necessidades do confeccionista.
Os pences, as costuras, os cantos especiais, as técnicas avançadas de medição, as prensas, as curvas complicadas, as modificações de dimensões, e as comparações se ajustam de maneira precisa..

O SISTEMA MODULATE PARA MODELAGEM PERSONALIZADA

Se desejamos trabalhar sobre uma série de medidas concretas (para tamanhos específicos ou demandas personalizadas) OptiTex nos oferece a solução Modulate. Trata-se de um aplicativo interativo e paramétrico. Cada estilo paramétrico contém um jogo particular de dimensões relacionadas com uma pessoa ou com umas demandas de produção. Por exemplo, um paletó paramétrico pode ser definido usando dimensões chamadas de "ombro", "busto", "cintura" e "quadris". Modulate permite dar forma a esse paletó tomando essas dimensões. Cada variação pode ser visualizada de forma interativa ao mudarmos algum valor. Assim que um produto paramétrico esteja completamente definido, com seu conjunto de dimensões, também estará pronto para gerar um número ilimitado de produtos diferentes, sem necessidade de investir tempo e esforços adicionais. Cada variável usada para um estilo específico pode ser guardada em uma "Biblioteca de variáveis" para seu uso futuro. Todas as especificações, dimensões, estilos e ordens são armazenadas em uma base de dados-padrão, para sua repetição. Modulate permite visualizar cada passo da operação enquanto o modelo paramétrico é definido. O efeito imediato é mostrado na tela.

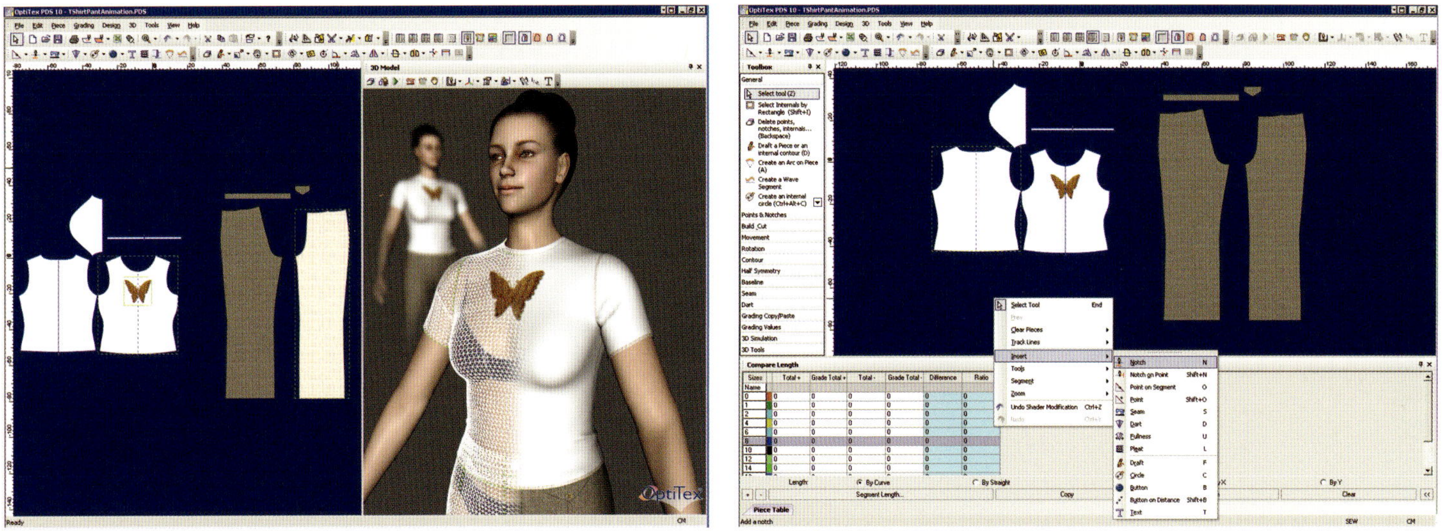

Imagens da interface do sistema de design de moldes PDS de OptiTex.

A FERRAMENTA DE ENCAIXE MATCH++

Se trabalhamos com designs que incluem *rapports* (repetições modulares), xadrez ou listras, a ferramenta de encaixe de OptiTex mais adequada às necessidades é *Match++*, que contém sofisticadas funções de captura.

O programa reconhece imagens escaneadas ou importadas e as incorpora durante o processo de encaixe para otimizar a acomodação dos moldes sobre os módulos repetidos. A extraordinária velocidade e a precisão de Match++ o fazem vantajoso, tanto em processos de corte manual quanto automatizados. É possível verificar a coincidência dos moldes no tecido antes de ordenar a operação. Essa verificação prévia permite ao usuário revisar moldes e tecidos para assegurar a qualidade, economizando tempo e dinheiro.

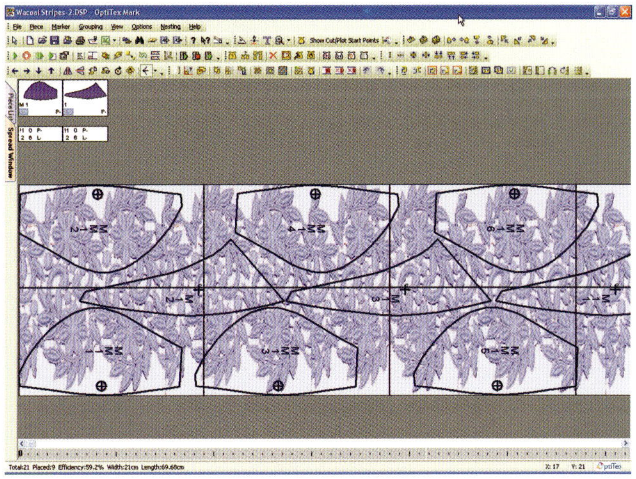

Imagens da interface das soluções Match++. Com as funções dessa aplicação é possível verificar a coincidência dos moldes no tecido antes de acomodá-los, com o que minimizamos o gasto e efetuamos um trabalho de encaixe mais preciso.

Imagens da interface do software para o encaixe automático avançado Nest++2.

Como todos os programas de encaixe, sua função é incrementar o aproveitamento do material, melhorando suas médias de consumo e reduzindo o tempo e o custo da mão de obra.

As novas ferramentas incorporam melhoras em suas funcionalidades, procurando uma maior velocidade e precisão nos detalhes, para conseguir uma economia de tempo e uma melhora da produtividade. Além disso, as soluções conquistaram seu espaço também na especialização.

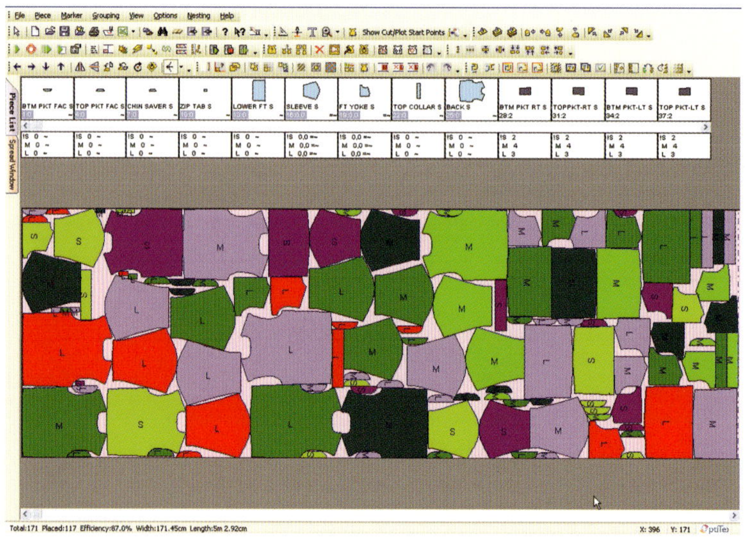

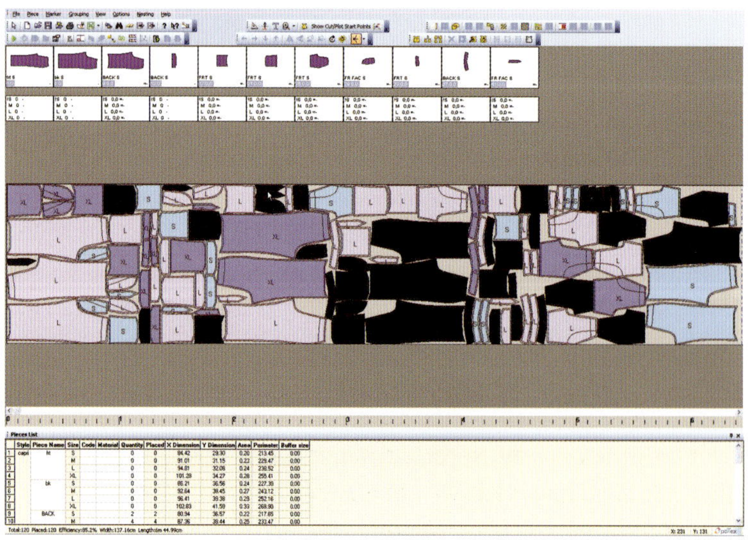

NEST++2, UM POTENTE SOFTWARE DE REFORÇO

OptiTex reforça suas propostas com o novo e poderoso software para o encaixe automático avançado, Nest++2. O aplicativo incorpora um algoritmo inteligente que consegue melhores resultados que os obtidos de forma manual. Com Nest++2 é possível controlar o tempo de processo e obter resultados rápidos. Também é útil para conseguir estimativas precisas de custo durante a negociação de preços. Nest++2 pode incrementar drasticamente o aproveitamento do material, melhorando suas médias de consumo e reduzindo o tempo e o custo da mão de obra. Para otimizar o trabalho, a fila de encaixe permite gerar múltiplos encaixes completos e independentes de forma automática, e sem intervenção humana, permitindo aproveitar o horário noturno para o processamento da informação.

OUTRAS POSSIBILIDADES DO DESENHO VETORIAL NO PROCESSO DE DESIGN E PRODUÇÃO DA INDÚSTRIA DA MODA

Como já avançamos anteriormente, o desenho vetorial tem outra função especifica dentro do processo de produção da indústria da moda utilizando tecnologias assistidas por computador. O desenho com vetores pode ser movido facilmente desde os programas de modelagem e encaixe até as mesas de corte dentro do processo de confecção final dos designs. De novo, as diferentes empresas, às quais vimos nos referindo como líderes do mercado, oferecem possibilidades personalizadas em função das necessidades. Como o livro está centrado no design, e não na produção têxtil, não será necessário aprofundar-nos na amplíssima oferta de programas para o processo de produção disponível no mercado, simplesmente indicaremos que para completar nossos sistemas de modelagem e encaixe automático podemos recorrer a:

- Plotters de jato de tinta e caneta.
- Enfestadeiras de material (tecidos, couro, plástico, etc.) automáticas, que maximizam a utilização de material e melhoram a qualidade das partes cortadas.
- Ferramentas de casado de têxteis para tecidos listrados, quadriculados ou estampados.
- Maquinaria de corte: no mercado encontram-se cortadoras de uma única camada (ideais para produções muito pequenas) e cortadoras multicamadas disponíveis com diversos comprimentos e larguras para acomodar-se às necessidades de corte.
- Ferramentas de identificação de partes cortadas que fecham o processo de corte, adicionando informação às diferentes partes cortadas (bem como etiquetas ou com impressões nas laterais da superfície) para facilitar sua posterior identificação.

ENCAIXES COMPUTADORIZADOS: OTIMIZAÇÃO DE CUSTOS E TEMPO

O estudo de encaixes é realizado pelo computador, o que agiliza consideravelmente o processo e leva a conseguir maior aproveitamento do tecido e menor custo da produção. No caso da incorporação do corte assistido por computador o processo é simplificado e, uma vez feito o encaixe, após o enfesto, se procede ao corte automático, melhorando a qualidade e aumentando a produtividade na sala de corte.

Do design plano aos protótipos virtuais

Antes, o primeiro molde de uma peça de roupa colocava em andamento uma série de rondas de elaboração de protótipos físicos ou amostras, em cada uma das quais era preciso revisar, ajustar e aprovar uma nova amostra. Para poder tomar decisões importantes sobre uma coleção, com frequência era preciso esperar até que estivessem prontas as amostras finais. Esse longo processo durava várias semanas e demandava uma complexa coordenação entre designers, desenvolvedores de produto, modelistas, equipes de marketing e empresas subcontratadas. Ainda assim, às vezes continuava sendo difícil conseguir um bom ajuste de forma sistemática.

As diferentes empresas de softwares especializados desenvolveram nos últimos anos ferramentas que combinam a exatidão do CAD com a possibilidade de visualizar produtos virtuais em 3D, e proporcionar a melhor simulação visual que existe atualmente para criar protótipos virtuais. Os aplicativos de última geração para a criação de protótipos virtuais fomentam a colaboração entre designers, modeladores, desenvolvedores de produtos e equipes de marketing, ao permitir simular e visualizar com grande realismo peças em 3D junto com seus tecidos, motivos e gamas de cores. A possibilidade de visualizar amostras contribui para preservar a intenção do design original e a integridade da marca até a fase de produção. Os profissionais da moda podem conseguir um maior sucesso de todas as coleções, melhorando assim a rentabilidade e a imagem de marca.
Todas essas soluções favorecem a transição entre um design plano assistido por computador (CAD) e as propostas 3D, com seu enorme potencial de simulação.

Protótipos virtuais realizados pela empresa OptiTex.

A coleção virtual é uma ferramenta auxiliar para visualizar nosso trabalho na fase de elaboração do protótipo, assim como para ajudar as equipes de venda a apresentarem novas coleções e ofertas de produtos a pontos de venda e clientes nas primeiras fases do ciclo de vida do produto.

PROTÓTIPOS VIRTUAIS COM TECNOLOGIA 3D
A criação de protótipos é um elemento chave para o sucesso de uma coleção e a tecnologia 3D pode melhorar o rendimento nessa fase da indústria têxtil. Mais da metade dos custos de uma peça de vestuário depende das decisões tomadas durante a fase de design. A criação de protótipos é, portanto, uma etapa fundamental para que uma coleção tenha sucesso e cumpra com suas expectativas de tempo, custos e qualidade.
As coleções mudam continuamente e as linhas de produtos proliferam, motivo pelo qual garantir um bom ajuste se converteu em um desafio crucial para os profissionais da moda. A isso se soma a contínua pressão do setor por reduzir os custos e os prazos de entrega. Os clientes querem peças que se ajustem perfeitamente. Mesmo que uma peça de vestuário esteja feita com os melhores tecidos e acabamentos, um cliente pode perder o interesse em adquiri-la se não se ajustar perfeitamente.
A capacidade de garantir sistematicamente um bom ajuste em todas as coleções, linhas de produtos e temporadas é fundamental para que os clientes tenham a impressão de que o produto que vai ser fabricado é de qualidade.

No momento de validar coleções, os comitês executivos, as equipes de marketing e as organizações de vendas dispõem, atualmente, de suportes visuais e virtuais combinados com dados técnicos que lhes proporcionam informação completa para tomar decisões e fazer previsões comerciais. Todos eles, independentemente de onde se encontrem, podem validar diretamente no monitor e de forma fácil e rápida, os modelos, os tecidos, as gamas de cores, os tamanhos e as posições de motivos, além dos correspondentes acessórios.

A coleção virtual, resultado da utilização de tecnologia 3D, é uma ferramenta auxiliar para ajudar as equipes de venda a apresentarem novas coleções e ofertas de produtos a pontos de venda e clientes, nas primeiras fases do ciclo de vida do produto. A reação dos clientes e varejistas pode servir, então, para ajustar pequenos detalhes da coleção, quando ainda está na fase de desenvolvimento, ou eliminar produtos que não agradem aos compradores.

NOVOS SISTEMAS 3D

A tecnologia para realizar protótipos virtuais pode adquirir uma nova dimensão com a implantação de novas funções nas lojas online e uma presença mais ativa nas plataformas de realidades virtuais, como Second Life, que funcionam como poderosas ferramentas de marketing. Agora nos centraremos nas aplicações 3D, que não são apenas mecanismos de simulação 3D, mas também poderosas ferramentas de design, totalmente compatíveis com o software de modelagem computadorizada e que podem apoiar a fase da elaboração do protótipo profissional. Mais adiante, explicaremos as possibilidades que surgem para as indústrias de distribuição e divulgação, com a introdução das novas experiências de simulação de propostas tridimensionais.

MODARIS 3D FIT

Trata-se de uma aplicação de última geração para a criação de protótipos virtuais que promove a colaboração entre designers, modeladores, desenvolvedores de produtos e equipes de marketing, ao permitir simular e visualizar com grande realismo peças em 3D junto com seus tecidos, motivos e gamas de cores. Apresentada pela primeira vez no salão IMB, celebrado em maio de 2006, Modaris 3D Fit é fruto de oito anos de investigação e desenvolvimento e recolhe a experiência acumulada por Lectra durante mais de trinta anos a serviço do mercado da moda e seus diversos setores. Além disso, demonstra os conhecimentos de Lectra sobre a medição e a representação do corpo humano em 3D, assim como dos materiais utilizados na indústria da moda. Com Modaris 3D Fit o designer de moda e o designer de moldes podem começar a colaborar nas primeiras fases do processo, utilizando um modelo virtual. Modaris 3D Fit permite aos modelistas simular na tela moldes bidimensionais em 3D e controlar a exatidão desse molde. Com a ajuda de um manequim paramétrico, manequins escaneados ou manequins criados com outros programas de software, os modelistas podem controlar o ajuste e as proporções no tamanho base e em todos os tamanhos graduados. O manequim paramétrico da Lectra pode ser personalizado para adaptar-se a uma determinada marca, eliminando o atraso e os custos decorrentes de ter de construir manequins de madeira para diversas medidas padronizadas. Permite visualizar rapidamente novas medidas e enviar representações realistas a todos os profissionais da cadeia de design e desenvolvimento.

OS PROTÓTIPOS VIRTUAIS PERMITEM CONHECER O PRODUTO ANTES DELE EXISTIR

As novas tecnologias aproveitaram a apresentação de suas novas soluções de criação e design para insistir sobre as vantagens que os designers e a indústria de fabricação podem obter com o uso de protótipos virtuais e outras ferramentas de criação. O design em 3D vem gerando uma grande mudança na indústria da criação e da fabricação há mais de uma década.
No entanto, a última geração de ferramentas de design em 3D deu um passo a mais no sentido de oferecer aos criadores o conceito global de seu desenvolvimento.
Desde o conceito em um simples rascunho, até a elaboração do traçado em um plano, incluindo a versatilidade da modelagem em 3D, o objetivo é conseguir que o designer possa comprovar de forma direta o resultado de sua criação, sem precisar elaborar os complexos testes físicos que tradicionalmente se desenvolvem. Assim, para conhecer exatamente o resultado do design, utilizam-se agora os protótipos virtuais.

A incorporação das novas tecnologias a serviço da modelagem proporciona um grande número de vantagens. A utilização de um sistema de modelagem CAD melhora a qualidade e gera um aumento da produtividade.

Protótipos virtuais realizados com Modaris 3D Fit. A principal contribuição da função Modaris *3D Fit* é que ela permite aos modelistas simularem na tela moldes bidimensionais em 3D e controlarem a exatidão desse molde, antes de finalizá-lo.

POSSIBILIDADE DE PERSONALIZAR O PROGRAMA

Modaris 3D Fit pode ser personalizado (pela equipe técnica da Lectra) para oferecer soluções concretas a indústrias específicas, que podem ir desde a personalização do manequim virtual até a incorporação de novas bibliotecas de tecidos, ou o ajuste das ferramentas de validação e de comunicação entre os diferentes departamentos, fazendo que o programa se adapte perfeitamente à estratégia da empresa.

Modaris 3D Fit proporciona vistas realistas e muito precisas da mesma peça com diversos materiais, o que permite aos modelistas avaliar o efeito de mais de 120 tecidos diferentes e de suas propriedades mecânicas. Modaris 3D Fit facilita o processo de desenvolvimento, ao permitir que o designer e o modelista possam simular tecidos, cores, acabamentos e acessórios em um modelo virtual. Depois de uma revisão virtual, o modelista pode ajustar rapidamente o molde e pedir que se faça o modelo físico. Com Modaris 3D Fit, a primeira amostra física produzida se ajusta ao máximo à ideia criativa original; e é possível até que já não sejam necessárias mais amostras para começar a produção. Todos os dados técnicos de cada uma das amostras se incorporam ao próprio design, permitindo que os agentes implicados no processo, design de moldes, desenvolvimento de produtos e marketing possam trabalhar usando informação atualizada.

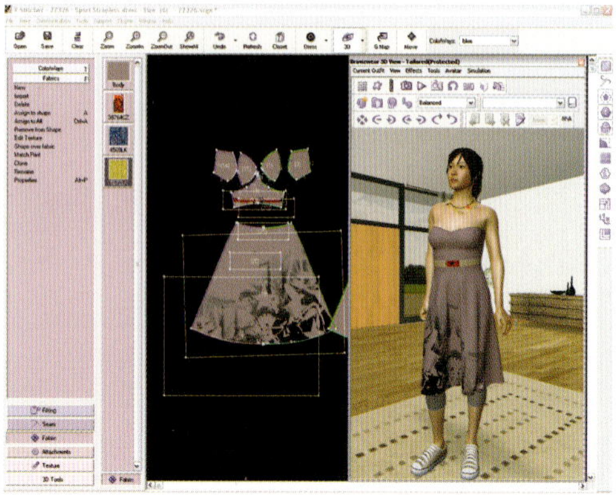

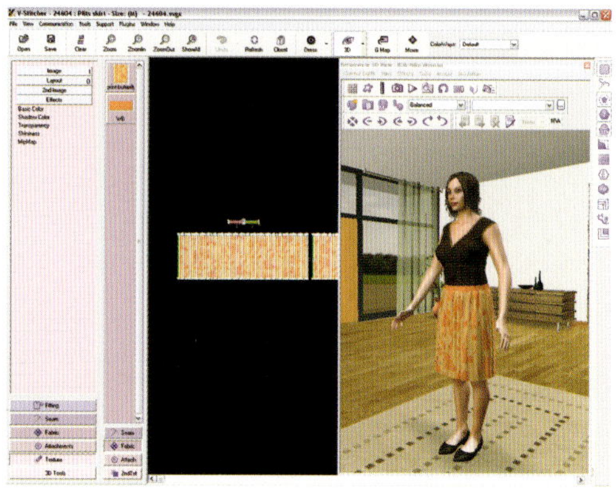

Imagens da interface do programa AccuMark V-Stitcher. Com essa ferramenta os usuários têm a possibilidade de intercambiar moldes entre as duas soluções de software: 2D e 3D.

ACCUMARK V-STITCHER: INTEGRAÇÃO ENTRE TECNOLOGIA 2D E SIMULADORES 3D

A proposta da Gerber Technology para ampliar sua gama de aplicativos para o design de moldes é AccuMark V-Stitcher, que nasce como resultado da colaboração com a empresa Browzwear Ltd. (www.browzwear.com), especializada em softwares 3D para a indústria da moda.

Uma interface única de software brinda aos usuários de AccuMark a possibilidade de intercambiar moldes entre as duas soluções de software: 2D e 3D. Dessa forma, podemos criar dados do molde em AccuMark e vê-los diretamente em V-Stitcher (do mesmo modo, esses moldes podem ser modificados dentro de V-Stitcher e, sem nenhum esforço, ser transmitidos a AccuMark). Além disso, as modificações podem ser transferidas ao manequim virtual em 3D, em tempo real. Com o novo software AccuMark V-Stitcher, podemos experimentar representações realistas, simulando a textura, o drapeado e o ajuste das peças para exibi-las em um modelo virtual, baseado nos dados do molde que tenhamos selecionado, com tecido e textura. Nossas peças de vestuário virtuais são geradas a partir de moldes bidimensionais e mostradas em manequins em 3D para conseguir ajustes precisos. O número de manequins virtuais que pode ter sua coleção não tem limite.

DOIS SIMULADORES: V-STYLER E C-ME

As possibilidades que oferece AccuMark V-Stitcher podem ser complementadas com duas soluções, que também são fruto de sua colaboração com Browzwear Ltd: V-Styler e C-Me. A primeira, V-Styler, permite aos designers simular o drapeado do tecido em uma peça em 3D de maneira realista, além de facilitar a criação detalhada de amostras virtuais. Por outro lado, C-Me é um visualizador que permite apresentações remotas de coleções e sessões cooperativas de ajuste e desenho, especialmente desenhado para compartilhar coleções com compradores, abastecedores e vendedores varejistas em qualquer momento dos processos de pré-produção, produção ou comunicação.

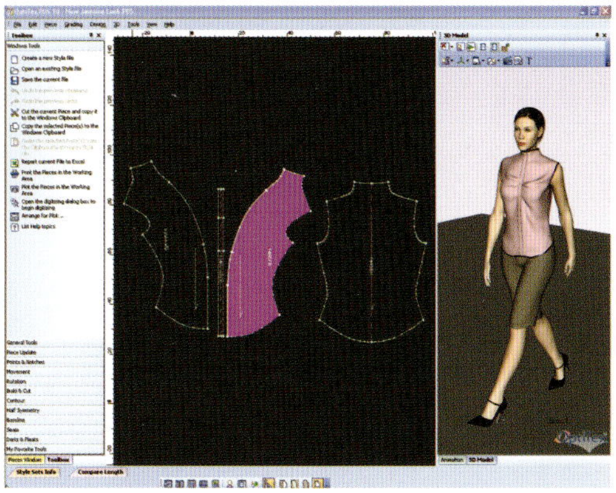

Imagens da interface do programa 3D Runway, a opção para realizar protótipos 3D de OptiTex.

3D RUNWAY, A OPÇÃO PARA REALIZAR PROTÓTIPOS 3D DE OPTITEX

3D Runway é um sistema de simulação de peças baseado em características precisas de moldes de CAD, com informação exata sobre os comportamentos de tecidos reais. O set de ferramentas de OptiTex 3D Runway utiliza uma combinação natural de modelos ou moldes de duas dimensões com tecnologia avançada de 3D, propiciando uma integração total com os programas de design de moldes que oferece OptiTex: PDS e Modulate (dos que já falamos anteriormente).

3D Runway produz as peças virtualmente, mediante ferramentas fáceis de usar, que permitem a criação de simulações em um alto nível de etapas iniciais de design (analisa o comportamento do tecido, testa caimentos, etc.); dessa forma, obtemos resultados realistas ao longo de todo o processo de criação da peça, sem ter de esperar até a finalização do processo de criação do design. Isso significa que o programa, o tempo todo, mostra as diferentes fases da criação do "protótipo virtual" de uma maneira realista e fácil de visualizar (nos programas de modelagem 3D clássicos existem vistas muito complexas, nas quais somente um expert é capaz de intuir como vai ficar o objeto uma vez renderizado).

O criador de 3D Runway permite "vestir" os modelos incluídos no programa, ou personalizar uma opção de modelo criada seguindo nossos próprios parâmetros de informação. Os manequins virtuais paramétricos que oferece o software são altamente ajustáveis a mais de quarenta medidas corporais, economizando grande quantidade de tempo nas provas de tamanho.

O simulador de movimento de tecido incluído dentro de OptiTex 3D Runway leva a tecnologia de OptiTex ao seguinte nível: permite aos usuários de Runway incorporarem processos complexos, como colisão de tecido, intersecções e capacidade de movimento, ao arquivo que, depois, pode ser mostrado ou enviado aos usuários que não tenham OptiTex.

Acrescentar movimento a um modelo é muito simples: um usuário pode utilizar os arquivos de captura de movimento pré-instalados ou importá-los de uma terceira aplicação. Um modelo com a simulação de movimento já não é uma imagem estática, agora ele brinda a possibilidade de visualizar o modelo em situações cotidianas, incrementando assim o realismo de nossos designs.

Yoram Burg, presidente de OptiTex USA, define com as seguintes palavras o simulador de movimento incorporado pelo software: "Esse novo e preciso simulador de movimento de tecido amplia as capacidades de OptiTex e permite a nossos usuários, a partir de um primeiro design, obter um movimento completo do molde com um conjunto de produtos, em apenas uma aplicação.

O processo de design pode ser realizado de forma integral, graças à grande variedade de soluções de software de OptiTex".

Gráficos 3D para o design de moda

Os gráficos 3D são especialmente úteis para qualquer designer, pois aumentam o repertório de recursos disponíveis, além de ser, frequentemente, o caminho mais simples para conseguir a imagem desejada. O termo "gráficos 3D por computador" se refere a trabalhos de arte gráfica que foram criados com a ajuda de computadores e programas especiais 3D.

O design de gráficos 3D percorre diferentes fases de desenvolvimento, começando pela modelagem. Nessa etapa, vamos dando forma a objetos individuais que depois serão usados na cena. Existem diversos tipos de geometria para trabalhar nessa fase: os modeladores que utilizam a geometria NURBS (*Non Uniform Rational B-Splines*) e os modeladores poligonais (ou de subdivisão de superfícies).

As NURBS são representações matemáticas de geometria em 3D capazes de descrever qualquer forma com precisão, desde simples linhas, círculos, arcos ou curvas, até os mais complexos sólidos ou superfícies orgânicas de forma livre em 3D. Graças a sua flexibilidade e precisão, podem ser utilizados modelos NURBS em qualquer processo, da ilustração à fabricação. A quantidade de informação que requer a representação de uma forma geométrica em NURBS é muito inferior à que precisam, separadamente, as aproximações comuns.

A subdivisão de superfícies é um método para representar uma superfície suave, mediante a especificação de uma malha poligonal. Esse processo subdivide a malha, criando novos vértices e faces, enquanto divide cada face poligonal em áreas menores que se aproximam melhor da superfície desejada.

Uma vez que tenhamos modelada nossa criação, passaremos às fases de texturização e iluminação, fases que controlam a incidência da luz, combinando-a com texturas. Os designs gerados com modeladores 3D podem ser animados, quanto a transformações básicas nos três eixos (rotação, escala e translação). A última fase de trabalho é a renderização.

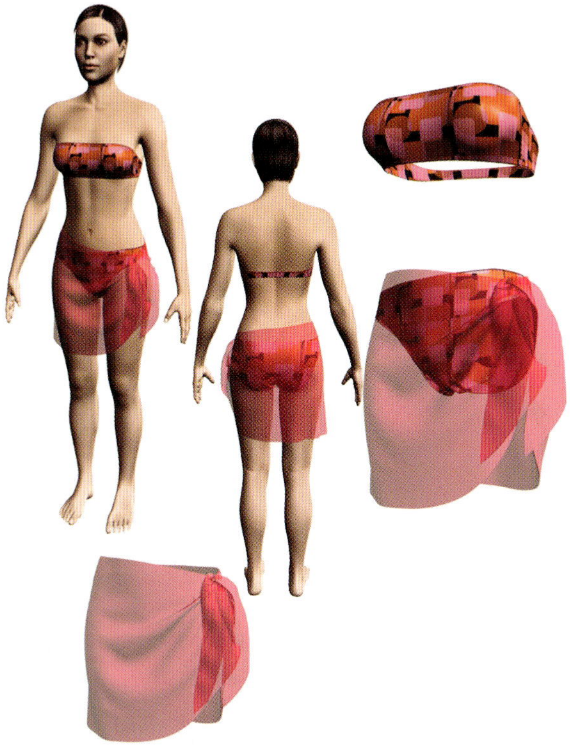

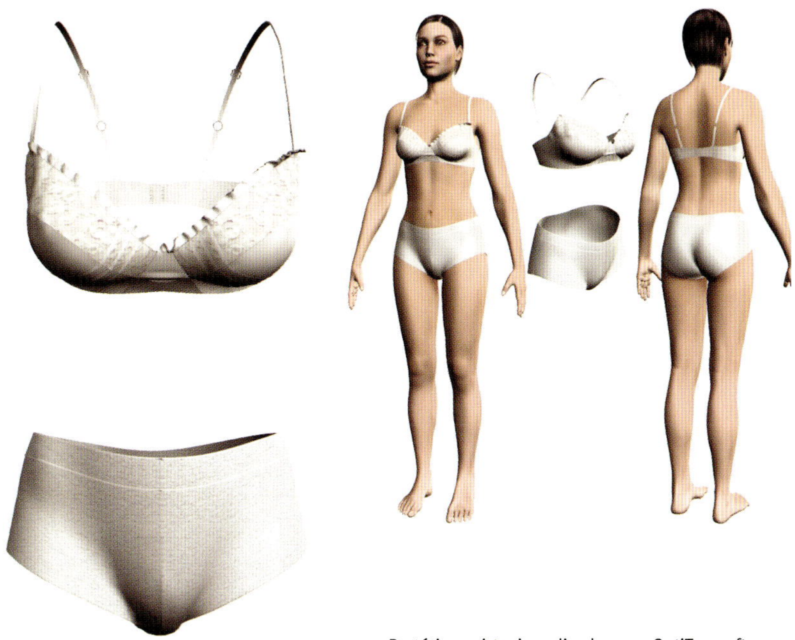

Protótipos virtuais realizados com OptiTex, software de design têxtil. Trata-se de um sistema de simulação de peças de vestuário, baseado em características de moldes de CAD e de tecidos reais. Designers e modelistas podem visualizar qualquer modificação em 3D.

RENDERIZAÇÃO

Quando trabalhamos em um programa de design 3D por computador, normalmente não é possível visualizar, em tempo real, o acabamento final desejado de uma cena 3D. Por ser mais complexa, essa operação requer uma potência de cálculo elevada demais, motivo pelo qual optamos por criar o ambiente 3D, com uma forma de visualização mais simples, para depois gerar o lento processo de renderização e, assim, conseguir os resultados finais desejados. O tempo de render depende, em grande medida, dos parâmetros estabelecidos nos materiais e nas luzes. Normalmente, cada aplicação de 3D conta com seu próprio motor de renderização, mas cabe esclarecer que existem plug-ins (complementos que se relacionam com outra aplicação principal para proporcionar-lhe uma nova função, geralmente muito específica) que se dedicam a fazer o cálculo dentro do programa utilizando fórmulas especiais.
A compatibilidade com os diferentes motores de renderização e a velocidade são, provavelmente, os elementos mais importantes das novas aplicações profissionais, que nos permitem visualizar em nosso modelo 3D, praticamente em tempo real, qualquer mudança que realizemos em algum de seus parâmetros de design (de maneira que o design é muito mais ágil e permanentemente visual).

Protótipos virtuais realizados pela empresa OptiTex, com tecnologia 3D

MODELADORES 3D

Há tantas aplicações criadas para modelar projetos em 3D, que é impossível mencioná-las todas no livro. Apesar disso, citaremos algumas das mais populares: Maya, Softimage, 3D Studio Max, Blender, Rhinoceros, LightWave, POV-ray e Houdini.
Todas incorporam importantes novidades em suas ferramentas para "texturizar" e "iluminar" os objetos tridimensionais, para simular uma representação hiper-realista. A maioria das aplicações de design 3D inclui a possibilidade de animação de nossas peças em um espaço determinado.
As principais indústrias que trabalham nesses programas são as seções mais técnicas do design industrial, as companhias de jogos por computador, os escritórios de arquitetura ou as empresas de engenharia. Existem poucos modeladores em 3D com funções específicas para a indústria da moda, embora esses programas possam ser perfeitamente utilizados em qualquer campo profissional, por usuários avançados.
Nos complementos criados para programas mais gerais, destacam-se os *plugs-in* para 3D Studio Max: Clothes Reyes (www.reyes-infografica.com) ou SimCloth (www.spot3d.com/simcloth). Ambos permitem uma maior simulação dos efeitos de gravidade, de peso, de transparência e de sobreposição de camadas de tecido nas criações 3D (especialmente ao criar animações). A indústria que mais e melhor utiliza esses efeitos são as empresas que se dedicam à criação de videogames. Entretanto, começa a ser observado um enorme interesse entre os círculos empresariais da moda, devido a sua alta capacidade de simulação.
Existem algumas áreas, dentro do setor da moda, que estão liderando a implantação dos serviços de design em 3D. Provavelmente, o design de joias e o de calçados sejam os valores mais representativos, dentro dessa nova geração. Nos últimos anos, surgiram aplicações específicas e *plug-ins* com soluções altamente efetivas para esses setores do design e da criação.
Dentre essas soluções específicas para a moda, destacam-se os plug-ins do programa geral Rhinoceros (embora possam funcionar como programas independentes), RhinoGold e RhinoShoe, para o design de joias e o de calçados, respectivamente, além da aplicação *3Design*, também para o design de joias. Todas essas aplicações estão tendo uma ampla repercussão dentro da indústria, assim como no sistema educativo de numerosas escolas profissionais.
Preferimos destacar, neste livro, os programas que desenvolvem funções específicas para a indústria da moda, embora recordemos que muitas dessas funções podem ser realizadas desde outros programas mais gerais.

ACERCA DOS MÓDULOS PLUG-IN

Os módulos plug-in são programas gerados por desenvolvedores de software, conjuntamente com a empresa do software principal, que adicionam características a esse programa. Quase todos os programas de design incluem uma série de plug-ins de importação, exportação e efeitos especiais, que se instalam automaticamente nas subpastas da pasta Plug-in de cada aplicação.

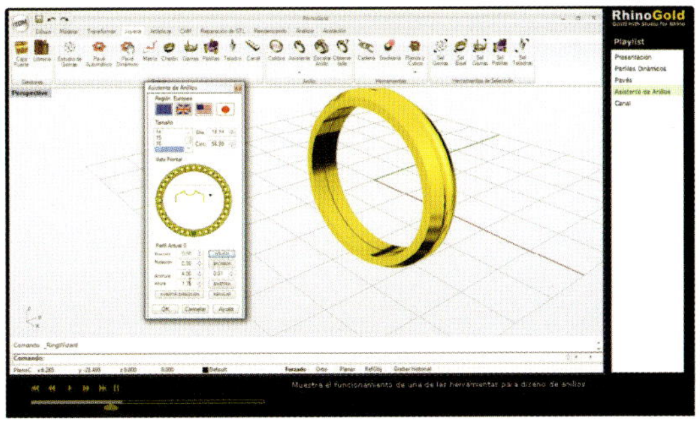

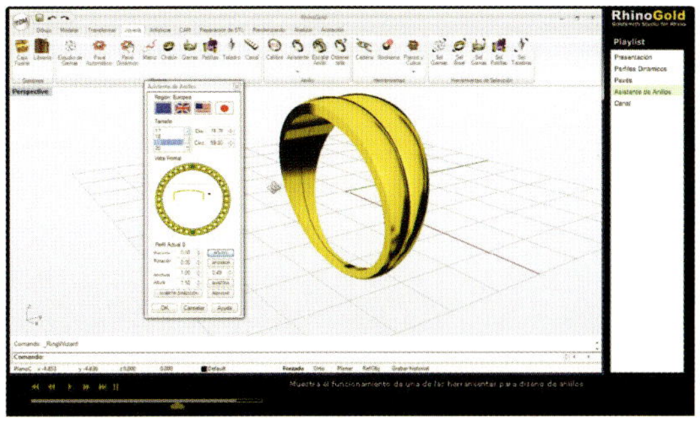

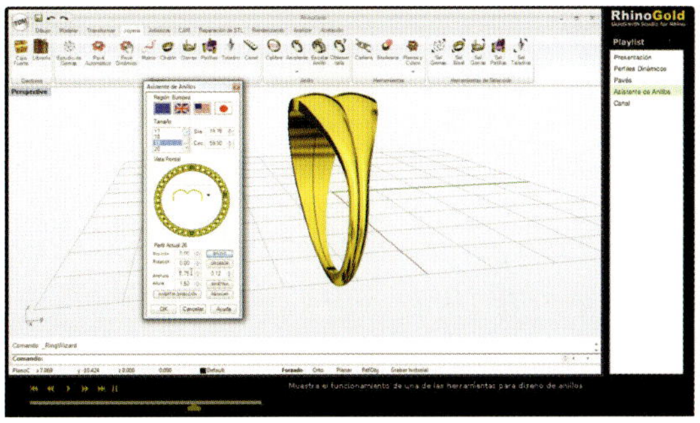

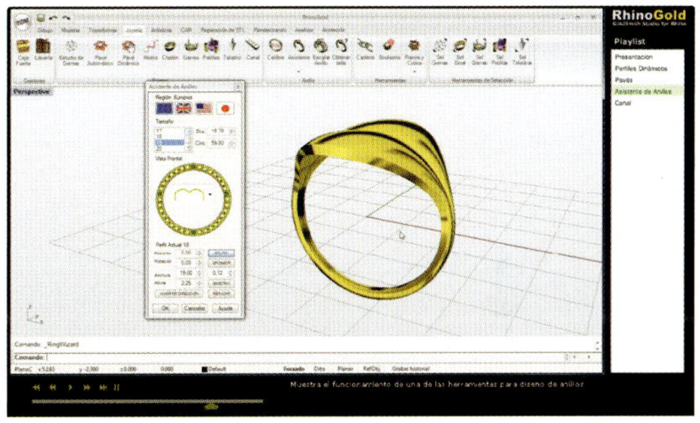

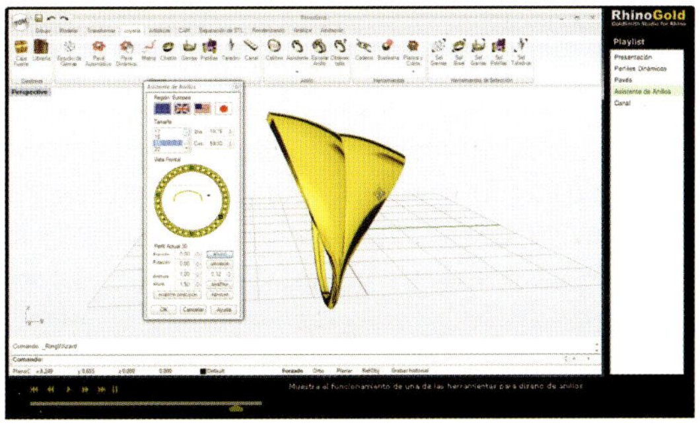

Imagens da interface do programa RhinoGold, mostrando o funcionamento de uma das ferramentas para o design de anéis mediante assistentes. www.tdmsolutions.com

RHINOGOLD

RhinoGold (www.rhinogold.com) é a nova solução específica para o design de joias, baseada na tecnologia do modelador 3D, Rhinoceros 4.0 NURBS para Windows. RhinoGold funciona somente com Windows 2000, XP Pro, XP Home e Vista. Também pode funcionar em sistemas Intel Mac, mas somente para sistemas com BootCamp ou Parallels (programas que permitem instalar e trabalhar em um ambiente Windows, a partir de um computador Mac).
Trata-se de um programa de fácil utilização e grande agilidade. Conserva todo o menu de possibilidades de design incluídas em Rhinoceros, mas acrescenta uma nova barra de ferramentas com funções específicas para o design de joias. O programa permite, assim, que os usuários avançados possam dispor de toda a tecnologia em design 3D oferecida por Rhinoceros (programa geral de modelagem 3D).
No caso de usuários com um nível mais baixo, podemos usar, exclusivamente, as ferramentas específicas do ambiente de joalheria presentes em RhinoGold, sem necessidade de utilizar o resto das funções. Uma das principais vantagens é que permite pré-visualizar as funções das ferramentas de modelagem tridimensional, sem perder tempo durante o processo de renderização, já que o programa inclui *renders* básicos e em tempo real, todos compatíveis com outras soluções como Flamingo, Penguin, Vray e Brazil, entre outros.

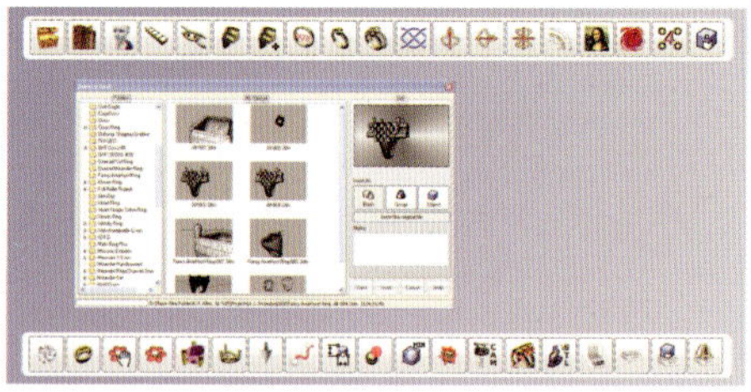

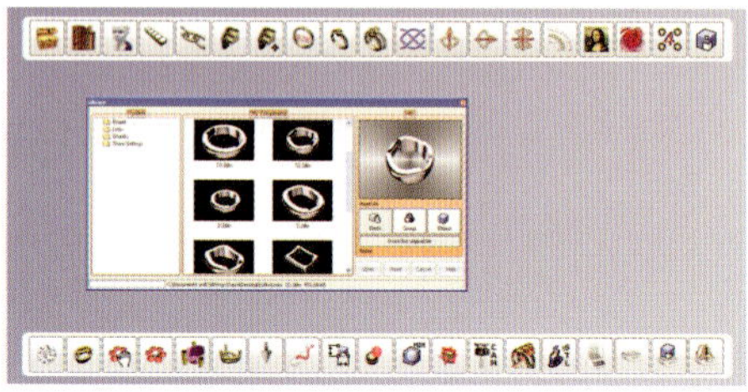

Imagens da interface do programa RhinoGold, com uma revisão de suas funções principais (estudo de gemas, assistente de anéis e correntes, pavês automáticos e dinâmicos, soluções para criar entalhes e graduar anéis etc.).

Os designers e fabricantes de joias têm com RhinoGold a possibilidade de desenhar, modificar e fabricar joias de forma completa, rápida e precisa, sem sacrificar uma interface clara e intuitiva (o que facilita e reduz o tempo de aprendizagem). Sua fácil manipulação permite que os designers disponham de um controle preciso. O vocabulário de sua interface utiliza os termos habituais usados em joalheria, de maneira que facilita seu entendimento entre os profissionais do setor, como acontece com o resto de programas de modelagem em 3D, inclui ferramentas de design 2D ou de modelagem 3D, atualizando a informação em cada um dos cenários selecionados.
Suas ferramentas respondem às necessidades específicas do setor da joalheria e facilitam enormemente o trabalho de criação de uma peça, simplificando as funções mais comuns do processo de trabalho. O design em joalheria se caracteriza por umas elevadas cotas de precisão, de tal forma que o programa inclui ferramentas de análise de pesos de metais e gemas, funções de cotagem (para obter toda a informação técnica necessária para levar o design diretamente a uma fresadora e fazer protótipos de cera) ou a função Reparação de STL (que permite criar arquivos confiáveis STL, para impressoras de cera 3D).

RHINOSHOE 1.1

RhinoShoe é um novo plug-in de calçados para Rhinoceros. Com essa nova utilidade, dispomos de ferramentas para a graduação de escalas e a correção de solas e palmilhas. Trata-se de um complemento muito fácil e intuitivo, mas sem sacrificar a potência e a versatilidade de suas ferramentas. Entre suas características fundamentais, destacam-se: a possibilidade de graduação de escalas 2D com ferramentas avançadas, a graduação de escalas segundo os padrões internacionais (com possibilidade de definir padrões próprios), ou a graduação de escalas 3D para solas. Paralelamente, o programa otimiza as funções de desenvolvimento em superfícies diversas, melhorando a formalização final do design.

DESIGN DE JOIAS

Pavê é o termo que utilizam os joalheiros para falar do engaste de gemas em uma superfície contentora, seguindo, normalmente, uma disposição ordenada em retícula. A palavra é tão comum no design de joias, que as ferramentas do programa receberam esse mesmo nome.

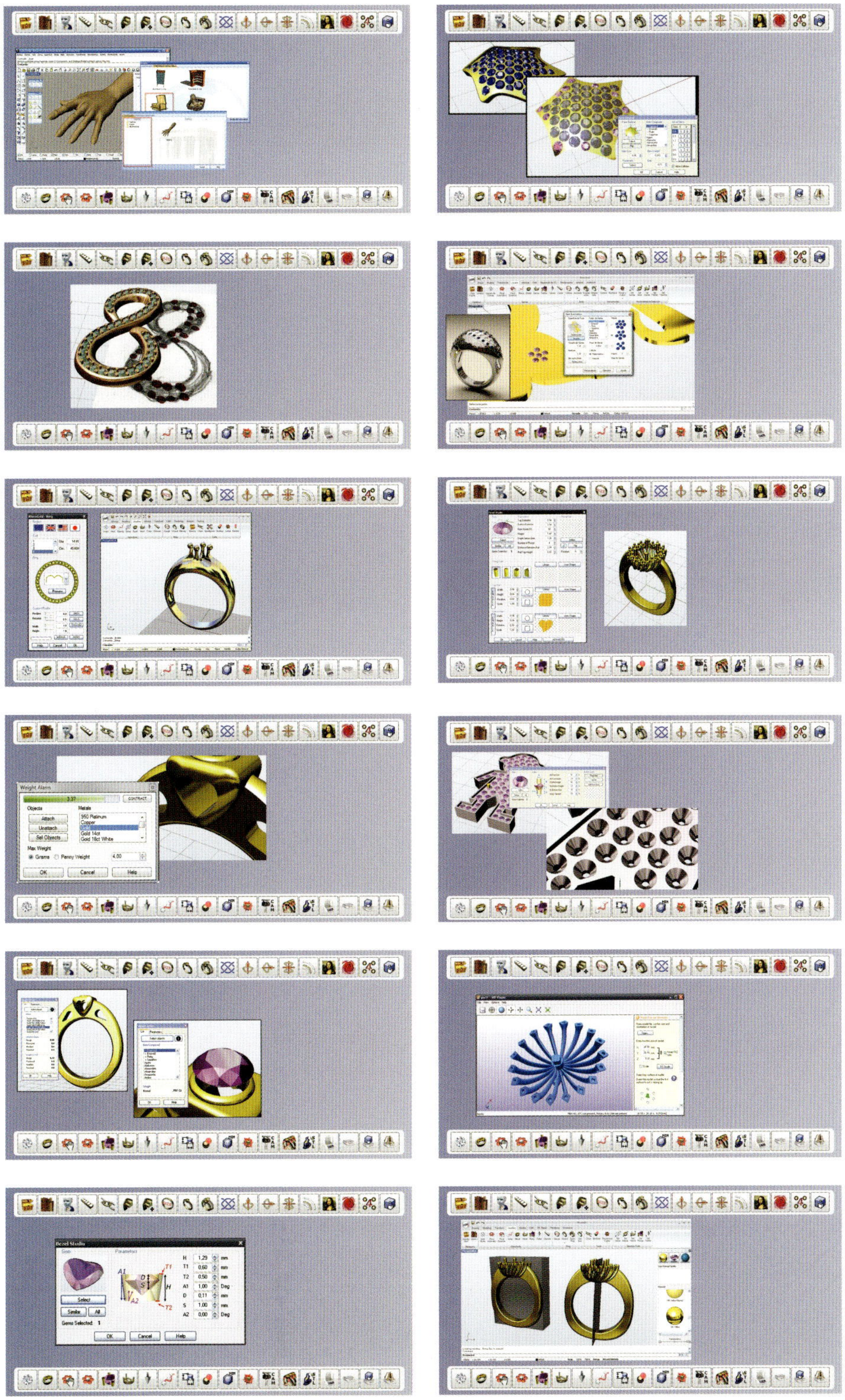

ARQUIVO STL

O formato de arquivo padrão do protótipo rápido é o arquivo STL. Esse tipo de arquivo utiliza uma malha de pequenos triângulos sobre as superfícies, para definir a forma do objeto. Os arquivos de estereolitografia(.stl) foram concebidos como uma maneira simples de guardar informação sobre objetos 3D. O uso principal dos arquivos .stl é a criação de protótipos físicos, a partir de designs gerados em um computador ou de dados 3D processados. Quase todos os pacotes de software 3D modernos suportam a exportação direta a STL, com diferentes graus de controle. Alguns permitem selecionar a densidade do arquivo .stl exportado (o número de polígonos que definem o sólido), enquanto outros somente oferecem a opção de selecionar o nome do arquivo e opções ascii/binary.

Para que um objeto definido em um arquivo .stl seja construído corretamente, os triângulos devem encaixar perfeitamente entre eles, sem espaços nem sobreposições. O .stl é um formato de saída padrão para a maior parte dos programas CAD e o número de triângulos que serão utilizados pode ser definido previamente pelo usuário.

Os programas de modelagem 3D raramente trabalham sobre arquivos .stl e, habitualmente, é necessário fazer uma exportação dos modelos a esse formato, antes de começar a impressão 3D. Dadas as diferenças entre o formato .stl e os formatos 3D de origem, as conversões costumam deixar falhas estruturais no modelo. Portanto, os arquivos .stl devem ser comprovados, usando um software especial, antes de serem utilizados para fabricar um modelo. A função "Reparação de .stl", em RhinoGold, pode otimizar o arquivo.

3DESIGN

3 Design (www.3design.com) é outro software específico para o design e a fabricação, tanto de peças quanto de complementos de joalheria. É o resultado de um duro trabalho, avalizado pela experiência de mais de quinze anos no setor da joalheria, colaborando com firmas tão prestigiosas como Cartier e Dupont, o que demonstra que se trata de um produto que surgiu como consequência de um amplo e profundo conhecimento desse setor.
O programa é compatível com as diversas plataformas atuais, PC, Mac e Linux, e desenvolvido sobre Java System Web Server. Portanto, é constantemente atualizado, através de Internet, que fornece sempre a última versão disponível. Além disso, qualquer design já realizado pode ser integrado dentro de uma biblioteca própria, para poder ser utilizado com posterioridade como elemento de futuras criações.
O mais destacável de 3Design é sua estrutura paramétrica, assim como seus comandos, orientados à realização de tarefas de design específico de joalheria.
Em um software paramétrico, qualquer ação ou modificação realizada fica armazenada na árvore paramétrica, o que permite modificar o design em qualquer fase da criação, sem ter que desenhar tudo novamente. Ou seja, é possível incorporar modificações de uma forma rápida e simples. Com um design base, podem ser efetuadas correções para obter uma coleção completa, a partir de uns poucos designs.
3Design está preparado para realizar apresentações fotorrealistas dos designs e poder apresentar de maneira profissional as criações 3D. Além disso, é o único software do mercado que durante toda a fase do design representa uma joia com a cor de seu metal e não como uma representação de forma. Essa função permite ao designer realçar sua criação: modificar as diferentes cores do metal ou peça que se deseje, adicionar sombreado, transparência ou efeitos especiais de luzes no objeto criado, ou seja, reproduzir um completo cenário para a peça desenhada com brilho e polimento.

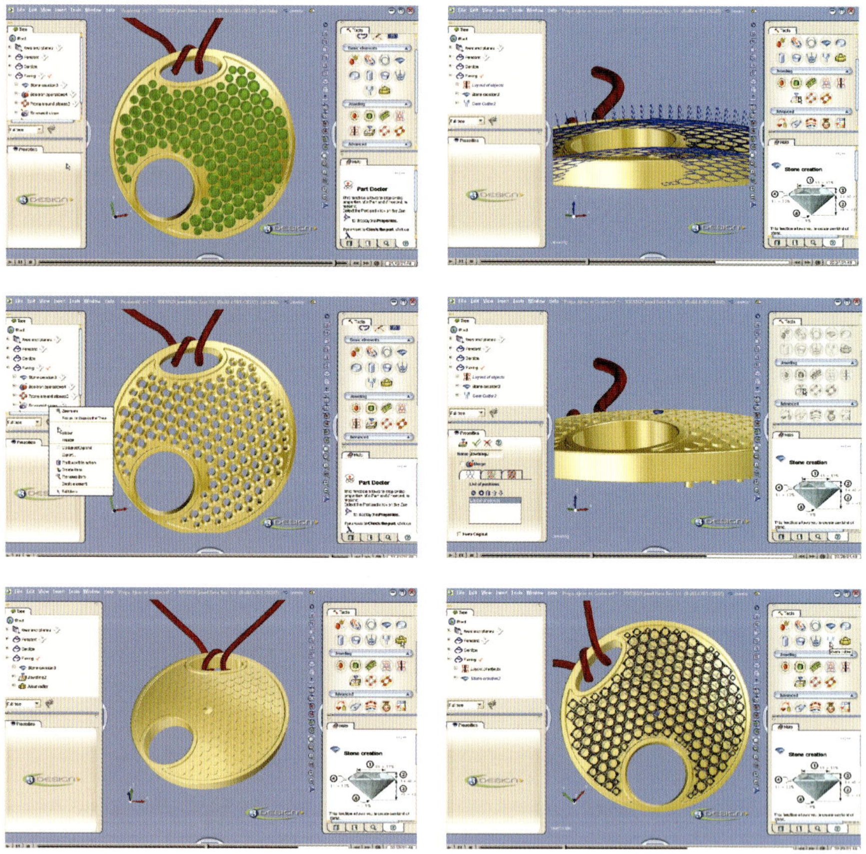

Imagens da interface do programa 3Design, que mostram o uso de algumas de suas ferramentas para a criação de peças de joalheria.

Imagens de renders para a apresentação de trabalhos realizados com a aplicação 3Design.

Durante a fase de produção, a realização do design em 3D tem a vantagem de que, aproveitando a tecnologia de protótipos rápidos, podem ser obtidos modelos máster para o processo de produção. As vantagens desse método são a rapidez e a precisão. Além disso, com um único anel é possível contar com toda a gama de tamanhos e produzi-los em umas horas.

3Design oferece inúmeros formatos de importação, dentre os quais está o de imagens BMP, que podem partir de alguns desenhos em papel, escaneá-los e começar a construir o modelo 3D com as projeções dos esboços.

SUPERFÍCIES E SOMBREADO

A aplicação também permite trabalhar com superfícies (para os designers acostumados a isso). Trabalhar com superfícies é tão simples quanto trabalhar com sólidos 3D, criando cilindros, cubos, torus e esferas, de forma instantânea. A qualidade superior do sombreado de 3Design permite uma pré-visualização exata do desenho, com maior aparência volumétrica. O potente sombreado representa, desde o princípio, a criação com seu material, quer seja ouro, prata, diamantes, esmeraldas etc. Sempre se trabalha com um objeto 3D real e não apenas com uma representação de seu modelo.

Tecnologia de impressão 3D

Designers, engenheiros e arquitetos precisam visualizar o trabalho que realizam no computador com modelos reais que possam tocar e manipular. Tradicionalmente, essa visualização era realizada com protótipos, maquetes manufaturadas, laboriosas de produzir e com um grande custo econômico. Até pouco tempo atrás, era impensável a ideia de enviar os dados 3D, gerados com um programa CAD, diretamente a uma máquina capaz de "imprimir" um modelo real, por seções horizontais, tão facilmente quanto com uma impressora doméstica.

As impressoras 3D utilizam dois componentes básicos para "imprimir" os protótipos rápidos: uma substância especial (parecida com o talco), conhecida com o nome de compósito, e uma tinta que tem a propriedade de compactar o compósito. O "pó" utilizado pela impressora 3D como suporte de impressão tem diversas propriedades e pode ser utilizado para fazer modelos coloridos de maneira direta. Para fabricar moldes ou moldes invertidos, é possível fazer peças elásticas (à base de elastômero) e peças capazes de encaixar umas nas outras.

TIPOS DE COMPÓSITO HABITUAIS

- Compósito de alta definição: é padronizado para partes resistentes e de alta definição. É o material preferido para imprimir, tanto em "cor gesso" quanto "em todas as cores", assim como para maximizar o acabamento de superfície, a resolução e a resistência da peça.

- Compósito para fundição por cera perdida: a base é de celulose, fibras especiais e aditivos para realizar partes precisas, que podem absorver a cera e minimizam os resíduos durante o processo de queima do modelo de cera.

- Compósito para fundição por gravidade: material para imprimir moldes para fundição por gravidade de metais não ferrosos, à base de areia para fundição, gesso e aditivos, para realizar moldes com bom acabamento de superfície e resistentes ao calor da fundição.

- Compósito especial "snap-fit": material otimizado para infiltrar com epoxy *Z-Snap™*, para partes com propriedades flexíveis.

- Compósito especial "elastomérico": material otimizado para infiltrar com um elastômero, ideal para partes com propriedades elásticas, como a borracha. O material de base consiste em celulose, fibras especiais e aditivos para elaborar partes precisas e capazes de absorver o elastômero.

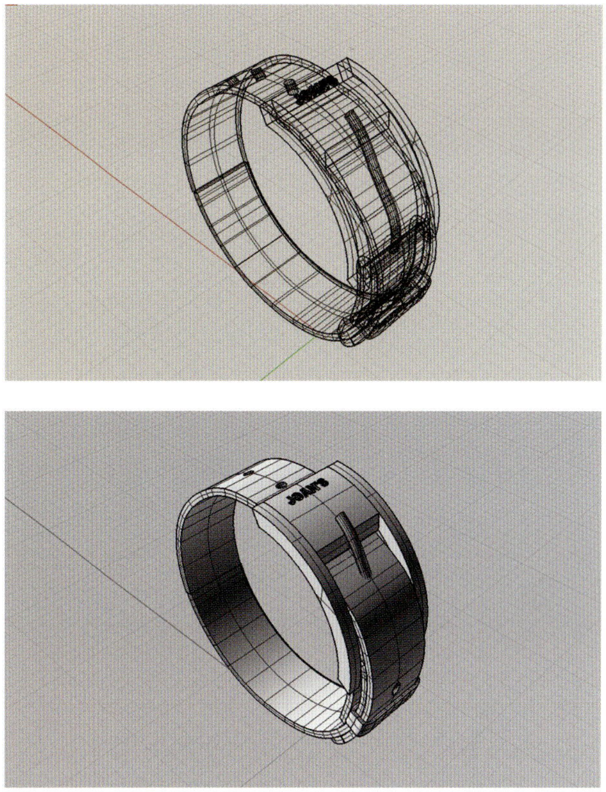

Trabalhos realizados pelo ourives Joan Codina utilizando as técnicas de design em três dimensões. www.codinaorfebres.com

VANTAGENS DA IMPRESSÃO 3D

A tecnologia de impressão 3D se diferencia de outros métodos de prototipagem rápida (como a criação de modelos mediante injeção de plástico) em vários pontos fundamentais: em primeiro lugar, permite criar modelos coloridos graças ao efeito combinado dos quatro cabeçotes de tinta (magenta, ciano, amarelo e transparente). A distribuição da cor é extremamente precisa, o que permite etiquetar os modelos com textos (anotações de design, etiquetas, entre outros), reproduzir marcas comerciais, colorir zonas para diferenciá-las etc. As maquetes e os modelos saem da impressora totalmente coloridos, sem necessidade de laboriosos processos posteriores. Em segundo lugar, o tempo que se demora para terminar uma peça varia de acordo com o tamanho e a complexidade da mesma, mas, em todos os casos, a impressão 3D é a tecnologia de criação de protótipos mais rápida do mercado (entre cinco e dez vezes mais rápida que qualquer outra solução). Além disso, é possível imprimir vários protótipos independentes simultaneamente, para aproveitar toda a superfície de impressão.

Quando termina a impressão e o modelo está completo, o compósito restante é aspirado e reciclado, para futuros usos, e o modelo fica limpo e livre de resíduos. Nessa fase do processo, a peça é ainda frágil e deve ser manipulada com cuidado. Para dar-lhe o acabamento final, é preciso infiltrá-la (submergi-la) em um dos diferentes infiltrantes adesivos especiais, que incrementam a dureza e a resistência do protótipo, até que este possa ser manipulado sem nenhum tipo de precaução especial. Os materiais de impressão são mais baratos que os de outras soluções de prototipagem rápida, o que converte as impressoras 3D em máquinas muito adequadas para ambientes de produção em série. Trata-se de uma máquina capaz de produzir modelos de qualidade com um grande valor de mercado e um custo de produção realmente baixo. Com outras soluções, a criação de um protótipo é adiada para as fases mais avançadas do processo de design ou, inclusive, para a fase final de apresentação ao cliente. Os custos reduzidos dessa tecnologia permitem realizar modelos em vários pontos intermediários do processo de design.

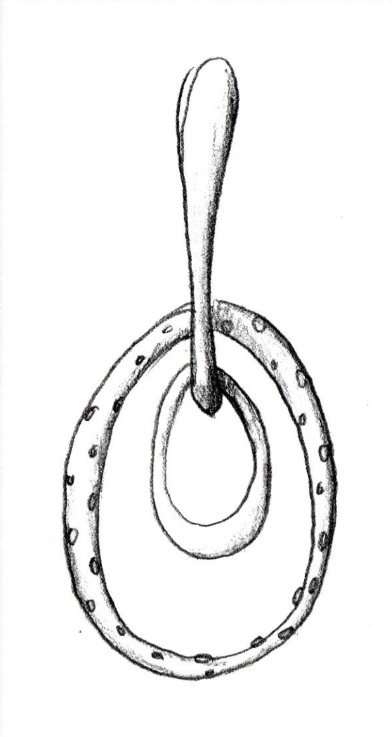

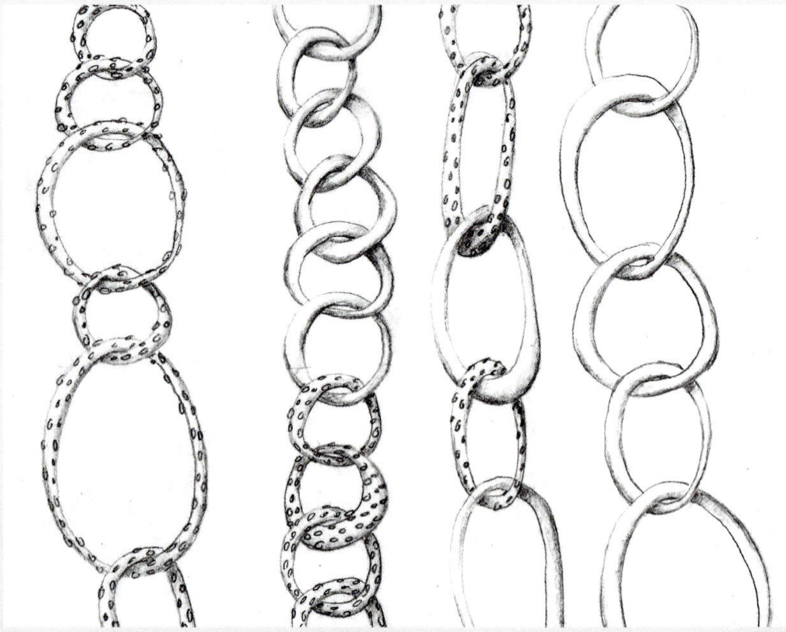

RICARDO DOMINGO
Atualmente, dirige seu próprio estúdio, com uma equipe multidisciplinar de criadores, como assessor de direção criativa de arte, design e imagem para empresas do setor.

Dentre seus clientes, destacam-se Antonio Puig perfumes, Cunill Ourives, grupo Chrestian Bernard (Ouro Vivo), grupo Cadarso (Geresa), Noah Barcelona, Madreperla, Unión Suiça, Joy Taker e a direção de arte das joias de Agatha Ruiz de la Prada, Toni Miró, Adolfo Domínguez, Victorio & Lucchino etc.

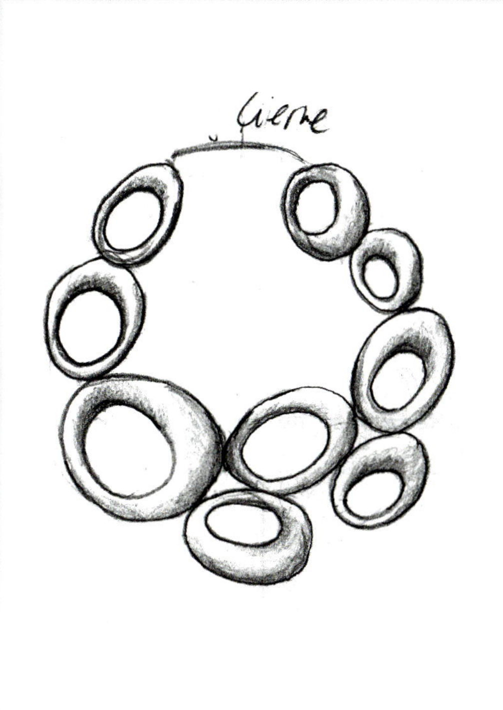

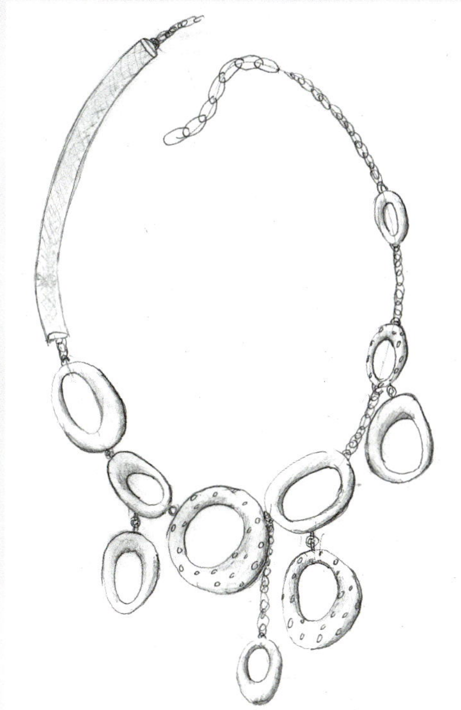

O projeto que incluímos aqui se desenvolveu por encomenda de Óscar Figueroa, diretor-gerente da firma d'Escorcia, empresa de joias de prata estabelecida em Tasco, México. Óscar Figueroa confiou ao estúdio de Ricardo Domingo a implantação de seu novo projeto. Nasce Oscar Figueroa Jewels, com uma imagem cuidada, muito estudada, e com peças bem elaboradas. Durante a realização da coleção, a equipe do estúdio Ricardo Domingo iniciou o trabalho de esboço de toda a coleção para, imediatamente, passar às fases de design final, tanto em 2D quanto em 3D, para realçar os protótipos finais que podemos ver nas imagens. Os designs transitam entre a tradição e a modernidade, o artesanato e a tecnologia.

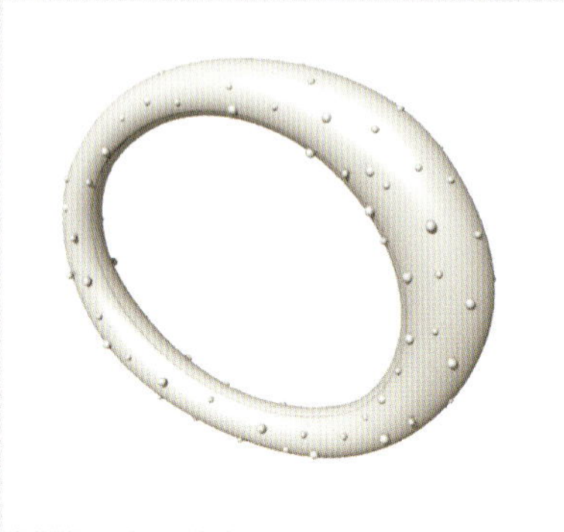

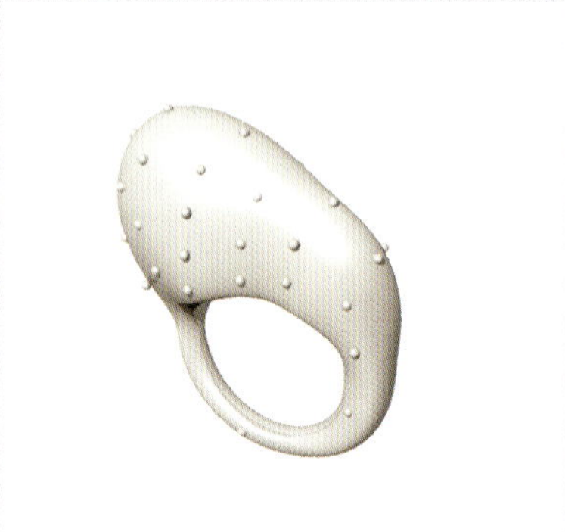

O estúdio de design de joias Ricardo Domingo sempre tentou manter-se na vanguarda dos avanços tecnológicos das ferramentas de seu setor, para otimizar seu trabalho. O segmento da joalheria, levando em conta o enorme impacto dos custos de sua própria matéria-prima, soube adaptar os recursos inovadores à melhora de seu processo de trabalho, sem perder suas enormes capacidades criativas. As joias geradas com tecnologias 3D, como vimos anteriormente, podem passar diretamente a "impressoras 3D" para a realização de moldes finais, facilitando enormemente o trânsito entre o design e o protótipo final. Por outro lado, toda a informação técnica armazenada nos softwares facilita o processo industrial para a produção final das peças.

Projeto Óscar Figueroa Jewels, direção de arte Ricardo Domingo, design de joias Mireia Rossell, Óscar Figueroa e Ricardo Domingo, 2D Julia Ribera, 3D Joan Codina, design gráfico Anna Sánchez.

E

MARKETING COMUNICAÇÃO

Transmitir um conceito

A indústria da moda não se limita a desenhar e produzir vestuário, calçados, complementos ou joias. Todos os produtos entram na engrenagem das ações de gerenciamento, distribuição, promoção e comunicação que os colocam em contato com o consumidor final. Os novos suportes informáticos significaram um avanço na concepção das tarefas e nas fases do trabalho. O uso generalizado de Internet, a gestão internacional da produção/distribuição, o aparecimento da nova Web 2.0 e sua ênfase na participação do usuário dentro da engrenagem da comunicação são alguns dos referenciais chave para entender este capítulo.

SUPER
POSTER
PARIS
REHAB
ERIK VAN

O gerenciamento da coleção

Os novos tempos trazem importantes mudanças no gerenciamento de vida de um produto. Não basta apenas acelerar os processos. Tampouco é suficiente reduzir os custos. A mudança exige que as empresas da indústria da moda repensem suas estratégias de marketing, design, planejamento, desenvolvimento de produtos, engenharia, sourcing e processos de fabricação. Os novos sistemas PLM integram todas as fases do ciclo de vida do produto, o que permite aos industriais controlar melhor os processos e as inter-relações críticas que determinam o crescimento e a rentabilidade das marcas.

As funções PLM (*Product Lifecycle Management*) mantêm um enfoque similar ao da gestão do conhecimento, mas girando em torno ao produto. Em outras palavras, o objetivo do PLM é permitir que as diversas seções de uma empresa, desde a produção até as vendas, compartilhem o conhecimento das diferentes etapas do ciclo de vida de um produto (design, fabricação, armazenagem, transporte, venda, serviço pós-venda, reciclagem). O enfoque PLM implica necessariamente uma cooperação estreita da empresa para reunir informação relacionada com as etapas de fabricação do produto, assim como com as ferramentas que brinda a administração de relações com o cliente e os fornecedores. Essas soluções PLM permitem às empresas gerenciar todo o ciclo de vida de suas coleções e seus produtos, reduzir os prazos e os custos ocasionados pelo design dos produtos, além de serem uma ajuda importante no momento de tomar decisões, viabilizando e racionalizando os processos de desenvolvimento de produtos, a sincronização e a traçabilidade dos fluxos de informação. As ferramentas integradas nas soluções PLM permitem que os responsáveis pela tomada de decisões conheçam de perto todo o desenvolvimento ao oferecer-lhes uma visão sinótica dos processos simultâneos, ao mesmo tempo que se reduzem ou eliminam os passos ineficazes, ao operar num entorno global. Portanto, as soluções PLM favorecem enormemente as diversas modalidades de colaboração entre os contratantes e os fornecedores. As marcas e os distribuidores subcontratam, frequentemente, toda ou parte da fase de desenvolvimento e de engenharia e reservam para si os processos de inovação e de controle de qualidade. O *outsourcing* pode estar organizado com fornecedores locais ou deslocalizados, que permitem reduzir custos.

As plataformas PLM costumam integrar-se 100% na web, baseada em padrões que admitem uma implementação global e permitem a visibilidade, o controle, a colaboração e a assistência na tomada de decisões ao longo de todo o ciclo de vida do produto. Opera-se desde um servidor e a informação pode ser acessível desde qualquer parte do mundo, utilizando unicamente um computador conectado à Internet e um navegador. As especificações do produto e as imagens podem ser criadas ou modificadas em um lugar do planeta e serem visualizadas, em tempo real, em outro lugar. Essa facilidade de acesso é essencial no mundo da moda, onde as empresas têm, às vezes, centenas de colaboradores e fornecedores repartidos pelos cinco continentes. Para preservar o acesso aos dados e somente difundir ao exterior a informação estritamente necessária, podem ser definidos, de maneira fácil e estrita, os perfis e os direitos dos usuários.

Atualmente, existem dois grandes pacotes com ferramentas para a administração do PLM, com funções específicas para o setor da moda profissional. Por um lado, Lectra (www.llectra.com) propõe LectraFashionPLM, um pacote adaptável às necessidades de cada empresa e totalmente compatível com as aplicações de design de peças de vestuário, modelagem, marcações e prototipagem virtual, mencionadas em capítulos anteriores. A oferta paralela de Gerber Technology (www.gerbertechnology.com) é Fashion Lifecycle *Management* (FLM), que incrementa as capacidades de administração de dados de sua oferta WebPDM em uma ferramenta robusta, para toda a companhia, visando melhorar e manejar o processo de desenvolvimento do produto em termos globais. Ambas as ofertas, formalizadas pelas empresas líderes no desenvolvimento de programas específicos para a indústria da moda, adaptam-se às necessidades de seus clientes, graças a uma equipe de consultores especializados e de experts técnicos que garantem o assessoramento ideal para racionalizar a organização (inclusive durante o processo de mudança) e a implementação das novas ferramentas, totalmente sincronizadas para evitar problemas de gestão.

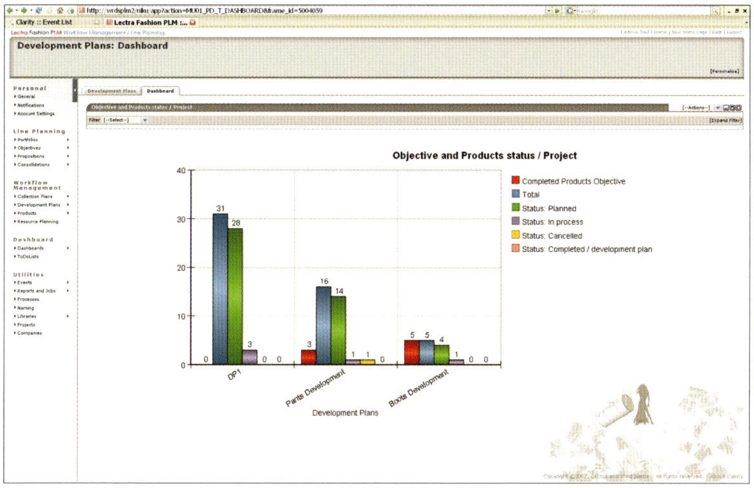

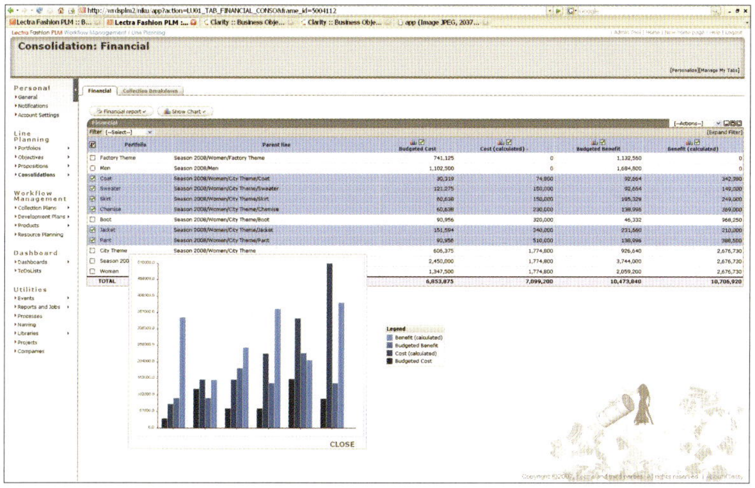

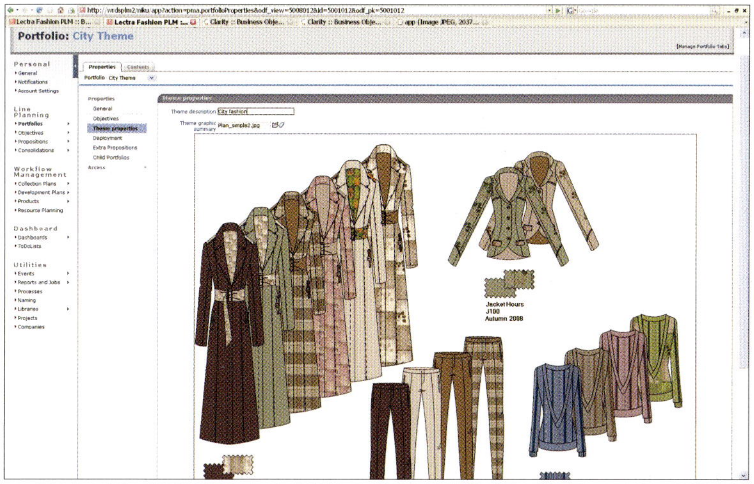

Imagens da interface do programa LectraFashionPLM, um pacote adaptável às necessidades de cada empresa e totalmente compatível com as aplicações de design de peças de vestuário, modelagem, encaixe e elaboração de protótipos virtuais.

FERRAMENTAS PARA A GESTÃO DO PRODUTO NO PONTO DE VENDA

Quando o produto chega ao ponto de venda, surgem novas necessidades, como a gestão de produtos no armazém (por cores e tamanhos), a distribuição, a faturação, a gestão automatizada dos códigos de barras para os produtos, a emissão de tickets e vales, os traslados a outros pontos de venda e as faturas. Existem certas aplicações que podem ajudar-nos, com soluções integrais que podem ser adaptadas às nossas necessidades. Uma das mais solicitadas é o pacote NaviWear, baseado na tecnologia de Microsoft-Navision (www.es.tectura.com), capaz de proporcionar soluções específicas para o setor da distribuição têxtil no atacado, em cadeias de lojas e junto aos confeccionistas, providenciando tudo o que se relaciona com os tamanhos, as cores, as temporadas,etc. Byte Factory (www.bytefactory.es) propõe as soluções WinTextil, WinMulti e WinTPV, para adaptar-se melhor ao cliente, em função das características da empresa. Outras empresas que também oferecem ferramentas comuns são Odacash (www.odacash.com) e Quasars (www.quasars.es).

Visual Merchandising

O Visual Merchandising é a maneira pela qual uma marca expõe seu produto e o material publicitário dentro se seus pontos de venda. O objetivo é criar uma imagem com a qual o público possa identificá-lo. A combinação equilibrada da exposição do produto e a publicidade, aliada com uma linha clara no design de suas vitrines, produz uma imagem sólida do que se representa.

O Visual Merchandising é o que, finalmente, seduz o cliente para que compre um produto; é o último elemento estratégico de uma cadeia orientada para a obtenção dessa compra. Essa cadeia inclui a pesquisa e o desenvolvimento do produto, a produção e a distribuição, o marketing e a publicidade. Somente entendendo os princípios básicos do comportamento de compra do cliente, será possível conseguir melhores oportunidades de venda. A loja, o *showroom* ou o stand de feira têm de representar a imagem que a empresa quer projetar, interpretar sua forma de operar e de adaptar-se às necessidades do cliente. Em suma, ser funcional e eficaz.
As técnicas atuais não consistem apenas em decorar vitrines e colocar manequins nos espaços de exibição, na verdade, agora, a contribuição dos designers tem o limite que lhe colocarem a própria imaginação e os recursos que estão à sua disposição. Cada vez é maior a quantidade de empresas e negócios que colaboram com empresas especializadas em Visual Merchandising. As apresentações visuais devem estar coordenadas com a publicidade e com as outras ferramentas promocionais de venda, pois somente assim conseguirão sua máxima eficácia. É um fato evidente que as coleções oferecidas aos diversos públicos mudam constantemente, mas também deve mudar o ambiente onde são exibidas e postas à venda, já que ao percorrer esses lugares, o público, os curiosos e os compradores vão adquirindo uma imagem da empresa. Em um mercado tão competitivo como o atual, não basta exibir os produtos nem oferecer um âmbito de venda confortável; é preciso, e conveniente, lançar mão de todos os recursos do design visual para fazer com que ambos, produto e ambiente, sejam os mais atrativos possível.
Essas circunstâncias estão, fundamentalmente, nas mãos dos responsáveis do Visual Merchandising da loja ou da empresa, assim como de seus colaboradores (designers de interiores, vitrinistas e designers de mobiliário de loja).

Esboços para vitrines comerciais da empresa Custo Barcelona, em diferentes localizações internacionais. © Miguel Caballero e Federica Sandretti.

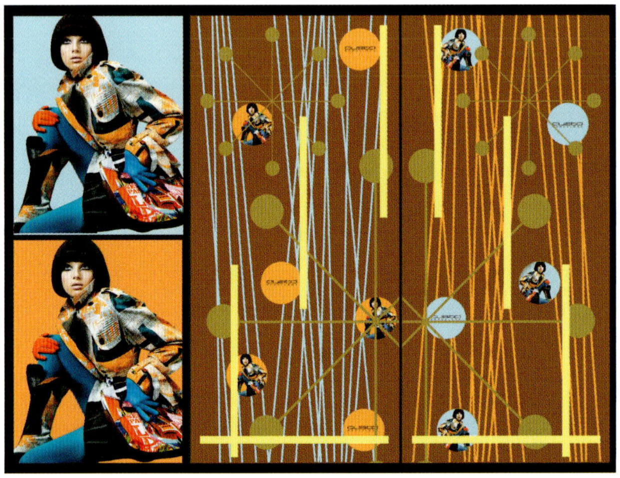

ALGUNS TRUQUES SIMPLES PARA INFLUIR NA DECISÃO DE COMPRA

Começando pela porta de entrada, se for possível situá-la à direita do local, garantiremos que o cliente dê a volta a toda a loja e, assim, aumentaremos a possibilidade de compra.

A vitrine é essencial, deve chamar a atenção, ser original e mostrar clareza de ideias. Os experts asseguram que a quantidade de produtos em uma vitrine é inversamente proporcional à sensação de qualidade.

No interior de uma loja, o cliente entra com uma (ou nenhuma) ideia e termina comprando por impulso. Para estimular essa decisão, devem estabelecer-se na loja localizações estratégicas com produtos destacados.

As marcas mais conhecidas (para empresas multimarca) costumam apresentar-se como chamariz e têm mais êxito os produtos colocados à sua direita. A entrada do local, o corredor central e a zona da caixa são as áreas-chave de uma loja. Na primeira, o cliente é conquistado com ofertas para que não decida ir embora; a segunda será a mais transitada e na terceira, onde se formam as filas, expõe-se o consumidor a uma espera durante a qual pode continuar comprando.

Design de stand e visual para a empresa Custo, Barcelona, durante a edição verão 05 da feira Pitti Imagine.
© Miguel Caballero e Federica Sandretti.

Design de stand e visual para a empresa Colcci, durante a edição verão 07 da feira Bread and Butter, Barcelona.
© Miguel Caballero e Federica Sandretti.

Design de mobiliário de loja para o corner de Custo, Barcelona, no dutty free do aeroporto de Madrid.
© Miguel Caballero e Federica Sandretti.

AUTOCAD

Provavelmente seja o programa mais utilizado pelos profissionais de atividades relacionadas com a representação espacial: design de interiores, de mobiliário etc. Parte do programa AutoCAD está orientada para a produção de planos, empregando para isso os recursos tradicionais de grafismo no design (cor, espessura de linhas e texturas de tramas). AutoCAD, a partir da versão 11, utiliza o conceito de espaço modelo e espaço papel para separar as fases de design e desenho em 2D e 3D. A extensão do arquivo de AutoCAD é .dwg, embora permita exportar a outros formatos (o mais conhecido é o .dxf). Trabalha também os formatos IGES e STEP para manejar compatibilidade com outros softwares de desenho. A última versão de AutoCAD até o momento é o AutoCAD 2009.

Da mesma forma que outros programas de design assistidos por computador, AutoCAD gerencia uma base de dados de entidades geométricas (pontos, linhas, arcos etc.), com a qual é possível operar através de uma tela gráfica na que aparece o chamado editor de desenho. A interação com o usuário é feita a partir da linha de comandos, fundamentalmente, de edição ou desenho. As versões modernas do programa permitem a introdução desses comandos por meio de uma interface gráfica, que automatiza o processo. Como todos os programas CAD, processa imagens de tipo vetorial, embora admita incorporar arquivos de tipo fotográfico (ou mapas de bits), onde se desenham figuras básicas ou primitivas (linhas, arcos, retângulos, textos etc.). Assim, por meio de ferramentas de edição, criam-se gráficos mais complexos. O programa permite dispor os objetos através de camadas ou estratos, organizando o desenho em partes independentes com diferentes cores e grafismos. O desenho de objetos em série é gerido mediante o uso de blocos, possibilitando a definição e a modificação de múltiplos objetos repetidos.

E-commerce: Internet como plataforma de venda

Nos últimos anos, apareceu um novo protagonista entre as ferramentas de marketing: o e-commerce. É possível defini-lo como uma forma de transação, ou intercâmbio, de informação comercial, baseada na transmissão de dados sobre redes de comunicação como Internet.

F-CUT DE FREUTAG
Um dos pilares básicos da marca de complementos de moda Freutag é a exclusividade de suas peças (criadas com lonas de caminhões diferentes) e conseguida graças ao programa F-cut que converte o consumidor diretamente em designer. A aplicação que foi lançada nos últimos anos nos permite desenhar nossa própria bolsa através de um menu, relativamente simples, da web e adquiri-lo no mesmo formato web.

Dentro do e-commerce, incluem-se tanto as compra-vendas quanto todas as atividades preliminares, tais como o marketing, a busca de informação, a contratação prévia etc. Hoje em dia, o maior uso que se faz de Internet é o publicitário, as empresas utilizam a web, principalmente, para fazer-se conhecidas, para oferecer seus produtos e serviços e atrair novos clientes. As empresas, atraídas pela ideia de que o que se publica na Internet vai poder ser visto desde qualquer lugar do mundo, fazem com que o uso do e-commerce vá se estendendo além do meramente publicitário.

Portanto, e-commerce representa uma nova forma de comércio surgida como consequência direta das novas tecnologias. Estamos diante de uma rede de redes que permite que o comércio tenha um alcance mundial, ou pelo menos o pretenda. Se Internet se converteu em uma vitrine virtual das empresas para divulgar seus produtos e suas ofertas a outras empresas e aos consumidores, no momento de formalizar as vendas, um número ainda muito alto de compradores continua recorrendo às formas tradicionais de comércio. No entanto, analisando a rápida evolução das novas tecnologias ao longo dos dez últimos anos, não é descabido pensar que, a curto prazo, predominará o comércio eletrônico em todo tipo de transação.

Para formalizar a compra, o terminal de ponto de venda virtual (TPV) ou a plataforma de pagamento oferece a solução para a forma de cobrança das empresas que operam através de Internet. É o mesmo serviço que a cobrança por meio do cartão de crédito na loja física. Quando o cliente efetua uma compra online, após confirmar seu pedido e proceder ao pagamento, a aplicação o leva até a web da entidade bancária. Trata-se de uma simples operação que consiste em preencher um formulário que solicita os números do cartão para enviá-los de forma totalmente segura ao servidor do banco, onde são realizadas as comprovações oportunas de disponibilidade de saldo e das senhas do cliente.

Uma vez finalizado o processo de cobrança, a loja recebe a confirmação ou não do pagamento. O TPV é um sistema seguro de pagamento por Internet, tanto para o comprador quanto para o vendedor, e é a fórmula mais propagada entre os consumidores online. Hoje em dia, todas as entidades bancárias oferecem esse serviço. Os dados compartilhados online vão encriptados e garantem a segurança de que não serão acessíveis ou manipuláveis.

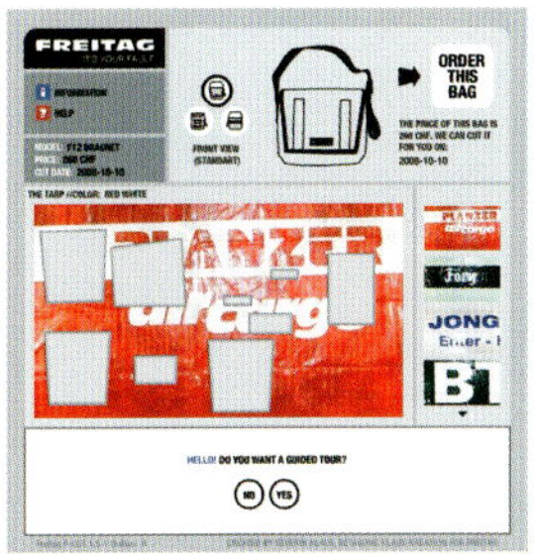

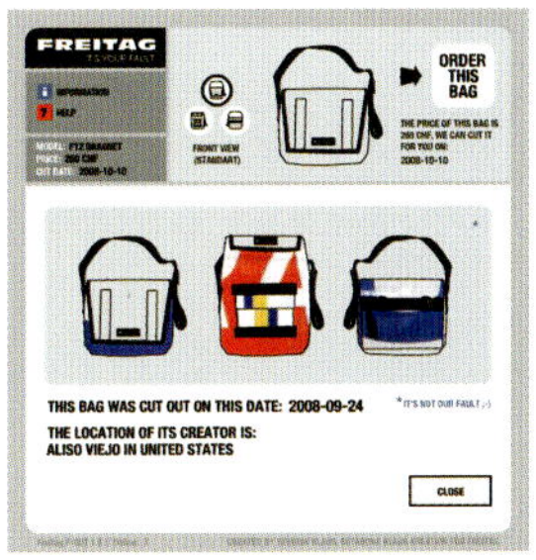

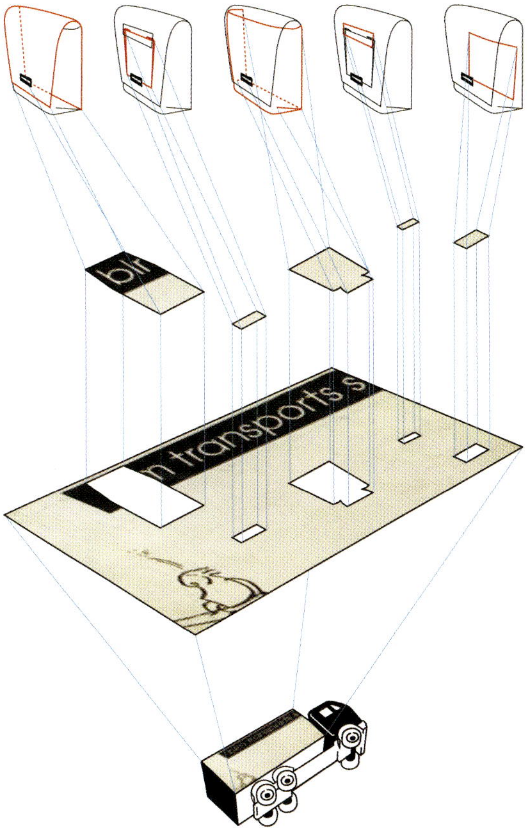

F-cut é muito simples, mas a responsabilidade final do design não é da marca, e sim do cliente. O serviço contém assistentes de apoio em todas as fases do design da peça, mas a capacidade de decisão e personalização é bastante significativa.

www.freitag.ch/f-cut

Um dos projetos mais recentes de Privalia.com consiste em abrir seu espaço às novas propostas web 2.0. O blog Privalia oferece informações sobre tendências e ofertas, assim como para criar um espaço no qual o sócio possa se expressar, fazer sugestões e interagir.

PRIVALIA.COM

É um clube privado que organiza vendas pontuais monomarca, somente de primeiras marcas, através de Internet, a preços excepcionais e exclusivos para seus membros. Nasceu em junho de 2006, em Barcelona, mas sua expansão foi sendo feita rapidamente. Em dezembro de 2007 passou a operar também no mercado italiano e, desde novembro de 2008, no mercado brasileiro.

Na Espanha, até 2009, realizou mais de 700 campanhas e colabora de forma estável com as principais marcas de moda e esporte que tem mais afinidade com seu target:

Esporte: Nike, Adidas, O'Neil, New Balance, Umbro, Champion, Merrell, etc.

Moda: Diesel, Adolfo Dominguez, Pedro del Hierro, Guess, Jordi Labanda, Paramita, etc.

Acessórios: Breil, D&G, Lupo, Tous, Seiko, etc.

Até 2009, contava com 800.000 usuários registrados ativos e mais de 160.000 compradores exclusivos. E até esse ano a cifra de compras servidas cada mês superava os 50.000 pedidos. Cada vez há mais usuários dos serviços de venda online.
O consumidor perdeu o medo inicial e está satisfeito com as oportunidades que lhe oferece esse serviço. Privalia descreve a seus compradores e compradoras como indivíduos que usam Internet habitualmente para realizar pedidos e outros serviços.

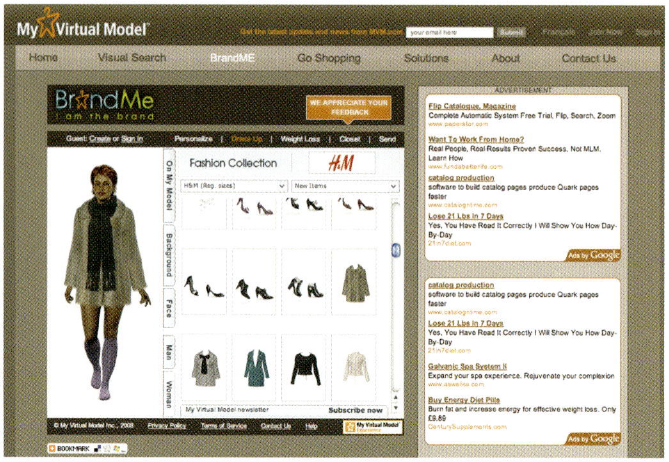

Um dos avanços implantados pelas grandes empresas de moda são os provadores virtuais. Permitem ao usuário aceder a um amplo número de peças de vestuário, simplesmente introduzindo suas medidas e a numeração de roupa que vestem. O resultado é o mesmo que teriam se as experimentassem diretamente.

PROVADORES VIRTUAIS

A indústria da moda tem suas próprias necessidades específicas para consolidar-se nas plataformas online. Um dos principais problemas consiste em solucionar a gestão dos tamanhos e o *fitting* (a adequação da roupa a nosso corpo). Os estudos mostram que mais de 30% das peças de vestuário compradas online são devolvidas, devido, principalmente, a problemas de ajuste de tamanho. Uma das ferramentas que as novas tecnologias estão desenvolvendo para minimizar esse problema é a criação de "Provadores Virtuais". Esse tipo de programa converte o consumidor em um modelo virtual, de tal forma que ele possa visualizar o caimento da roupa selecionada. O provador também oferece a possibilidade de propor combinações com peças disponíveis.

A maioria desses programas requer que o consumidor introduza uma série de dados e medidas (entre 5 e 32 medições, segundo a precisão do programa) para construir virtualmente um modelo paramétrico mais parecido possível com o original (os websites oferecem instruções e exemplos para as medições necessárias). Outras aplicações recorrem à "digitalização" do modelo, a partir de uma foto ou de um escâner tridimensional; esse processo é muito mais preciso, mas tremendamente complexo. No entanto, as medições básicas dos consumidores servem ao programa para melhorar sua capacidade de adaptação a futuras recriações. Algumas empresas realizam campanhas de escâner para armazenar os dados de seus clientes e, assim, facilitar suas futuras compras online. Sem ir mais longe, EZsize instalou recentemente um escâner de corpo na área Best-Fit da loja Saks Fifth Avenue, na cidade de Nova Iorque.

Com todos esses dados, será formalizada uma renderização virtual do modelo, criando um "cyber manequim", um modelo virtual dessa pessoa em 3D. Dispondo de um manequim personalizado, o consumidor poderá ir às compras pela Internet com a segurança de acertar o tamanho de sua roupa. Alguns sistemas até advertem, através de códigos de cores, sobre possíveis problemas de ajuste (peças curtas ou estreitas demais). Existem as opções de "rotar o cyber manequim" para ver a parte dianteira, a traseira ou o perfil, e de "aplicar um zoom" para ampliar seções específicas e avaliar certos detalhes.

Um dos principais desafios das diferentes companhias que oferecem esses serviços é otimizar o tempo de renderização para evitar que as esperas sejam longas e tediosas. Como a maioria dessas ferramentas estão instaladas na web, dependem em grande medida da velocidade de fluxo dos dados e da capacidade do computador de que disponha o usuário ou o consumidor.

No mercado existe uma ampla oferta de recriações de modelos virtuais vinculados a esse setor. Para mencionar algumas, destacamos C-me, criada por Browzwear Vtryon e EZsize, ambas soluções da companhia EZsize; The Right Size, ou Virtual Fashion, uma divisão da empresa espanhola Reyes Infográfica. Entretanto, a solução que teve maior desenvolvimento nos últimos anos foi a ferramenta My Virtual Model (criada por My Virtual Model Inc.). Existe uma longa lista de clientes internacionais que decidiram incorporar esta última em seus sites online.

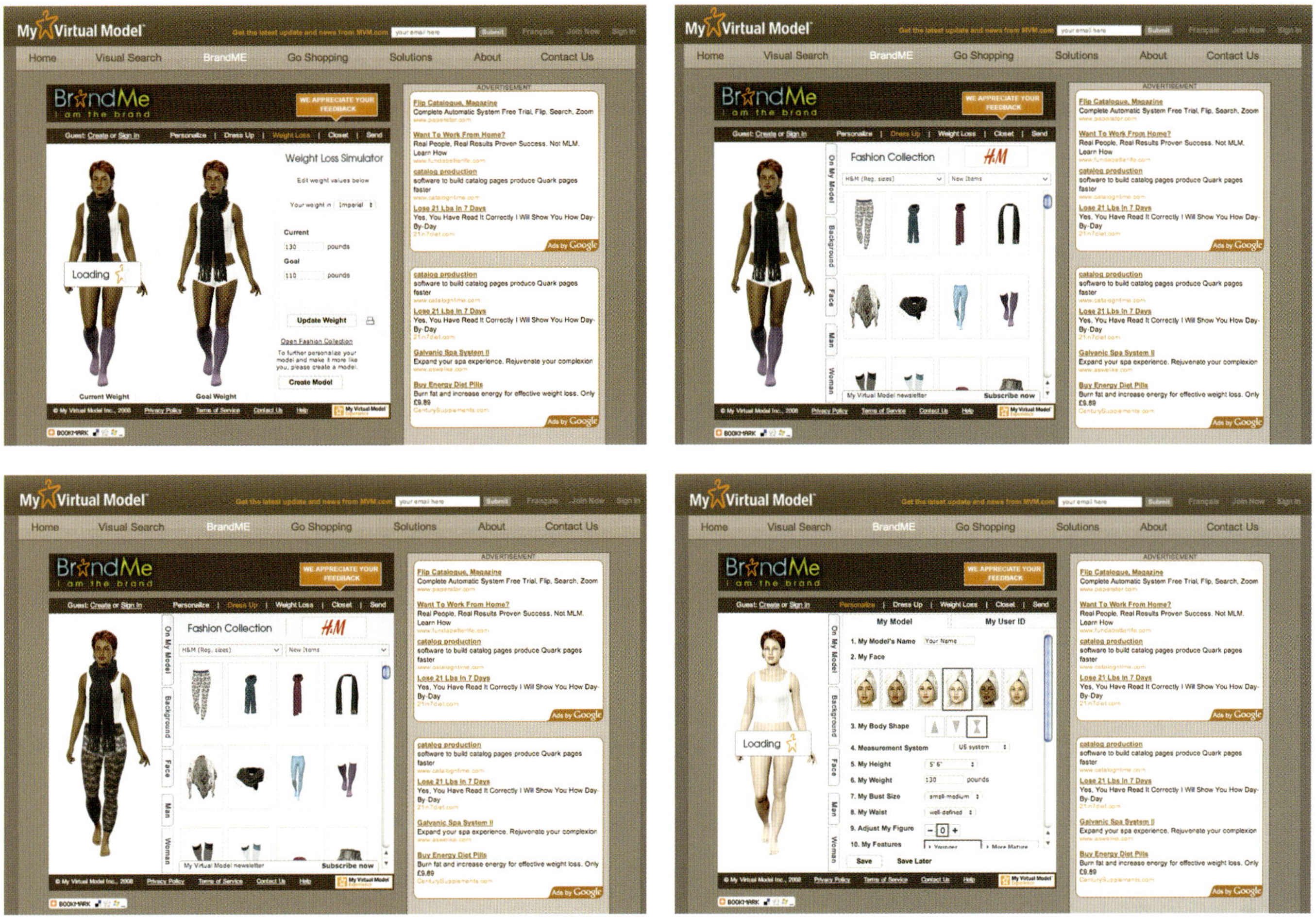

BRANDME

É a nova ferramenta que põe à disposição My Virtual Model Inc., com funções atualizadas para desenvolver um trabalho eficiente no marketing e na comunicação com seus clientes. BrandME pretende converter e unificar a "identidade virtual" com a ideia de relações sociais e a experiência de compra, permitindo novas vias de comunicação entre o consumidor e a marca. Com BrandME, não apenas podemos criar modelos 3D virtuais (acrescentando nosso rosto a partir de uma foto), mas também é possível interagir com a coleção disponível à venda, sugerir propostas ou combinações e compartilhar os resultados finais com comunidades virtuais ou "amigos" nos blogs (Facebook, MySpace etc.).

Todos os dados do usuário ficam armazenados em seu perfil, entregando à empresa informação de primeira mão sobre seus looks favoritos ou as combinações mais apreciadas. Ao permitir compartilhar parte dessa informação, cria-se publicidade gratuita em outros espaços da Internet.

Moda nos novos espaços virtuais

Fotos da tela do tutorial criado por Robin Wood, que nos mostra como criar uma camiseta com posicionamentos estampados para nosso avatar em Second Life, a partir de um gráfico gerado em 2D.

Atualmente, existe um amplo número de programas que permitem ao usuário morar, transitar e interagir em espaços virtuais, embora poucos deles contem com a colaboração de designers de moda. No entanto, alguns exemplos, como www.lindenllivestyles.com, oferecem aos jovens criadores a possibilidade de promover seus designs vestindo os personagens desse novo jogo.

A moda também encontrou seu lugar nesse mundo paralelo chamado de "virtual"; um paraíso onde milhares de empresas já começaram a "fazer seu agosto" e no qual todos os dias se movem mais de um milhão de euros. Por que os personagens virtuais não poderiam espiar as vitrines das firmas e das cadeias de lojas de moda mais poderosas? Algumas delas contam até com sua própria ilha (a geografia de Second Life é distribuída em diferentes ilhas virtuais).

O mundo virtual também dispõe de áreas reservadas para a moda; Belladona Island é um fantasioso lugar onde, há bem pouco tempo, podemos encontrar algumas lojas de luxo. Localizado na ilhota da revista italiana Style, é um espaço futurista onde marcas importantes expõem suas coleções de roupa. Parece uma experiência de compra de roupa em Second Life muito interessante. Sem dúvida, um dos problemas que sempre enfrentou a venda de moda online para seu sucesso foi a frieza do processo de compra, muito distante da venda tradicional. As enormes possibilidades de simulação de Second Life poderiam dar uma virada a esse *handicap*. Do mesmo modo, as marcas do grupo espanhol Inditex também abriram suas portas em Second Life. Algumas peças dessas marcas (joias, complementos) aparecem espalhadas por toda a ilha. Portanto, o espaço virtual não deixa de ser um mero filão focado na publicidade da marca.
Em Second Life também podemos encontrar empresas que desenham e comercializam produtos de moda exclusivamente no ambiente virtual (sem ter um referencial no mundo real), desde coleções de peles e maquiagem, que podemos adquirir em www.starley.com, até as propostas de look completo de www.adam-n-eve.co.uk ou as propostas de produtos de www.nafii.com/kasi/PixelDolls.

A oferta não para de crescer (os exemplos descritos são uma parte mínima das ofertas disponíveis), assim como a enorme variedade de preços de seus serviços (todos em Linden Dólar, moeda oficial de Second Life).
Também existem videogames que emulam espaços reais, como The Sims 2, onde podemos encontrar desfiles de moda de marcas reconhecidas, ou lojas semelhantes às reais. Trata-se de uma nova experiência para aproximar-nos da personalidade das marcas e de seus produtos. Outro âmbito onde estão se desenvolvendo ações importantes, dentro do panorama das realidades virtuais, é o dos dispositivos interativos de guia. Os guias virtuais têm a enorme vantagem de poder atender um número ilimitado de visitantes, em qualquer idioma disponível no sistema, e favorecer a personalização dos conteúdos em função das necessidades da visita.

Imagem de Scarlett Cast, avatar criado para a plataforma virtual Second Life.

Não é nenhuma surpresa que as empresas dedicadas à moda tenham se sentido atraídas por esse universo cheio de possibilidades, já que um dos interesses desse mundo virtual radica na personalização dos avatars que nos representam.

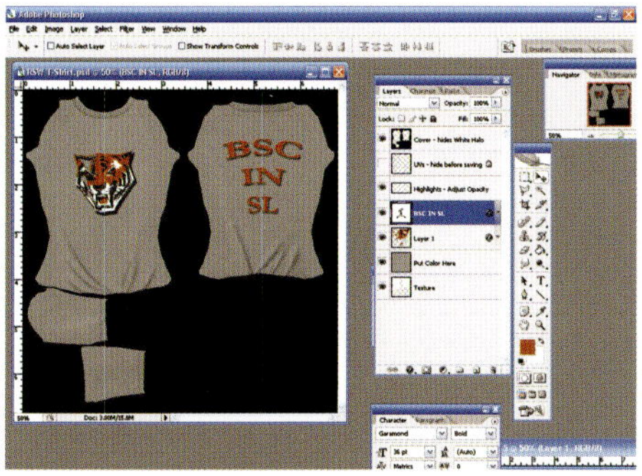

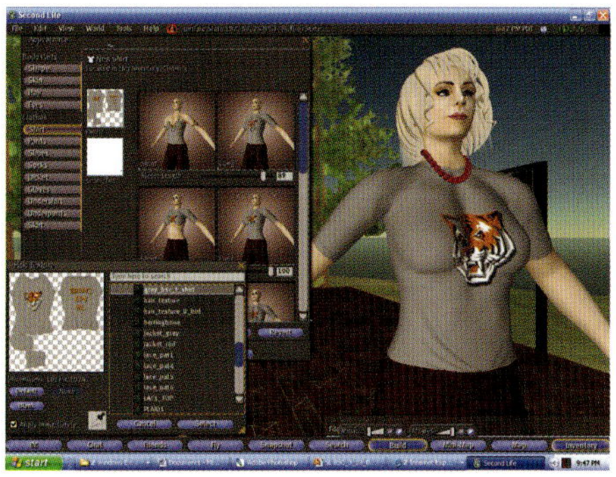

SECOND LIFE

Abreviado como SL, é um mundo virtual lançado em 2003, desenvolvido por Linden Research Inc. (chamado comumente de Linden Lab) e que recebeu uma crescente atenção internacional desde 2006. Para fazerem uso desse programa, as pessoas devem criar uma conta e baixar o programa Second Life Viewer. Ao registrar-se e aceder, passarão a serem chamadas de "residentes" ou, de maneira abreviada, AV, que significa avatars. A interação dos residentes é feita através dos avatars (personagens em 3D completamente configuráveis), o que dá aos usuários a capacidade de se converterem em outra pessoa e gozar (como o próprio nome do programa indica) de uma segunda vida.
Seu atrativo mais importante é a possibilidade de criar objetos e compartilhar uma grande diversidade de produtos virtuais através de um mercado aberto, que tem como moeda local o Linden Dolar ($L). Segundo dados de março de 2008, SL conta com um número aproximado de 13 milhões de pessoas registradas (das quais uma alta porcentagem está inativa).
A programação desse mundo virtual é aberta e livre. O código de SL permite aos usuários poder modificar absolutamente qualquer aspecto do mundo virtual, desde a cor dos olhos do personagem e seu aspecto físico até seus movimentos e sons. Permite, também, construir qualquer coisa em 3D: de um balde a uma discoteca, de um jardim a um campo de batalha, ou de uma arma a uma flor ou a um tênis Nike. Não é nenhuma surpresa que as empresas dedicadas à moda tenham se sentido atraídas por esse universo cheio de possibilidades. Paralelamente, as possibilidades para habilitar espaços promocionais são infinitas. Ainda existem poucas criações formadas por designers que trabalhem exclusivamente no ambiente virtual, mas começam a surgir os primeiros exemplos.
A página web www.lindenllifestyles.com anima os jovens criadores a se promoverem dentro do circuito virtual, aproveitando as múltiplas vantagens que este oferece.

O SIMS 2 FASHION RUNWAY

Une o mundo virtual dos Sims 2 ao mundo da moda inspirado em H&M, oferecendo aos fãs dos Sims, e a todos os fashionistas, a possibilidade única de mostrar sua criatividade e seu estilo pessoal, através de seus próprios designs e expondo suas criações na passarela virtual, alojada na web www.TheSims2FashionRunway.com ou www.hm.com/es. Qualquer um pode participar dessa vitrine de moda, colocando seus designs ou votando em seus favoritos. Dentro do Sims 2 Fashion Runway, os participantes terão a oportunidade de ter suas criações examinadas por um   de H&M e, em última instância, de ver uma roupa inspirada em seu design nas lojas H&M no futuro.

Além do mais, o jogador também poderá fazer suas compras. Com Os Sims 2 H&M Moda Acessórios, poderá escolher entre básicos de moda, inspirados em peças da coleção real de H&M, e criar sua própria loja H&M.

Segundo Jörgen Andersson, diretor de Marketing de H&M: "estamos muito entusiasmados com o fato de que H&M seja a primeira companhia a entrar no mundo do Sims. Para nós, esse pack é uma divertida oportunidade de encontrar-nos com nossos clientes e mostrar-lhes nossa coleção de verão. Os jogadores do Sims são conhecidos por sua criatividade e habilidade; estamos ansiosos para ver os designs dos participantes para nossa passarela virtual da moda".

Por sua parte, Steve Seabolt, vicepresidente de Desenvolvimento Global da marca, declarou: "a união entre a companhia de moda e o videogame, mundialmente conhecido, permitirá a todo o público expressar sua personalidade e sua criatividade. Não podíamos imaginar uma união melhor. A moda inspira a criatividade do mesmo modo que o fazem os videogames. Essa união supõe um novo e emocionante título, criado por duas prestigiosas marcas que compartilham o selo global e o perfil de seus clientes. Das recriações dos vestidos usados sobre o tapete vermelho aos modelos vistos nas ruas de Paris, estamos ansiosos para ver as próximas novidades da comunidade do Sims".

Para mais informações sobre como participar nessa experiência, visite:

www.TheSims2FashionRunway.com
www.hm.com/es

O Sims 2 Fashion Runway começa com a apresentação dos designs por parte dos participantes. Há seis temas a partir dos quais podem desenvolver suas criações de verão. Os três primeiros são: Party Time, Skate Park e Street Wear.

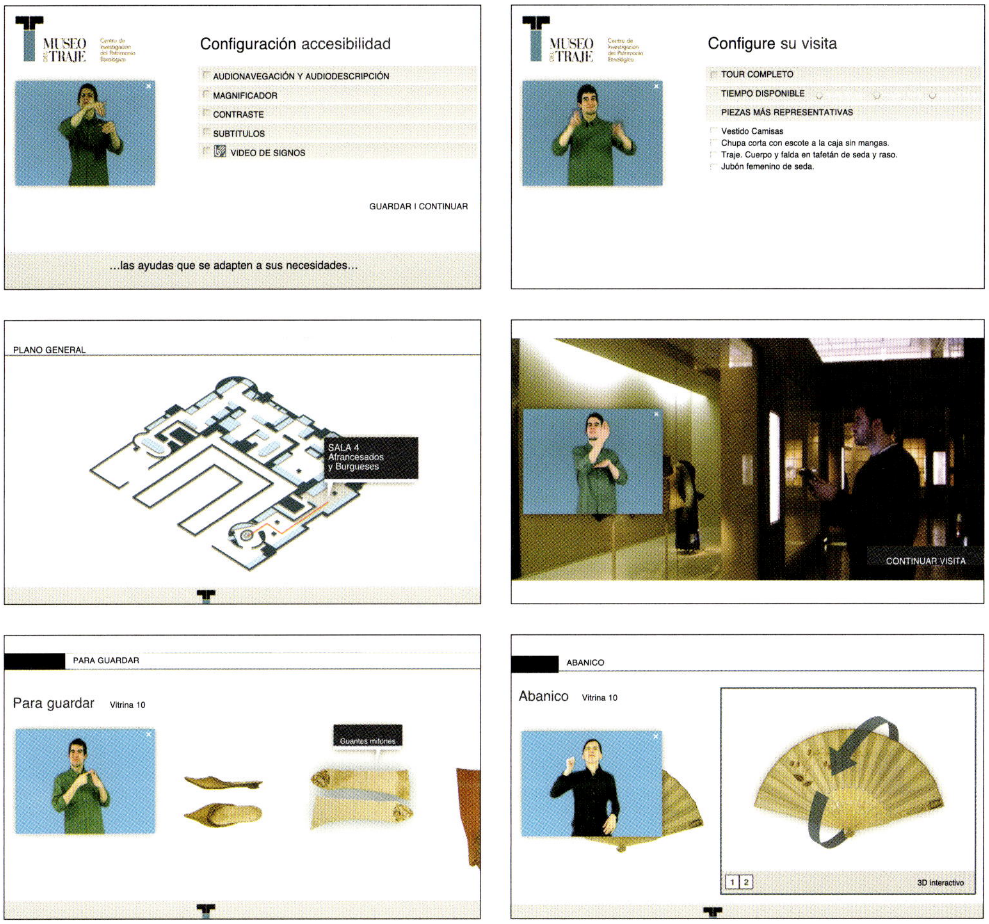

Nas imagens, mostram-se diferentes telas da interface. Seguindo a leitura tradicional, encontramos telas de configuração dos recursos de acessibilidade, assim como telas com mapas do museu e de suas salas. No resto das telas vemos a lista de peças dentro de uma vitrine, com recriações das peças em 3D e recriações em vídeo dos objetos. Em todas elas, podemos distinguir a janela flutuante da linguagem de signos.

O GVAM é um projeto I+D, do Ministério da Indústria espanhol, levado a cabo pela empresa Dos de Mayo, em colaboração com a Universidade Carlos III, de Madrid, a Fundação CNSE, a Fundação ONCE e a Direção-Geral de Museus e Patrimônio Cultural, dependente do Ministério da Cultura da Espanha.

GVAM – GUIA VIRTUAL ACESSÍVEL PARA MUSEUS

O GVAM está revolucionando o modo de apresentação dos conteúdos, respeitando as pessoas com alguma deficiência, assim como o resto dos visitantes, fazendo com que os museus não sejam também protagonistas da brecha digital, mas que potencializem a incorporação das novas tecnologias na sociedade do conhecimento.

O primeiro protótipo GVAM adotou como cenário de aplicação inicial o Museu del Traje, de Madrid, que colaborou intensamente com a elaboração e a seleção dos conteúdos. No guia podemos aceder a informação ampliada, tanto do contexto em que se produziu cada peça quanto da informação específica da mesma, por meio de diversos textos, fotografias e vídeos.

Enquanto algumas fotografias permitem aproximar-nos, detalhadamente, aos bordados de alguns trajes e acessórios, nos vídeos observamos quadros ou filmes nos quais foram usados gráficos de sua estrutura interna, comparativas geográficas com os de outras culturas ou informação sobre os processos de produção da época.

O tamanho da tela do GVAM facilita a composição desses conteúdos e sua leitura, especialmente para pessoas com deficiência (com pouca visão) e para os usuários surdos (que podem ler comodamente as legendas).

As maiores prestações oferecidas por seu suporte permitem mostrar diversos recursos multimídia, simultaneamente, e incorporar funções especiais, como jogos e recriações em 3D.

A Web 2.0

O projeto Anina Dress Up foi criado pela modelo Anina, fundadora de Anina.net, e a companhia i2 tecnologia (Brasil), ambos ganhadores do prêmio Nokia Champion.

Para baixar o jogo no celular: http://mobi.aninadressup.com

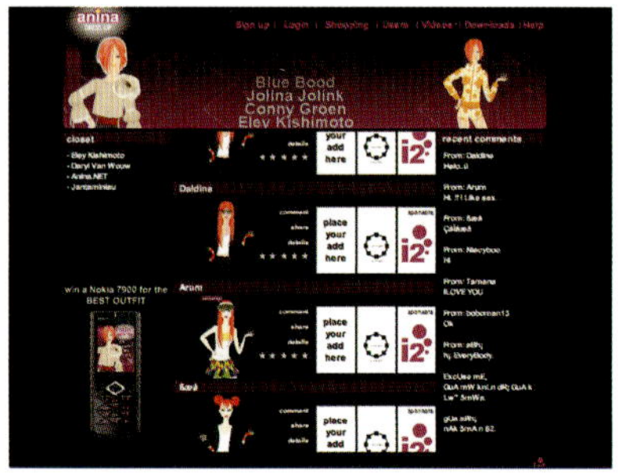

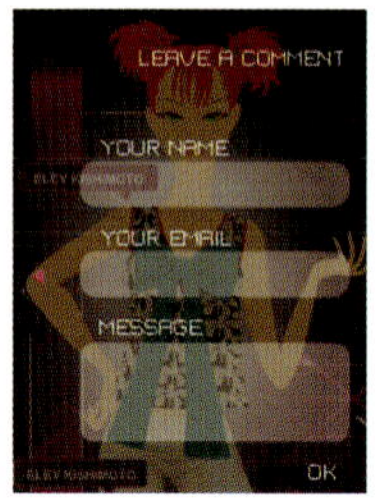

O termo Web 2.0 nasceu a meados de 2004. Pode ser definido como a evolução das ferramentas tradicionais para aplicações web focadas no usuário final. Distingue-se das anteriores, mais em uma mudança de atitude que em uma maior sofisticação da tecnologia.

O conceito original da web (nesse contexto chamada Web 1.0) eram páginas estáticas HTML. Nos anos 1990, quando começou a expansão de Internet, a web estava, basicamente, vinculada à informação através de páginas estáticas, em que a maioria dos usuários somente conseguiam clicar em diferentes páginas web, sem participar de forma ativa na interação ou no direcionamento da informação. O sucesso das *.com* dependia de webs mais dinâmicas (às vezes chamadas de Web 1.5), onde os sistemas de gestão de conteúdos serviam páginas HTML dinâmicas, criadas aleatoriamente, partindo de uma base de dados atualizada. Em ambos os sentidos, conseguir *hits* (visitas) e a estética visual eram considerados fatores muito importantes.

O conceito Web 2.0 se popularizou a partir de suas aplicações mais representativas: Wikipedia, YouTube, Flickr, WorldPress, Blogger, MySpace, Facebook, OhMyNews, e da oferta excessiva de centenas de ferramentas tentando captar usuários e geradores de conteúdo.

O termo Web 2.0 se refere a uma série de aplicações e páginas de Internet que utilizam a inteligência coletiva para proporcionar serviços interativos na rede, dando ao usuário o controle de seus dados. Ao redor do conceito Web 2.0 gira uma série de termos-satélite que retroalimentam sua evolução: software social, arquitetura da participação, conteúdos gerados pelos usuários etc. Portanto, a Web 2.0 se interessa pelas aplicações que geram colaboração e serviços que substituem as aplicações de desktop. Muitos asseguram que a Internet foi reinventada, outros falam de borbulhas e investimentos, mas a realidade é que a evolução natural do meio propôs, realmente, coisas mais interessantes para o usuário final.

ANINA DRESS UP

É o nome de um jogo altamente interativo, idealizado para a telefonia celular, que inclui acesso às últimas notícias da indústria da moda, conselhos e referências de designers e de marcas internacionais de moda.

O jogo consiste em recriar um look, proposto pelo sistema, em um tempo reduzido (podem utilizar seu próprio vestuário e os elementos da biblioteca do jogo). A proposta do jogador é enviada via GPRS a uma galeria virtual, onde os outros participantes podem comentar e pontuar cada uma das propostas.

A proposta reforça a interatividade e a participação do usuário, permitindo, tanto às marcas comerciais quanto aos jovens designers utilizaram a plataforma de celulares para mostrar suas criações ao público em geral.

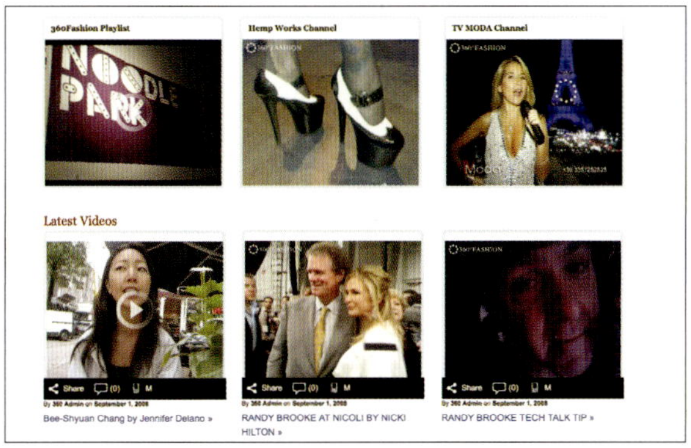

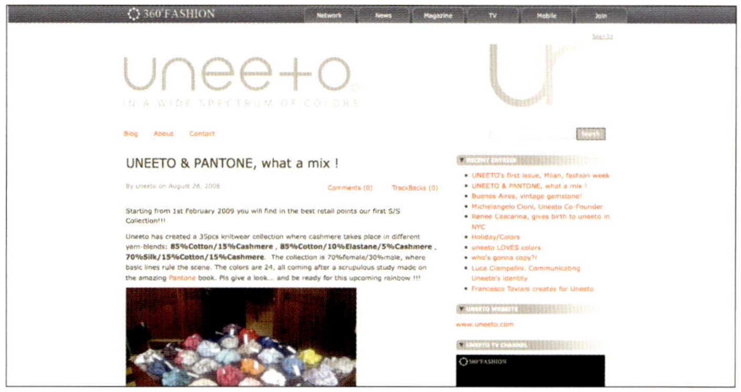

i360fashion.net foi a primeira rede de negócios criada para a indústria da moda. Criada em Paris, em 2005, pela modelo Anina junto a colaboradores como Nokia, Adobe, Eley Kishimoto, TV Moda, Diane Pernet, Viviane Blassel, entre outros.

A companhia foi fundada para gerar uma rede global de contatos e negócios para designers, fabricantes e meios de comunicação. Entre suas plataformas encontramos uma variedade de espaços: web, celular, televisão digital, unidos sob o conceito de interatividade e participação.

Os serviços de 360fashion.net podem ser úteis, tanto para grandes empresas consagradas quanto para criadores emergentes, construindo oportunidades de desenvolvimento mundial.

Anina.net e 360fashion tem sedes em Shangai, Paris, Londres, Amsterdam e USA.

www.360fashion.net

PRINCÍPIOS BÁSICOS

Os princípios constitutivos da Web 2.0 poderiam ser resumidos em sete pontos: a World Wide Web (www) como plataforma de trabalho, o fortalecimento da inteligência coletiva, a gestão das bases de dados como competência básica, o fim do ciclo das atualizações de versões do software, os modelos de programação rápida junto à busca da simplicidade, o software não limitado a um único dispositivo e as experiências enriquecedoras dos usuários.

Aproveitamos estas páginas para revisar algumas experiências inovadoras que estão proporcionando ar fresco ao panorama internacional: experiências desenvolvidas por marcas consagradas, com grandes orçamentos de realização, e ações a pequena escala, mas com uma capacidade enorme de repercussão no mercado atual. Ao longo do livro, já foram descritas plataformas interativas de um valor relevante para o design de moda (blogs, wikis etc.).
As novas alternativas da Web 2.0 oferecem aos profissionais da moda possibilidades infinitas para trabalhar e desenvolver seus projetos em redes sociais, convidando à participação e à interação. Projetos que abrangem desde áreas para a troca de informação, opiniões ou experiências, até espaços onde é possível subir e compartilhar vídeos, apresentar tutoriais ou promover atividades individuais. As marcas profissionais (assim como os designers) querem estar perto de seus clientes; para isso, abrem perfis nas grandes plataformas de redes sociais (MySpace, Facebook, Hi5), com a finalidade de posicionarem-se ao lado do cliente e tentarem estabelecer canais de comunicação, com fins promocionais ou de investigação.
O número de propostas está aumentando, assim como as capacidades de interação com outros usuários. Uma das últimas iniciativas, que tem um sucesso notável, é LinkedIn, uma rede virtual para profissionais, com uma orientação muito forte para a procura de emprego ou a troca de experiências. LinkedIn permite trasladar os contatos profissionais à Internet e estabelecer novas relações profissionais, com o acesso a mais de 25 milhões de usuários em todos os países do mundo.

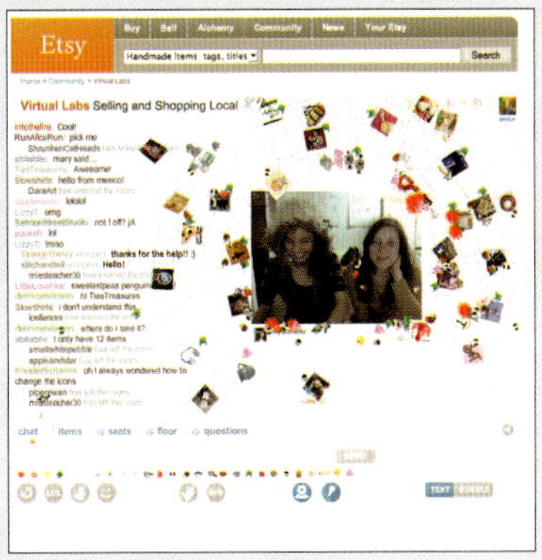

Imagens da interface www.etsy.com

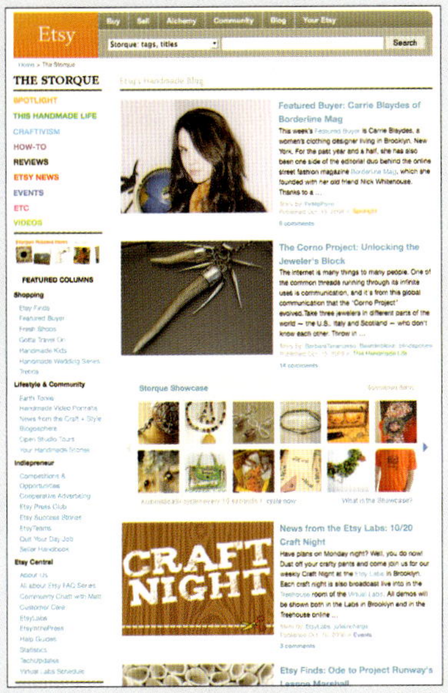
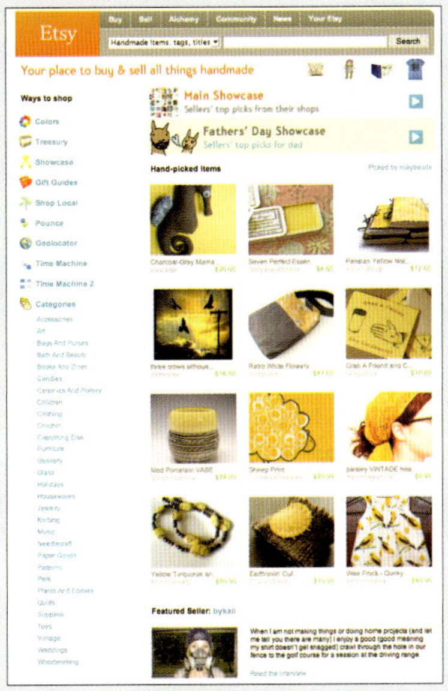

A plataforma Etsy reúne comparativos de comunicação, promoção e distribuição de alguns dos produtos expostos.

A comunidade Etsy tem mais de 1.300.000 membros e um total de 2,4 milhões de produtos expostos. O que, inicialmente, surgiu como projeto de intercâmbio, transformou-se em um negócio com cifras que, em 2008, alcançou os 56 milhões de dólares em transações comerciais.

Etsy.com também oferece informação, seminários e tutoriais, assim como informação de todos os eventos e ações, que organiza em diversos pontos do mercado internacional.

ETSY.COM

É uma comunidade virtual que utiliza tecnologia 2.0, apoia e permite um mercado alternativo à produção de designs em série. Foi criada como plataforma onde os designers pudessem mostrar suas criações, compartilhar experiências e procurar possíveis compradores.
Todos os produtos expostos são feitos a mão e respeitam as condições éticas e ambientais em seu processo de produção. Etsy gerou novos discursos comerciais que circulam paralelos aos tradicionais e são aptos para os jovens criadores que não encontram um espaço no mercado massivo.

www.etsy.com

O e-mailing, a ferramenta de marketing online mais difundida

Há alguns anos, os maiores anunciantes confiam nos envios de notícias através de Internet. O e-mailing oferece, atualmente, um rendimento sem par em termos de personalização de mensagens e precisão de *reportings* e tudo para qualquer tipo de campanha: e-mailing de captação, e-mailing de fidelização e relançamentos automáticos.

O método e-mailing é muito útil em campanhas que pretendem informar o cliente de qualquer aspecto vinculante sobre um projeto e ter a oportunidade de receber e estudar as respostas de possíveis compradores em um tempo recorde, sem necessidade de encomendar estudos de mercado ou sessões de análise de produto. Para otimizar o e-mailing e equipará-lo a estudos de mercado, que permitam prever melhor a resposta dos clientes diante do lançamento de um produto, o e-mailing inclui as opções mais avançadas:

- Personalização de mensagens: cabeçalhos e inteiramente personalizáveis, criação de blocos no interior dos e-mails, que permitem adaptar a comunicação aos diferentes objetivos etc.

- Possui parâmetros ultraprecisos: gestão multilíngue das campanhas, opções de links específicos para aperfeiçoar suas estatísticas, gestão nominativa de baixas, seguimento automático ou personalizado de conteúdo, criação de listas de exclusão etc.

- Brinda análises pertinentes sobre o comportamento dos destinatários: numerosas tabelas e gráficos dinâmicos que descrevem o histórico completo de suas campanhas, possível exportação de dados etc.

Porém, tudo tem um contraponto, diante do abuso massivo de correios eletrônicos, os usuários reagiram colocando travas ao correio entrante. Geralmente, todos os internautas dispõem de filtros AntiSpam para combater o envio indiscriminado de publicidade.

Campanhas interativas de e-mailing para o cliente women'secret criadas pela agência de design interativo Minnim. O efeito surpresa e a animação são peças-chave para provocar a interação necessária com o consumidor. www.minnim.tv

O marketing direto não ficou com os braços cruzados diante desse inconveniente e desenvolveu o denominado *permission marketing*, que consiste em manter a comunicação exclusivamente com os usuários que se mostraram interessados, de tal forma que essa intrusão seria consentida pelo usuário. No final das contas, essa estratégia que nasce da necessidade de não esgotar o cliente potencial e de procurar a eficácia do contato, permite, por outro lado, obter informação essencial para determinar uma segmentação fiel. Da mesma forma o e-mail, o telefone celular ou, mais concretamente, o SMS e, mais recentemente, o MMS, estão se convertendo em ferramentas de comunicação indispensáveis para os mais jovens. Todos os programas de comunicação atuais deveriam incluir um componente interativo de marketing viral, portais móveis e promocionais ou jogos SMS; de outra forma, não serão eficazes. Tanto o e-mail quanto o SMS oferecem a vantagem adicional de serem interativos e permitem segmentar os coletivos sociais segundo categorias de indivíduos. A investigação nunca foi tão simples e precisa, ao menos para os produtos dirigidos a adolescentes e para as companhias que têm um marketing exclusivamente orientado a esse coletivo.

A publicidade e o material promocional

Imagens da revista *Untitled*, 2008.
© Michael Perry.

O projeto *Untitled* é uma revista que registra os interesses criativos de Michael Perry e onde este pode expressar sua personalidade, como diretor de arte do projeto global.

www.midwestisbest.com

O tratamento digital das imagens de moda se impôs de tal forma, que se torna realmente inconcebível ver, em uma campanha publicitária, uma modelo com manchas, poros abertos, ou alguma penugem. As possibilidades do retoque fotográfico, os filtros e a ambientação de luzes, unidas às ferramentas de design 3D permitem um amplo tratamento das imagens publicitárias, tanto para produtos de moda quanto para campanhas genéricas de marca.

A imagem publicitária deixa de ser estática para se converter em uma animação. Cada vez é mais recorrente o uso de gráficos animados criados em 3D, ainda que os gráficos em 2D continuem sendo usados amplamente em conexões lentas e aplicações em tempo real que precisam renderizar rápido. Os designs são elaborados com a ajuda de programas de design, modelagem e renderização. Para criar a ilusão do movimento, uma imagem é mostrada na tela e é, rapidamente, substituída por uma nova imagem em um fotograma diferente. Essa técnica é idêntica à que se utiliza para conseguir o efeito de movimento nos filmes e na televisão. Para um bom resultado das animações vetoriais 2D, o processo de renderização é essencial. Quando se trata de gravações de imagens reais, os fotogramas são convertidos a um formato diferente ou passadas a outro meio, como um filme ou vídeo digital. Os fotogramas podem ser renderizados em tempo real, enquanto são apresentados ao usuário final. As animações transmitidas via Internet em larguras de banda limitadas (por exemplo, 2D Flash, X3D) utilizam programas do computador do usuário para renderizar a animação, em tempo real, como uma alternativa para a transmissão de animações pré-carregadas, no caso de links de alta velocidade.

SALAS DE TRABALHO VIRTUAIS

Outro aspecto que deve ser destacado é a substituição das salas de imprensa (nos referimos aos espaços físicos), por cenários virtuais na Internet, onde os diferentes profissionais (editores de moda, estilistas, redatores etc.), mediante a introdução de um nome de usuário e uma senha, podem ter acesso às informações específicas de textos, notícias ou imagens em alta definição, além de solicitarem peças de vestuário para sessões de fotos, filmes ou outras atividades promocionais. Essas salas de imprensa virtuais, conhecidas por seu nome em inglês, *pressroom*, podem estabelecer contato, de qualquer zona geográfica, em qualquer momento do dia e de qualquer terminal, facilitando enormemente a comunicação entre a empresa, o profissional e os diferentes meios de comunicação.

effigy
LIVE TO THE MAX

effigy
LIVE TO THE MAX

ESTÚDIO PETPUNK

O estúdio PetPunk tem sua base em Vilnius, Lituânia. Está composto por Andrius Kirvela e Gediminas Siaulys, que desenvolveram seu trabalho de direção de arte para trabalhos gráficos publicitários e em movimento. A equipe realizou trabalhos representativos para MTV, Vodafone, Cultures France, etc., e tem publicações em revistas como *Print, .Net, Digit, Etapes, Stash*. Também são autores dos livros *Young European Graphic Designers* (DAAB) e *100@360: Graphic design's new global generation* (Laurence King).

www.petpunk.com

Apocalypse 2008, para o cliente Effigy. Agência Adell Taivas Ogilvy, direção de arte PetPunk.

O conceito da campanha primavera/verão 08 das imagens criadas pela companhia PetPunk, durante a campanha promocional da marca Effigy, é Apocalypse. Os modelos se movem dentro de uma atmosfera de recriação gráfica, onde as peças de vestuário se misturam com vulcões e ondas gigantescas (tsunamis), embora com mais senso de humor que espírito catastrofista.

Vídeo digital

Three inside portraits
CLIENTE women'secret
AGÊNCIA Cla-se
PRODUTORA Miss Wasabi
DIRETORA Isabel Coixet

Audiovisual de imagem da marca de women'secret. Quatro mulheres reais falam de si próprias. Quatro mulheres com nome e sobrenome, sonhos, debilidades, paixões e dúvidas. Magali, Amandine, Natalia e Paola respondem a women'secret perguntas que não se ouvem todos os dias (e que não responderiam a qualquer um).

O vídeo digital é um suporte muito importante para a indústria da moda. Os filmes não apenas transmitem a personalidade da marca de maneira fidedigna e eficiente, mas também são tremendamente atraentes para um mercado saturado de informação publicitária.

Em algumas ocasiões, uma imagem estática ou um texto publicitário não consegue transmitir toda a informação: a gama de sensações que uma marca pretende fazer chegar ao comprador potencial. Nesses casos, a utilização do vídeo oferece a oportunidade ao realizador de ter alguns minutos para conceituar suas ideias e comunicá-las com maior efetividade. Para o mercado de consumo, os sistemas de vídeo digital apareceram pela primeira vez com o formato Quick Time (a arquitetura de Apple Computer para os formatos de dados baseados em tempo e *streaming*), por volta de 1990. As primeiras ferramentas de criação de conteúdo eram básicas: precisavam digitalizar uma fonte de vídeo analógica, para obter um formato legível pelo computador. Ainda que no início fosse de baixa qualidade, o vídeo digital melhorou rapidamente, primeiro com a introdução de padrões de reprodução, como MPEG-1 e MPEG-2 (adotados para o uso nas transmissões de televisão e o suporte DVD), e depois a introdução do formato de fita DV, permitindo gravar diretamente os dados digitais e simplificando o processo de edição, o que permitiu utilizar sistemas de edição não linear em computadores de mesa.

EDIÇÃO DIGITAL

O vídeo digital pode ser processado e editado em uma ilha de edição não linear, um dispositivo construído exclusivamente para editar conteúdo audiovisual, importado tanto de fontes analógicas quanto digitais.
O vídeo digital também pode ser editado em um computador pessoal que tenha hardware e software adequados. Usando uma ilha de edição não linear, o vídeo digital pode ser manipulado para seguir uma determinada ordem ou sequência de clips de vídeo. O sistema de edição Avid (www.avid.com) é quase sinônimo de mercado profissional de ilha de edição não linear, mas Final Cut Pro, da Apple (www.appli.com/es/finalcutstudio), Adobe Première (www.daobe.com/es/products/premiere), e outros programas similares, são populares e muito mais acessíveis para o consumidor.

wow

landscape

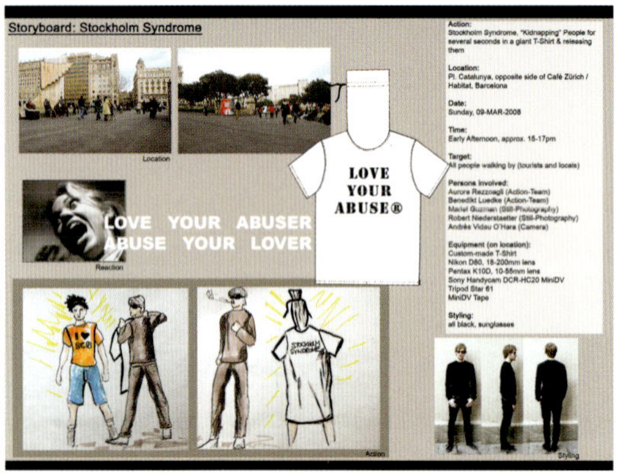

Stockholm Syndrome: Ação Gerrilha em Barcelona. Março 2008 (3:12 min).

AUTORES Aurore rezzoagli e Benedikt Luedke
CÂMERAS Andrès Vidau O'Hara, Mariel Guzman e Robert Niederstaetter

Ação de guerrilha na qual uma camiseta "protagonista" sequestra indivíduos, provocando uma interação física com as vítimas. O vídeo está gravado em formato MiniDV com a pós-produção da aplicação Apple iMovie. Posteriormente, o vídeo foi publicado no portal YouTube (www.youtube.com/watch?v=-YTW7KZxiFo) para iniciar sua ação de marketing viral.

Hoje em dia, a tecnologia do vídeo digital também é usada por telefones celulares modernos e por sistemas de videoconferência, para distribuir vídeos através da Internet, inclusive o *streaming* de vídeo, termo que se refere a ver ou ouvir um arquivo online, sem necessidade de fazer o download do conteúdo no computador. Poderia ser descrito como "clicar e obter".
Existem diferentes sistemas de compressão de vídeo, a principal diferença radica no formato que será utilizado para armazená-lo. O formato vídeo DV utiliza seu próprio codec enquanto é editado. O sistema de compressão MPEG2 é usado, quase exclusivamente, para DVD, enquanto para visualizar os vídeos online utilizam-se diversos formatos, como Windows Media, MPEG2, MPEG4, Real Media, o mais recente H.264 e o codec de vídeo Sorenson. Os mais utilizados são MPEG4 e Windows Media.

A TRANSPARÊNCIA NA COMUNICAÇÃO DE MODA: O ÁUGE DO MAKING OF

Neste tempo de grande variedade de meios de comunicação, a publicidade perdeu credibilidade. O público aprendeu a ser cético com relação à objetividade da mídia que se vê constantemente pressionada para comprometer sua imparcialidade. Apesar dessa falta de credibilidade para com a publicidade tradicional, os consumidores desfrutam das marcas. Eles gostam de um bom anúncio de televisão e têm prazer procurando informação sobre um produto ou um serviço novo e interessante. Nesse sentido, os vídeos *making off*, também conhecidos como *behind the scenes* (documentário de bastidores), são a ferramenta perfeita para reforçar a reputação de uma marca, de modo que se possa isolar sua imagem contra os ataques nocivos da imprensa ou de parte da opinião pública. Se observarmos as novas campanhas promocionais, veremos que elas não nos mostram apenas o resultado, mas também o processo de gestação da sessão de fotos, da coleção ou da gravação do spot. O novo consumidor quer conhecer todos os detalhes, e as marcas estão dispostas a mostrá-los. Em muitas ocasiões, esses vídeos *making off* nos mostram realidades importantes para a empresa.

Dessa forma, equipes implicadas na utilização de materiais orgânicos podem apresentar toda a informação vinculante sobre a origem de seus materiais, falar de empresas que apostam no comércio justo ou no respeito dos direitos trabalhistas, em outras palavras, podem avalizar sua mensagem com imagens das equipes, do processo de trabalho e de suas condições.

Moda e inovação. Um futuro comum

Iniciamos este livro destacando, na introdução, o importante desafio que representa, para os profissionais da moda, adentrar-se no mundo das inovações tecnológicas e apoiar-se nelas. Nosso objetivo, ao finalizar a obra, é lançar uma firme proposta de apoio para o desenvolvimento do processo de investigação para futuros avanços nesse campo.

Os meios digitais permitem obter o máximo de informação por meio de processos de busca avançados. Os foros de intercâmbio de informação, os tutoriais, os wikis e os blogs podem converter-se nos melhores aliados para continuar o processo de aprendizagem dos estudantes de design. O conhecimento se recicla e aparecem novas possibilidades que nunca antes haviam sido imaginadas.

A inovação é, hoje em dia, um valor agregado, seguro e confiável para o crescimento profissional, que virá indicado, cada vez mais, pela capacidade de adaptação dos designers às diferentes circunstâncias criativas e laborais. Em um mundo onde cada dia se modifica a situação geopolítica e social, o conhecimento lidera o setor mais dinâmico da cultura contemporânea. Não será possível construir uma "geração" de novos criadores se as ferramentas não forem adequadas ao impacto temporal de sua época.

"Inovação" leva implícito o conceito de novo. A sociedade de nosso tempo precisa de novas maneiras de se expressar e de meios que reflitam suas características mais próprias. Como qualquer elemento novo, o tempo submeterá seu filtro e determinará os projetos de sucesso e os que somente se manifestarão como passageiros ou os que terão uma relevância mínima.

Os criadores do presente marcarão as diretrizes do futuro, seus processos, seus avanços etc. Será preciso monitorizar a informação e sua evolução, pois elas serão, sem dúvida alguma, fontes de conhecimento e exemplos para as sociedades futuras.

Talvez tenha chegado a hora de as novas gerações de criadores imporem seus processos de representação; é preciso dar-lhes voz para que liderem a mudança na indústria da moda. A moda sempre foi um veículo ágil para refletir a realidade social de cada época.

A indústria profissional está imersa em uma reestruturação importante, da qual ainda não temos sinais de estabilidade. O fim do processo é, no momento, invisível. Porém, por meio deste livro, os leitores poderão tomar uma posição ativa na gestão dessa mudança e incorporar seus próprios métodos e ferramentas na sociedade à qual pertencem.

3design
www.3design.com

alexandra zaharova
www.ickr.com/photos/25436168@N08

anina fashion
www.360fashion.net

aurore rezzoagli / benedikt luedke
www.youtube.com/watch?v=-YTW7KZxiFo

bingoshop
Notariat 8, 08001 Barcelona
Tel. 34 93 317 68 83

bobby breidholt
www.breidholt.com
www.ickr.com/breidholt

catalunya disseny informàtic
www.catdis.com
www.textilstudio.com

chris gray
www.weshallsee.co.uk

danny roberts
www.iqons.com/danny+roberts

demano
www.demano.net

domingo ayala
www.domingoayala.com

el delgado buil
www.eldelgadobuil.com

f-cut de freitag
www.freitag.ch/f-cut

federica sandretti
www.toogoodagency.com

future concept lab
www.futureconceptlab.com

gerber technology
www.gerbertechnology.com

gisela intimates
Carril de Guetara 38, 29004 Málaga
www.gisela.com

guía virtual accesible para museos
www.gvam.es

heidi.com
www.heidi.com

ícaro néstor ibañez arricivita
www.myspace.com/icaroh

jacklyn laryea
www.jackielaryea.com

joan codina
www.codinaorfebres.com

kerstin wacker
www.wacker1.com

leoluca escobar (aka teresa hu)
www.leolucaescobar.com

lectra
Vía de los Poblados 1 –1° planta
28033 Madrid
www.lectra.com

leona clarke
www.leonaclarke.co.uk

marcos zerene (aka formatbrain)
www.ickr.com/people/formatbrain

maria balashowa (aka m.Bee)
www.ickr.com/photos/balashowa/

mariluz vidal
www.mariluzvidal.com

michael perry
www.midwestisbest.com

miguel caballero
mi-caballero@hotmail.com

minnim, agencia interactiva
www.minnim.tv

my virtual model inc
www.mvm.com

nadja girod
www.smil.biz

optitex
www.optitex.com

peter wilson (aka goonism)
g00nism@yahoo.co.uk

petpunk
www.petpunk.com

privalia.com
www.privalia.com

raül vázquez
www.myspace.com/raul_vazquez

ricard domingo,
dirección creativa en joyería
www.ricardomingo.com

rhinogold
www.rhinogold.com
www.tdmsolutions.com

shirleymoon
www.shirleymoon.com
www.thechipfactory.co.uk

teachheart
www.teach-heart.com
www.thgallery.fr

threadless
www.threadless.com

verena groto
www.appealtotheeye.blogspot.com

wgsn ltd. (españa y portugal)
Aribau 175, 3-2B
08036 Barcelona
Tel 34 93 414 47 56
www.wgsn.com

women'secret
www.womensecret.com

A realização deste livro não teria sido possível sem a colaboração ativa e desinteressada de profissionais e empresas procedentes de todas as capitais do mundo, que nos brindaram seu apoio, cedendo seus trabalhos, comentários e experiências reais. Toda a equipe que participou neste livro agradece a disposição de todos os colaboradores e a qualidade de seus trabalhos.

A seguir, detalhamos uma seleção de links para um grupo destacado de webs que permitirão ao leitor obter informação, compartilhar imagens, ou simplesmente baixar miniaplicações que facilitem o trabalho.

WEBS, WEBLOGS E FOTOBLOGS DE MODA FAVORITOS

http://www.ashadedviewonfashion.com
http://www.frills.com
http://www.hel-looks.com
http://www.ponystep.com
http://www.cutoutandkeep.net
http://www.narzib-memorimento.blogspot.com
http://perezhilton.com
http://www.nylonmag.com/?section=blog
http://jcreport.com/blog
http://blog.guerrillacomm.com
http://www.icanteachyouhowtodoit.com
http://hypebeast.com
http://thesartorialist.blogspot.com
http://www.adbusters.org
http://stylebubble.typepad.com
http://highsnobiety.blogspot.com
http://devilwearszara.elleblogs.es
http://www.threadless.com/blogs
http://www.360fashion.net
http://www.myfashionlife.com
http://www.dailycandy.com
http://www.etsy.com
http://fashiontribes.typepad.com
http://formatmag.com
http://www.faceyourpockets.com
http://appealtotheeye.blogspot.coa
http://www.prettypretty.be
http://www.thecoolhunter.net
http://formatmag.com
http://www.wgsn.com

WEBS COM FOTOGRAFIAS DE LIVRE UTILIZAÇÃO

http://gallery.hd.org
http://shutterstock.com
http://ace-clipart.com
http://openphoto.net
http://morguele.com
http://www.sxc.hu
http://www.freedigitalphotos.net
http://www.woophy.com
http://www.pixelperfectdigital.com/free_stock_photos
http://www.dreamstime.com/free-photos
http://www.everystockphoto.com
http://www.stockvault.net
http://www.freepixels.com
http://www.freerangestock.com
http://www.imageafter.com
http://www.aboutpixel.de
http://www.freephotosweb.com/freephotosweb
http://www.twicepix.net/imgdb/index.php
http://www.bigfoto.com
http://www.pixelio.de
http://www.freeimages.co.uk

http://www.bancodeimagem.com.br
http://www.freephotobank.org/main.php
http://www.public-domain-photos.com
http://www.abstractinuence.com
http://www.freefoto.com
http://www.unices.org
http://amygdela.com/stock
http://www.zurb.net/zurbphotos
http://energy.star29.net/store
http://www.stickstock.com
http://www.dieblen.de
http://www.graphicsarena.com
http://www.tripalbum.net
http://www.oneodddude.net
http://majesticimagery.com
http://www.designpacks.com
http://www.farmphoto.com
http://www.bajstock.com/main.htm
http://www.essendemme.com/stock_photos
http://www.creativity103.com
http://www.piotrpix.com
http://www.trulyfreestock.com
http://www.lightmatter.net/gallery
http://freestockphotos.com
http://www.ilovestockphotography.net
http://www.imagetemple.com

WEBS COM FONTES TIPOGRÁFICAS GRATUITAS DE LIVRE USO

http://www.oodfonts.com
http://www.eutypoce.com
http://www.stencilrevolution.com
http://www.smeltery.net
http://www.josbuivenga.demon.nl
http://www.neo2.es/blog/category/typography

OUTRAS WEBS DE INTERESSE

http://rapidshare.com
http://www.yousendit.com
http://moodstream.gettyimages.com
https://delicious.com
http://facebook.com
http://secondlife.com
http://myspace.com
http://www.tuenti.com
http://fontstruct.fontshop.com
http://www.reyes-infograca.com